· · ·

对我来说，当老师同样有着平常人的酸甜苦辣，然而，多数的
乐趣正是来自孩子们的举手投足与童心童语，每每此刻就如同
看见了小时候的那个自己。

杨聪 著

教育的乐趣来自孩子

海峡出版发行集团
THE STRAITS PUBLISHING & DISTRIBUTING GROUP | 福建教育出版社

图书在版编目（CIP）数据

教育的乐趣来自孩子／杨聪著 . —福州：福建教育出版社，
2013.8
ISBN 978-7-5334-6201-7

Ⅰ . ①教… Ⅱ . ①杨… Ⅲ . ①教育－中国－文集
Ⅳ . ① G52－53

中国版本图书馆 CIP 数据核字（2013）第 160900 号

教育的乐趣来自孩子

杨聪 著

出版发行	海峡出版发行集团	
	福建教育出版社	
	（福州梦山路 27 号 邮编：350001 网址：www.fep.com.cn）	
出 版 人	黄 旭	
发行热线	0591-87115073 010-58802818	
印 刷	北京中科印刷有限公司	
开 本	700 毫米 ×1000 毫米 1/16	
印 张	18	
字 数	241 千	
版 次	2013 年 8 月第 1 版 2013 年 8 月第 1 次印刷	
书 号	ISBN 978-7-5334-6201-7	
定 价	35.00 元	

如发现印装质量问题，请与读者服务部（电话：010-58802818）联系调换。

目 录 教育的乐趣来自孩子

篇 一
我和一个小女生的"零碎事"

2010 年 9 月开始，我第一次教小学二年级的语文。一个班级几十个学生，最终是什么促使我竟然在一年多之后，为一个小女生的"零碎事"写了五万多字的长篇叙事呢？要是你有时间看完它，哪怕只是随意地浏览一遍，你也能轻而易举地发现其中的缘由了。不过，我必须先提醒你的是，我写的并不是正儿八经的教育性"文章"，而仅仅是随心所欲地记录教育中一些"生活事"，并且还是零零碎碎的。如果你一开始就抱着读某些文章的心态来一篇篇地看它，我想，你可能还没看上多少字，就会摇头失望。要是你并不失望，那你的心态就对了，不信，你试试看！

我由衷地期待，你能用事实来证明我说错了，或者说对了……

——题记

2012 年 4 月 8 日

导读

教育里的另一个世界

陈小秋①

　　每个人一出生，就注定不久的将来要成为一名学生。不同的是，你接受的是怎样的一种教育，你遇见的老师给了你怎样的学习环境。我想，遇见杨老师的孩子是幸福的，他们能够逃离"教育"这个牢笼，尽管多年以后，他们依然要被"抓"回来，但至少他们飞翔过。这是一群幸运的孩子和一位独特老师的天堂，谁也"抓"不走他们，谁也无法破坏这层由杨老师筑成的爱的保护层。

　　教育一直以来是一个热点话题，但是说的人总是比做的人要多。虽然谈教育这件事对于我这个大一新生来说太深奥，也不懂得用那么官方的语言来定义教育和评价当前的教育，但是作为一名受教育的学生，我想从个人角度来谈谈对《教育的乐趣来自孩子》这本书的感受。

　　从读这本书开始，我深深地感觉到我所进入的世界是那么的熟悉，那么的真实可感。也许是故事中的"章思语"和那个我曾经居住过的"浦边村"就在身边，让我觉得这不是一个故事，而是一段生活。看到章思语与杨老师的故事，我甚至有冲动想问问杨老师章思语的具体情况，直觉告诉我，我认识她。没有了爸妈关爱的章思语在杨老师的世界里自由快乐地成长，我们为她感到庆幸，她没有成为那个自卑悲观的孩子，我们更加庆幸，她遇见了杨老师。看他们的故事，也让我回忆起六年级

---

　　① 导读作者陈小秋是本书作者杨聪执教小学六年级时的学生，现就读于广西民族大学。

的点点滴滴。虽然，六年级时杨老师才成为我的语文老师，但是短暂的一年却是最难忘的。在黑板上抄古诗，课前让同学们选读自己课外看过的好文章，把同学们的作文读给大家听之类的形式历历在目。也许那时候还不懂杨老师的用心，而现在回忆起来充满乐趣。很敬佩六七年后的今天，他依然能乐此不疲、孜孜不倦地这样做着。我总是在想，是什么力量让这样一个平凡渺小的人甘愿默默地做着，那就是对教育、对孩子的热爱吧。这么多年来，他一直不舍得离开灵江小学，一直在用自己不变的热情做着相同的事，每一天对于他和孩子们都是新的。

我时常会关注杨老师的作品，只因为那里有远离这个社会功利的平静与纯白。他与学生们的交流以及课堂上的点点滴滴，都让人感到快乐，仿佛这个社会的残酷学业压力都与他们无关，他们只沉浸在自己的世界里。他们之间更像是朋友，而不是学生与老师，或者说是小孩与大人。有时我想，我这样一位90后如果也去当老师，能否像杨老师那样耐心地做好这一切呢。从年龄上来看，我的内心世界更贴近这些学生，但是，我的世界早已没有那么干净纯粹了。

羡慕那些孩子的世界。现在的孩子似乎在小小年纪就被告知该怎么做，该做什么。我曾经也是这样一个没有"自我"的人，小时候在大人们的世俗中成长。所以遇上杨老师的孩子是幸福的，能够在他们花一样的年华里尽情绽放。

教育很多时候只是在表面上给予孩子发展自我的平台，却没有从内在引导孩子，教育带来的结果是我们越来越注重成绩，越来越把名牌高中、名牌大学作为最终目标。考试、成绩、升学，一系列的学业压力无情地折磨着孩子，然后渐渐地将他们统一化。也许很多年以后，这个世界只剩下这样苍白的一种人，并且一代影响一代，教育带来的是一群"克隆人"。也许杨老师的教育方法改变不了所有人，但至少能够留下一班又一班有色彩的学生。

我爱回忆，所以时常回忆起六年级那一年与杨老师的故事，仿佛我的小学只剩下了六年级的时光。到了高中以后，学习压力让原本并不乐观的我变得消极。我不知道自己是怎么熬过的，只记得每一次内心痛苦时，都从杨老师那里得到了内心的平静。更多时候，我把他当成好朋友，而不是一位老师。我想我自己就是教育的失败品，在成绩里挣扎，痛苦不堪。在高三后期，班上一女生时常上课上着就哭了，她说她听不懂。我曾多次与她沟通，倾听她的苦恼，总结来说，还是因为成绩不够好，对高考充满恐惧。我们班是学校的重点班，她是从普通班进来的，可以说是普通班的尖子生。那时候时常看见她开心地朝我打招呼，后来进了重点班，我只看见她沉默不语地做着习题，也不爱与人交流。每一次的开导虽然都给了她一种豁然开朗的感觉，但是我知道，那是短暂的，只有自己从里面跳出来才会是真正的释怀。我一次次地主动开导她只是因为我的内心世界曾经也这样的痛苦，但是我时不时会进入杨老师的单纯世界，那里没有学业，只有卸下一切回到自我的轻松。后来，她还是选择了放弃学业，虽然我认为以她的成绩是可以上得了本科的。再后来，她去了福建，成了一名基督教信徒，回来以后，她整个人都开朗了。我问她，你快乐吗？她回答，很快乐。我想她是真正的快乐了。虽然很可惜她的学业，却也为她的解脱感到开心。杨老师曾经说过：如果学习让你这么痛苦，那你还学它干什么。她在后来的日子里时常给我发短信，感谢我对她的帮助。我想更多时候，我还是以杨老师为榜样，他对教育的执着让我也受到了感染。

像我这样的大孩子都在教育里痛苦不堪，更何况这些小孩子，这些单纯的孩子。孩子的心灵如同冰一般干净纯洁，教育者对其太过严厉，冰易出现裂缝；对其太过温暖，冰易融化。如何掌握好这个度，成为了一个巨大的教育问题。在本书的后半部分《女生周妍的'笑与泪'》中，杨老师对周妍冒领了另一同学掉的十元钱这件事的处理，首先想的不是严厉的批评，而是担心这件事是否会在她心中留下阴影。我觉得，只有恰到好处的处理才会起到教育的作用，否则只会起到相反的效果。

今天会下雨吗

"杨老师，今天会不会下雨呀？"晨读刚结束，章思语就紧跟在我的身边问。

我抬头看看走廊外的天空，阴阴的，低头对她笑了笑说："会不会下雨呀？杨老师也不知道哦……那杨老师帮你打个电话问问吧！"我掏出手机，做出按电话号码的动作，然后把手机放在耳边和某个人打起了电话来："喂，你好！我是……"

"杨老师，你打给谁呀？"章思语眨了一下大眼睛，侧着脑袋好奇地问。

我转头靠近她的耳边悄悄地说："打给……天上的玉皇大帝呀！"

"啊，玉皇大帝？嘻嘻……玉皇大帝？……"章思语有些惊讶，"玉皇大帝也有手机啊？杨老师你也有他的号码？"

我向她眨眨眼，继续抬头望着天空打着电话："是玉皇大帝吗？我呀，我是灵江小学的杨老师呢。我班的章思语同学有个问题想问你！什么问题？嗯……对，她就在我身边，她问你今天会不会下雨？会吗？哦……嗯……我知道了，谢谢玉皇大帝！我马上就告诉她……好，再见！"

我放下手机，对一直抬着头伸着脖子、听得津津有味的章思语说："玉皇大帝说了，今天应该是不下雨的，不过……不过要是他不小心打了个喷嚏，流出口水来，那就要下点小雨了！"

章思语咯咯地笑了起来，一直仰着小脑袋望着我，扑闪着眼睫毛，眼神里裹着迷惑。这时，旁边早已围了好些学生，他们听了我和章思语的对话都情不自禁地笑起来……

"杨老师，你说的到底是真的还是假的哦！"章思语翘起了樱桃小嘴，小眉头微微皱起，神情里笼罩着的却是兴奋和欢喜。

我默默地笑着，竖起食指在嘴边做了动作："嘘——保密……玉皇大帝交代了，天机不可泄露！"说着我连忙抽腿便走。当我回办公室后，这群八九岁的小孩子仍然在走廊那儿议论纷纷：

"杨老师在给玉皇大帝打电话呢，玉皇大帝说他打喷嚏了就会下雨！"

"下雨应该是四海龙王管的，玉皇大帝才不管这事呢！我在《西游记》里看过。《哪吒闹海》里也有。"

"哈哈，玉皇大帝也有电话啊！"

"思语，你怎么不向杨老师要个玉皇大帝的电话号码呀？"

"肯定是杨老师编的！编得真有意思！"

"说不定天上真的有人呢，地球上的宇航员也可以飞到天上去呢！"

……

章思语被他们簇拥着，自然成了他们关注的主角。我站在办公室的一角，远远地还能看到那边热闹的场面和她开心的表情。

低年级的小孩子一般都喜欢看童话，在课堂上，很多教师也能把童话教得生动有趣，学生们学得津津有味，即便那些故事和情节是作家想象出来的。我觉得，教师不妨在现实的生活中，也为孩子们随机创造一些"童话"的情境，增添一些想象的空间，这样既可以快乐学生，又可以愉悦自己，而且你可能还会发现，师生之间会因此而越来越有情趣，彼此吸引。

章老师

为了应付省里下来的"减负"检查，上周，校长在会议上要求全校上下众口一词，把学校自行设置的原来 7 点 40 分开始的"晨诵"和中午 12 点 45 分开始的"午读"暂时改成"体育活动"。等风头过后再恢复原样。

这周一，跟班的老师把班级里的每个学生都带到操场上锻炼身体，跑步的、跳绳的、转呼啦圈的、跳远的、打球的……各种各样，精彩纷呈，操场上顿时人声鼎沸，生机勃勃，师生们更是心情舒畅，身心快活。

跟班老师要么在一旁欣赏着，要么也参与学生的活动，欢声笑语此起彼伏，如同早晨的阳光，撒落在校园的四处。

按政教处分配的规定，我们班是以转呼啦圈为主。我发现，章思语转得最好，她不但可以用腰转，还能用小腿转。用腰转时，她扭起腰来一颤一颤的，看上去既轻松又很有节奏；用小腿转时，她微微地蹲着，膝盖快而有力地一弯一弯，像弹簧一般，那又圆又大的呼啦圈好像很乖，同章思语配合默契，引来了好多同学赞赏的目光。

"杨老师，你看你看，章思语转得真好啊！"

"她可以一下子转一百多个呢！"

"转呼啦圈，我们班就她最厉害了！"

我也喜滋滋地看着她转，连声说："不错，真的很不错！思语，让杨老师也转转……"

她停了下来，脸蛋红红的，眯眼看着我，微微喘气问："杨老师，你能转多少个呢？"

"老师不会转呢，跟你学学！"我把呼啦圈朝身上一套，放置于腰的部位，刚用右手一甩，呼啦圈马上就直愣愣地掉落在了地上，旁观的学生都笑了。

"杨老师，你要用两只手来握住它，再这么的一甩！"章思语一边大声地提醒我，一边做着示范动作。

我左手本来在护着身上背着的那个包，听她这么一说，忙将包递给她拿着，然后照她的意思双手握住圈子，站好了姿势，用力一甩，这次还不错，转起来了，可是只转了五六个，最终还是像没了电一样，骨碌碌地直往地上掉，大家又哈哈大笑。我说："杨老师有进步嘛，要表扬我哦！"

接着，我换了个姿势，半蹲着用小腿来转。同样的，试了两三次也转不了几个，惹得几个小男生又蹦又跳的。

"思语……，呃……章老师，你再表演一下给我看看，让我认真学习学习。"我把呼啦圈还给章思语，"这次，我可要好好地观察，不懂马上问章老师！"

"哈哈……章老师……章老师……，章思语也成老师啰！"大家被这个称呼逗乐了，有几个学生兴奋不已地喊着，章思语更是红光满面，她接过呼啦圈一步步有条不紊地做给我看，呼啦圈好像对她特别好，一到她身上，总是转得顺风顺水、轻松自如……

"这个小女生转得真不错啊！体育锻炼真好，学生开心，我们老师也高兴！而且老师和学生接触和交流的时间也多，更自然更方便了！"这时教四年级的颜老师也走了过来，微笑地欣赏着，紧接着转身又对我悄然叹道，"要是一直都能这样减负下去多好啊！可惜就这一个星期，等省检查组一离开我们县，下周开始又要回到老样子去了！"

"是啊，这就是无奈的现实！"我也深感惋惜……

这一周的几天里，章思语每天都在转呼啦圈，有时在走廊上，有时在操场上，有时在花坛边，她显得既充实又开心，脸上一直挂着笑容，好像天天遇见了喜事。她转起呼啦圈来真是投入，全神贯注、自得其乐这两个成语用在她身上再恰当不过了。

昨天，在订正24课《日记两则》课堂作业本的第5题"写一则日记"时，好些学生念了自己的日记，都是写的这次的"体育活动"——

梁信燕：今天是星期二，天气很晴，晨读时杨老师在操场上跳绳，我们都叫杨老师玩呼啦圈。杨老师说，我不会玩呼啦圈，跳绳还可以。下课了，杨老师从办公室走出来，他找章思语玩呼啦圈，章思语教他怎么转，杨老师后来好像学会了，只转了几个。

叶良奇：今天早上，我和那些男生比赛用手转呼啦圈，我转了76个，李子青只转了36个，我赢了。可是李子青不服气地说："不，我还要比一局！"我就再和他比了一次，结果还是我赢了，我很高兴！李子青又说："等我先练两天，我们再比，我一定要胜你一次！"我笑着说："好啊，我等着，不管你练多少天！"

周绪：我今天一到学校，就看见苏证建和程南在兴高采烈地玩呼啦圈。我手痒痒的，一边跑，一边对他们大声地喊着："今天我还没玩过呢，你们等我，我去教室放好书包马上过来，我也要和你们一起玩！"

陈何庆：昨天，朱老师发给我们呼啦圈。朱老师说4个人一组，共用一个呼啦圈。下课的时候，我、吴可敬、黄新和林唐一起玩呼啦圈。我问谁先玩，吴可敬说我先玩。我说我第二，黄新你第三个，林唐你最后吧！我们越玩越高兴，要是每一个人都有一个呼啦圈多好啊！我想自己存钱买一个！

苏证建：早上，我们去操场活动。我们班很多同学都在转祝老师发的呼啦圈，我带了绳子，就在跳绳。杨老师看见我在跳绳，高兴地朝我走来，向我借绳子。我也高兴地把绳子借给他跳。他笑了，我也笑了。我就在旁边当观众看杨老师跳。

……

我很欢喜地听着，过后，在投影器上也给他们看我根据这题要求写的一则日记《跳绳·转呼啦圈》，有些学生看着看着，不知不觉地就读出了声来：

今天早上，早朗读变成了早锻炼，大家很高兴！我们班很多同学都在转呼啦圈，也有的在跳绳。我只会跳绳，就向苏证建借了绳子跳。跳着跳着，我又想转呼啦圈了，因为我看见章思语转呼啦圈特别有意思，我很佩服她。她还能用小腿转，动作既好看又轻快，我就向她学习，称她是章老师。可是，我学来学去最多也只转了几个。章老师很温柔，没有批评我，更没有笑我，还朝我微笑，很有耐心地做示范，一步步地教我。我很开心，暗暗地说："章老师，谢谢你！"

"啊，杨老师，你比我写得长多了！"

"嘿嘿，我被杨老师写到日记里去了呀！"

"真有趣……嘻嘻……章老师！章老师！杨老师叫章思语是章老师哦！"

"章老师章老师，你下课也教教我吧，我只比杨老师好一点，能转十几个！"

"杨老师，你在转呼啦圈，我就在你旁边看着呢！"

"我也在那儿，我也有看到！杨老师只转了几个，老是掉圈呢！"

大家七嘴八舌地议论着，很快就订正好了这题。下课铃声响了，他们才回过神来，还依依不舍的样子，这节课最引人注目的自然就是"章老师"了……

周四那天的早锻炼，章思语早早地就在操场前的水泥桥上转呼啦圈。她一边转一边自己数着："313、314、315……"旁边又围了一圈小男生小女生，也跟着她津津有味地数着，那整齐划一的声音好像在唱一首数字歌……

我情不自禁拿出手机给章思语拍照，拍了两张站着转的，我说："思语，你改变一下，蹲下来在小腿上转，让老师再拍一张！"

章思语正转得入神呢，似乎没注意到我的话，她双眼微闭，凝视着快速飞转的呼啦圈，很陶醉地一直数着："401、402、403……"

啊，这么多下了！我想了想，凑近她的耳边说："思语，你把呼啦圈往下转！老师给你再拍一张！"

"415、416……杨老师，我会让它慢慢地往下移动的呀！你要耐心等哦……"章思语猛然抬头快速地看了看我，微笑着说。她总是一副乐呵呵的样子，扑闪着长长的眼睫毛，像一个可爱美丽的洋娃娃。"……420、421、422……"她又跟上在旁边同学的计数，继续乐此不疲地数着。

可是，那个呼啦圈好一会儿才往下移动一点点，章思语好像有意让它在腰部不紧不慢地转着，我倒是等不及了，突然伸手把呼啦圈拍了下来，"咚"的一声，呼啦圈跳楼一般落在地上，晃了两三下，"晕"了过去不动了。

"哎呀——"章思语惋惜地叫了起来，"杨老师，你怎么把它打了呀？我就要转到四百五十下了呢，我正打算超过五百下！"

"没事，没事，下次再努力，已经很厉害了！现在，你再用小腿转！"

她马上在小腿上转了起来，我赶紧抓拍了两张照片，挺有意思的。

第一节课后，我走出了教室，章思语跟了过来，急急地说："杨老师杨老师，我想看你起先拍我的照片。"

"哦，好，下午老师就把它存入教室里的电脑上，放给你看，放给大家看！"

她甜甜地笑着……

跑步跑步

上了第一节课后，我绕着综合楼的椭圆形小道慢跑。跑着跑着，不知什么时候，章思语、周妍、黄新也跟着我跑。

章思语跟得最紧，好像是我的影子，我跑快她也跑快，我慢下来她也慢下来。不一会儿，就和我并排跑了，我们边跑边聊，我问她："听说你妈妈是外地人？"

"嗯……不是……不是！"她一口否定了，"我妈是本地人！"

我是听班主任朱老师提起的，说章思语的爸爸在广州做生意时，和她妈妈恋爱了，就带回来结了婚。是朱老师的信息不对呢，还是章思语小小年纪不明白呢？我继续问她：

"那你外公外婆呢？"

"也是本地人！"

"住哪呀？"

"好像……很远，要坐火车的呢！"

我明白了，她并不懂得我所说的外地本地的意思。

"你还有几个兄弟姐妹？"

"我有姐姐，还有弟弟。"

"你……你喜欢谁呢？"我转了个话题。

"嗯……"她翘起下巴，眯着眼睛想着……我仔细地看着她，眼睫毛长长的，在阳光下闪动着反光，乌黑的长发披下来，随着她跑动的脚步一颤一颤有节奏地抖动着，就像小道旁的柳枝随风摆动，婀娜多姿……

"我喜欢……"她停了停，嘟了嘟嘴巴，猛地仰起头快速地说，"喜欢杨老师！"然后，显得有些羞涩的样子，嘿嘿地咧开小嘴笑着……

"哦，喜欢我呀？"我也笑了，"还有喜欢谁呢？"

"还有，还有爸爸妈妈，爷爷奶奶、外公外婆……"她一下子背书一样报了出来。

"哈哈，那是都喜欢嘛！"

"嗯嗯！"

"你每天开心吧，看你整天满脸笑容，无忧无虑的！"

"是呀，我开心！"

"我们慢慢跑，这样说话不吃力。你要是累了就停下来——我们跑几圈了？"

"不累！不累！"她转头前后看看，似乎在数着刚才跑的圈数，"杨老师，好像跑了三圈多了！"

"不错！不错！"

后边紧跟着徐佳佳和周妍。过了一会儿，徐佳佳皱着眉头，甩着胳膊，喘着气说："杨老师，我累死了，累死了，跑不动了！"可说归说，却不见她停下来，还是继续跟着跑。周妍呢，一直就在我的身后，尾巴一样跟着，时不时地对我说着什么，可我老是听到身边的章思语说的话，加上迎面的风吹来，就听不清楚周妍都说了什么了。看上去，周妍好像一个劲儿地在自言自语，津津有味地自己说给自己听，脸上同样地一直挂着笑。小男生黄新倒是没说什么话，而是专心致志地在我们前面时而蹿前，时而蹿后，如同一只调皮的小猫在追逐着什么东西。后来，又有一些学生加了进来，渐渐地我们跑成了一支小队伍，绕着综合楼转圈……

章思语跑着跑着，突然顺势头一低，腰一弯，腿一停，侧身倒在小道边的干草地上，滚了一滚又爬了起来，嘻嘻地笑着说："杨老师，你看，我厉害不？"她身上的羊毛衫粘上了一些干枯的草叶，我也停了下来，轻轻地拍了拍她的背，把那些干枯的草叶一一捡掉，"哈哈，很敏捷，像个小男生了！"

不多久铃声响了起来，学生们一窝蜂地跑回综合楼上课去了。我慢慢地向办公室走去，心情舒畅……

第二节课后，我提着上网本下了综合楼正要回家，突然，黄书文、梁心妍、叶良奇等几个女生兴致勃勃地朝我跑过来。黄书文舞动着手臂，扭着腰肢，急急地喊着："杨老师，杨老师，跑步跑步！我们一起跑步！"紧接着，她们前拉后拥地把我推上了那条小道。我只好提着上网本和她们一起跑起来，"起先老师已经跑了好多圈了啊！"

"杨老师，你不能偏心，章思语说你陪她跑，你也要陪我们跑哦！"

"杨老师杨老师，你们起先跑了多少圈呀？我们也要跑那么多圈！"

"我帮你提这个包！"

我们正说着呢，远远地从综合楼上传来了喊声："杨老师——，我来啦，我来啦——"

章思语从综合楼上急匆匆地跑下来，"等等我，我还要跟你一起跑呢！"

好吧，看你们这么高兴，就再跑几圈，真是一群调皮率真的小孩子……

杨老师，你要记住哦

下午第二节刚下课，我还在讲台前整理课本，章思语背起书包急急忙忙地跑到我跟前说："杨老师杨老师，你什么时候去我那里，要叫我哦！"

我问："去找你呀？你要找我玩是吗？"

她眨眨眼睛，使劲地点点头说："嗯，嗯！"

我笑着问："那你怎么招待杨老师呢？"

　　她想了想，嘻嘻地笑了起来，小嘴巴里露出洁白整齐的两排小牙齿，上排的中间因为换牙已经掉了两颗，显得很可爱。她好像不大明白"招待"是什么意思，我换了个说法："你想老师找你，去你那儿玩，你要让老师玩什么呢？"

　　她嘟了嘟嘴巴，歪起头又想了想，却说不出来，只是伸手在空中比划着，吞吞吐吐地答道："嗯……，就是……就是……"

　　我接过话："是不是去年我路过你家那里，你正在附近荡秋千，你想让我们一起荡秋千！对不？"

　　"嗯！嗯！就是这个，就是荡秋千！"她直点头，咧开嘴巴灿烂地笑着。

　　"好啊！杨老师要是有空就去找你！……对了，你爸爸妈妈有在家吗？"

　　"有时有，有时没有。"她又怕我忘记似的，急急地补充道，"杨老师，你要是过来，一定要叫我哦！

　　"好的！"我轻轻地按了按她的小脑袋……

　　放学后，我走出办公室正要回家，突然从旁边教室门前的走廊上传来章思语又高又亮的声音："杨老师——，你要是路过我那儿，有两只狗很凶，你要小心呐！"

　　我停下脚步转身朝她走去，她正在值日拖走廊。见我走近，她也停下动作，两个手掌紧握着拖把的上头顶在下巴下，保持着这个姿势不动，眨巴着眼睛看着我，感觉像一个有趣的小木偶人。

　　"谢谢你的提醒，杨老师记住了！"我见她这么心切地想着我去她那里，可我又没决定马上做到，考虑了一下还是对她说了心里话，"思语呀，就是……这些天这么冷，不是阴天就是下雨，加上老师有些懒哦，只能等以后天气好些再去你那儿了。"

　　"啊，杨老师，你怎么不早些去呀！"她一下改变了起先那个姿势，扭动着身体，轻轻地跺着脚，做出撒娇的神情来，"杨老师，你真懒哦，还怕冷！你要多运动运动，骑自行车到我那里刚好啊！"

"哈哈，你批评的是，谢谢你！这个双休日老师就去。"

她高兴得跳了起来……

因为想起朋友的一袋订婚喜糖还放在抽屉里，我又折回办公室去拿，顺便拆开吃了一颗，甜甜的口味让我突然有了个想法，正想去实施，一侧眼，又看见章思语在门口探头探脑的，我喊了她："思语，进来，快进来！老师有事找你！"

她连蹦带跳地跑进门，又撒娇地说："杨老师，杨老师，你双休日几点去我那儿？现在叫我什么事呢？"

"几点现在说不准，到时就知道了呀。你伸出手来，老师要给你一样东西！"我在她手心里放了一块棉花糖，"这颗糖给你吃，拿去！"

她一愣，认真地看了看，好像不认识那就是一颗糖似的，连忙摇着头说："不，我不要！"

"没关系的，你看，老师这里还有很多呢！"我抬起手，晃了晃那袋糖，"老师也吃的呀，刚才就吃了一颗，这么多吃不完的，你大胆拿去吃，这样老师才喜欢呢！"

她犹豫了一会儿才捏起那颗糖，但没有马上剥了吃，而是轻轻地捏了捏，又仔细地端详了一下，惊喜地说："杨老师，你看你看，这棉花糖真的像棉花一样！"

"是啊，所以才'棉花糖'呀！你快吃了它，这可是现在的作业哦！老师再给你一颗棒棒糖，谢谢你对老师的邀请，让老师到你那儿一起玩！"我又从袋子里挑出一颗棒棒糖递给她，加重了语气说，"你可不要再推辞，拿去，快哦！"

"谢谢杨老师！"这次她马上接过糖，捏着那个细细的小棍子轻轻地转着。

"教室里还有同学吧，我们也去分给他们吃。"我扶着章思语的肩膀一起快步走出办公室，在走廊和教室里还有七八个学生在扫地，我一一地给他们分了糖，真凑巧，竟然不多不少刚好分。

徐佳佳羡慕地看着章思语手中的两颗糖，惊讶地说："哇，思语，你为什么有两颗？我们都只有一颗呢！"

思语嘿嘿地笑着，没说什么，倒是自豪地举起那颗长长的棒棒糖向大家展示着。

我说："哦，这个问题杨老师来回答，思语两颗，是因为她今天主动找杨老师，邀请杨老师一起玩，而且很热情。老师有些感动呢，就用另一颗糖来感谢她的这份心意。不过，不管几颗糖，也都是老师的心意，你们说，能不能比来比去，说谁多了谁又少了呀？"

徐佳佳笑了起来，大家七嘴八舌地答道："不能这样比，我们要谢谢杨老师的心意！"

我一个个地看过去，但他们都没有拆开来吃，章思语手上一直还捏着那两颗糖。似乎每个人都不打算吃了它，而是想着带回家珍藏起来。

"你们吃呀吃呀，"我要回去时交代说，"记住哦，要是拆了吃，那个糖的包装纸应该丢哪呢？"

有几个学生争先恐后地喊着："不能乱丢，要丢在垃圾桶里。"

我向他们竖了竖大拇指："好，对了，你们也快点扫完地，早点回家去！"

好哦好哦，他们手舞足蹈地又"工作"起来……

我下了楼，正要出校门，远远地传来章思语的喊声："杨老师——，杨老师——，你记住哦，一定要过来一起玩！"

我回头向她摇摇手，点点头。

赴　约

星期六午后，天阴阴的，似乎要下雨的样子。我忙完了家里的一些琐事，骑着捷安特朝章思语家的方向出发。这种自行车不但速度快，而且骑起来没声音，不一会儿就到了这个名叫"浦边村"的地方。一条小小的水泥路穿过西红柿大棚栽种地，再朝前就是村口了，章思语的家就在村口附近。我一侧眼，无意间看到水泥路旁的水沟边上有三个小孩子正俯身摘着什么，仔细一看，其中一个正是章思语。

我悄悄地刹车，无声无息地停在他们的身边，静静地看着他们的一举一动。章思语时而伸手，时而弯腰，时而对着另外两个小孩儿说着什么……好几分钟了，他们三个人也没发现我就在一旁。

我倒有些耐不住了，突然发出了声音："喂，小朋友，你们在摘什么呢？"

章思语猛然抬头，"呀……是杨老师啊！"她惊喜地看着我，本是蹲着的身姿，连忙站了起来，敏捷地跳到了水泥地上来，把手伸到我的眼前，"杨老师你看，我们在摘这个东西，很好吃，甜甜的呢！杨老师，你吃过它吗？"

我低头仔细一看，原来是一种野果，非常熟悉，小时候时常摘来吃，在路边山边的草丛里到处都有，但我不知道它普通话叫什么，本地音似乎叫"狗乐乐"，有些像杨梅，只是小多了，中间没有核。有鲜红色的，也有紫红色的，颜色越深越甜，吃起来如同桑葚的味道。

"嘿，这种野果老师小时候吃过，挺好吃的！没想到这个地方也有啊！"我用食指拨弄了几下她手掌中的那几颗红色"珍珠"。

"杨老师，这几颗给你！"她把手掌翻了过来，很轻巧地盖在我的手掌里。

"好的，老师先放在口袋里带回家再吃。这两个小朋友是谁呀？"

"女的是我邻居，男的是我弟弟，他很调皮的……喂，你们两个自己摘哦，我要和杨老师去那边荡秋千了……杨老师你跟我来，走哦……"她在我前边蹦跳着，我推着自行车快步跟去。

这是一块乡村的露天体育健身场地，平整的水泥地上铺设着七八个简易的锻炼设备。"杨老师，我先来，你帮我推一下！"章思语踮起脚尖很熟练地坐了上去，抓住秋千的两条绳子，兴奋地甩动着小腿。我轻轻一推，秋千慢慢地前后晃动起来，章思语的长发也随之飘荡，她红润的小脸蛋笑吟吟的，小天使一般。渐渐地，秋千随着惯性甩得高起来了，我在一旁张开双臂护着。坐在秋千上的章思语，就像一个悠闲自在的摆钟，荡悠悠地前一下后一下，还是会笑的、眨着眼睛闪着亮光的摆钟……

"杨老师杨老师，我荡够了，你快把秋千拉住，轮到你了！"

"好呀！"我拉住了绳子，她双手按在荡板上轻松地跳了下来。

"杨老师，你坐上去，我帮你推！……啊，杨老师，你比我弟弟难推多了！"

"那是，我是大人嘛，其实你不用推我自己也能荡起来的！"

"哦，我知道，你是大人，脚比我们长，坐着也能踩到地面，朝前用力踩一下就可以了！杨老师，你肯定也玩过荡秋千，是不是？"

"你说得对呀！老师小时候也很喜欢玩荡秋千，只是没有你这里的条件好，有专门的设备。我们都是用绳子把小板凳捆绑在粗壮的树枝上就成了'秋千'了，有些孩子比较重，荡着荡着，绳子没扎紧就掉了下来，一屁股坐在了地上，不过，我们的'秋千'挂得很低，下面又都是泥地或者草地，所以，他呀，根本没事，拍拍屁股马上又站了起来，屁股上都是泥土，惹得大家哈哈大笑，我们玩得很开心呢！"

"嘻嘻，真有意思！杨老师，你有没有这样掉下来过呀？"

"有哇，有一次掉下来刚好坐在了一小块泥上，呀，屁股都疼了，揉揉就好了……那时候我也很贪玩，整天跑跑闹闹，在田野里、草地上、操场中摔跤、翻跟头、鲤鱼打挺、倒立……"

"真的啊？"章思语好奇地看了看我，"我们班的几个男生，陈益、黄新他们就是这样的玩闹……杨老师，那你会调皮吗？"

"当然会啰，是不是现在不像了呀？长大了，就变化了。"

"嗯，不像不像！妈妈也说我调皮，那我以后会不会变化呢？"

"你想变化不？"

"有时想，有时不想……"

"哈哈，那想变时就变，不想变时就不变吧！"

"我也是这样想……"

"你爸妈今天在家吗？"

"没有，他们都到厂里去了，姐姐也没在家，她去同学家玩，奶奶在洗衣服，叫我看着弟弟呢。"

"你这个姐姐当得不错嘛！"

"他有时也很调皮，也不听我的话，起先摘那个野果，他边摘边吃，我说要洗了吃，他就不听！当弟弟的姐姐不好，我还是喜欢当姐姐的妹妹，也可以调皮……"章思语翘了翘小嘴巴，她突然摸了摸脸，抬头眯眼望了望天空说，"啊，杨老师，你看，下雨了耶！"

"是下雨了，"我张开手掌，小雨点一滴滴地落在上面，递到她的眼前，"你看它像什么？"

"像……像一粒粒小珍珠！"她伸出食指在我手掌上轻轻地划了两三圈，"嘻嘻，珍珠没了，都化成水了哦……杨老师杨老师，快到我家去避雨吧！我们走……"她拉着我的手臂。

"谢谢你，老师现在马上要回去了。"

"可是下雨了……"她又抬头望望天空，皱起小眉头，顷刻间眉头就舒展了开来，"哦，对了，那我去家里拿把雨伞给你撑！"

"不用的，老师的自行车很快呢，一会儿就要到家了，你看，雨还很小……小姑娘，我们星期一见，你也快带你弟弟回家！"我坐上自行车，回头向她摇摇手。

她使劲地向我摇着手："杨老师再见！"

到家后一摸口袋，那几颗野果在我快速骑车时都被揉碎了，虽然没有吃到嘴里，但是，甜在心里了。

"气死我了！"

班主任朱老师正在改数学试卷。这个星期五要期中考了，她忙着让学生做各种练习和试卷，还把试卷一张张地收上来改。

她改着改着，脸色突然阴了下来，紧接着很生气地骂了出来："Ta妈的，大于号小于号都不会写，读什么书啊！"我吓了一跳，端庄大方的朱老师竟然骂出"Ta 妈的"，出乎我的意料。朱老师停下笔在试卷上戳了几下，朝办公室门外一个刚好路过的学生喊道："你快去叫一下章思语！"过了一会儿章思语就进来了，她看了看朱老师桌面上的那张试卷，马上垂着双手乖乖地站在桌旁。

"啪……"的一声，朱老师把试卷拍在章思语的面前，章思语条件反射般立刻俯身弯腰，忙将双臂趴在桌上，拿出橡皮擦去擦那道做错的题。

"先不要擦了！擦什么擦！"朱老师声色俱厉地呵斥，举起手掌拍打了几下章思语的小手，又大声地喊着，"全错，不用改，改什么哦！你脑子里装什么了？啊，这些题目都做不起来？……42 里面有几个七？呃？……答不出来不用读了，竟然差到这种地步！说！ 42 里有几个七？"

"……，4……4……"章思语怯怯地答道。她就那么趴着，声音小小的，好像被身体压住了，使劲地从牙缝里挤了出来："4……个七。"

"啊？！"朱老师又用手掌拍打着章思语的手背，怒声喝道："什么？……4 个七？四七四十几？几七四十二？……这么基础的东西你都不会做！你你……读什么书？大于号小于号都不会写，气死人了，还读什么书啊！你看你，大的填小的，小的填大的，作业呢……作业还时常不交，你……你气死我了！"朱老师说着说着又用手掌拍打着桌面，"你口算算不出来，读什么书哦，回家算了！难的题目不会做情有可原，这样简单的题目做不起来，可恶到极点！唉……"朱老师一边训斥，一边看着试卷上的一道题，叹着气自言自语，"唉……学校统一买的单元测试，到底有没有问题啊？这道题怎么出成这样！真是的，这些试卷老是有题目出错了，要么稀里糊涂的，让人看不懂。这些出试卷的，哪是在真心设计题目呀，大概都是随便从哪儿找找过来的吧，去年用了今年用，今年用了明年用，年年用反复用，一成不变，只要钱到手就万事大吉了，真叫人无话可说……"

章思语愣愣地俯在办公桌上改着错题，以往那开朗微笑的神态早已不见踪影，如同秋霜冻蔫了的小花，耷拉着脑袋。她的脸孔让我感觉陌生，这是章思语吗？其实，就是她呀！可似乎近在咫尺，远在天边……朱老师的一场怒斥让她战战兢兢，一点都不敢吭声，我就在她的不远处，然而，由于朱老师所制造的"气场"，使我和章思语之间就像隔着层层云雾漫漫长途，此时就算很想靠近她，也让我深感方向迷茫路途遥远——实际上，也就三四步远而已啊！我在一旁暗想，思语呀，你会在心里想些什么呢？

"你……你好了没哦——"突然之间，朱老师又拉长了声音，响雷一般，瞪着眼睛对章思语喊道，"你到底改好了没有啊！头低下去像什么似的！……啧啧……唉！"朱老师唉声叹气，显得很不耐烦。一旁也教二年级数学的丽娟老师笑着说："我就没给学生考，这单元测试也没让他们考。只是做了收上来看看，就直接发下去了！"朱老师沉默着，低垂着眼帘，片刻之后，又无可奈何地耐着心思低声问章思语："哪边大？"章思语低垂着脑袋，好像担心自己一不小心就会碰碎了朱老师的声音似的，结结巴巴地轻声回答："这……这边……这边大……"

"那你怎么把'尖尖'的这边朝它？你应该把这个'尖尖'的另一头屁股朝它，就是……就是大口朝它呀！"朱老师用手指点着那个符号解说着，"你要认真听，上课有没有听？尖的地方朝小，大的地方朝大。你呀……唉，你就……"朱老师朝我这边看了看，改口对我说，"她就是没把心思放在学习上，整天想着玩……杨老师，她上你的语文课怎么样啊？"章思语见朱老师同我说她的"缺点"，顿时满脸的失魂落魄，脸色也变得灰暗了。

"嗯……，她呀还行，她……不错的……"我神情凝重地看着朱老师，尽力地做出回应她的表情来，内心里却又暗暗地让自己的表情平静如初，为的是让章思语能感受到我并没有一边倒地站在朱老师的同一立场。现在想来，当时的我实在是自相矛盾，实在难以讲出什么来。好在，我后来一直沉默不语，就那么静静地听着……过了几分钟，情绪激愤的朱老师有些疲乏，她不再发作了，如同夏天午后的雷阵雨，来也匆匆，去也匆匆……

我有些担心章思语心里会有负担，更可能因此而受伤，想找个机会同她聊聊，给予她一些关注和安慰。第二天下午课间，我正好看见她在走廊上和徐佳佳、陈一静等几个女生一起跳橡皮筋，便走近她，轻声说："思语，你过来一下，老师有话同你说。"

她一抬头，同以前一样，又是满脸天真灿烂的笑容迎向我，大大的眼睛神采奕奕，似清澈的湖水闪着亮光，这让我欣慰，昨天的那一幕好像并没有在她脸上刻下印记。才八九岁的她，看上去一副懵懵懂懂的模样，我倒愿意单纯和幼稚一直笼罩着她的心灵，情愿她"很不懂事"地早已将朱老师的训斥忘之脑后。她欢喜地看着我，随即回头同伙伴们说了一句："你们玩哦，嘻嘻……我先和杨老师说话去了！"一边说一边蹦跳着跨过橡皮筋，脚步轻快地跟着我朝办公室那边走去。徐佳佳好奇地跟过来，我说："佳佳，你留步，老师找思语谈点事。"

我们并没有进办公室，因为里面有其他老师，不好谈话。我们就站在办公室前的走廊上，自由自在地靠着栏杆，我低头轻声问她："思语，昨天朱老师那么大声地批评你，害怕吗？"

她点点头，说："害怕！"

"朱老师那么生气，大概是觉得自己的付出没有被你重视起来呀，你是不是上课听不懂呢？"

章思语眯着眼，嘟了嘟小嘴巴说："嗯，听不大懂……有些听不懂。"

"听不懂要及时问朱老师呀，及时问，朱老师就不会那么生气的。"

"……嗯。"她微微低下头。

"你怕朱老师凶吗？"

"怕！"

"这么说，要是不凶，你就不怕，是吗？"

"嗯。"

我故意激她："那凶你就认真，不凶你就不认真，会不会这样？"

她下意识地张大了圆眼睛盯着我看，微微撅起嘴巴，似乎感觉到了我的意图，不觉笑了起来，露出撒娇的神情答道："不会。对我好，我就认真！"

我也笑了，我们彼此看了看，会心地笑着……

尾　巴

其实，章思语的语文成绩也很差。刚接这个班级时，从原来的语文老师那里了解到，她基本上是考不及格的，而且对学习没兴趣，上课不想听，三心二意，时常做小动作，作业要么不做，要么丢三落四，要么潦潦草草，好些字写得缺胳膊少腿，多数题做不来……

接触了一个月，果真这样。

"思语，昨晚的生字词没写呀？"我把她叫到办公室，平平静静地问。

她不言不语，脸上的表情淡漠着，似乎隔着一层雾。

"那现在就坐在老师的位置上补一下。"

我就站立一旁，有时也会拿着一本书，边看边陪着她写。差不多上课了，我就说："好，就写这么多，杨老师改改再找你。"我把她写错的字一个个地圈出来，找个适当的时间，让她订正过来。

课堂作业本她很多做不来，或者就是不想做，我同样让她把填填写写生字词的题目补起来，我对她说："其他的做不来，就不做吧！要是想摘录别人的也可以。订正时，你就把黑板上老师和同学写的抄过去。有什么想问老师的，随时来找我哦！"

就这样，我有意同她保持着上述这样不紧不松的距离，提些可有可无的要求，实际上更多的考虑是为了增加同她相处、聊天、谈心的机会和时间。毕竟一个班级几十个人，不可能专门为她一个人设计特殊的途径和计划，而通过作业这个平台，比较方便、自然而又可持续地影响她，随机实施我的意愿。慢慢地，她不知不觉地对我有了兴趣，尤其是经历了之前那几篇文章里所写的事情之后，我很明显地感觉到，她越来越喜欢接近我，有事无事地找我说话。经常是一下课，我刚跨出教室门，她就紧跟着我了……

"杨老师，今天中午的作业是什么呀？"其实，我早就让学习委员写在黑板的右上角了。我会微笑着停住脚步低头对她说："就是读读刚教过的这篇课文，要是不想读，你就在操场上玩也行！"

她还时常问："杨老师，你今天有没有骑自行车过来呀？"

每次我就回答她："有啊，自行车就停在一楼楼梯口呢！"

我们俩一问一答，不厌其烦。

有时候，她跟着跟着，就跟进了办公室，她又会问："杨老师，早上还有你的课吗？"或者问："下午还有没有你的课啊？"有几次，她还特意跑来，就为了告诉我："杨老师，第二节是你的语文课呢！""杨老师，第三节是你的语文课呢！"

要是办公室里没有其他老师，她就会继续想着话题说。要是有其他老师在，她就会匆匆忙忙地说了几句，又恋恋不舍地离开。

后来要是她跟进办公室，我一坐下就故意问："思语，你找杨老师有事吗？要是没事，杨老师先备课了。你也到操场上玩去。"

她支支吾吾地："嗯……嗯……杨老师，我，我……那我去玩嘞，有事情我再过来找你哦！"

再后来，在课堂上做《课堂作业本》时，她一遇到不会写的字，就会主动来到我身边问我了。我要么帮她在课文里找，要么写在黑板上给她看。她问得越来越勤，顺理成章，下课时，她就到办公室问我了，然后，我们又会开心地聊很多话。

有一段时间，每当中午放学，我一下楼骑上自行车回家，她就会约好似的，从楼上兴高采烈地跑下来，边跑边喊："杨老师——，等等我！"我就放慢速度等着她，"思语，有事吗？"

"没，杨老师，我们一起走！"她跟在我的自行车旁边跑着。我以为她稍跟一下就会自觉停下的，没想到她就一直跟着跑，看那样子似乎要跟着我跑到街上去了。

"等一下就要吃饭的，你不要跑，不然肚子会疼的，对胃不好！"

"哦，哦……"她没有停下。我只好停下了，陪着她边走边聊。每天重复着这一幕。

有一天，我说："你怎么像我的尾巴一样，老是跟着我呀？"

她嘻嘻地笑，撒娇地翘起小嘴巴："哼，我喜欢！是你的尾巴，当然跟着你嘛！"

我说："不行呀，有你这样的尾巴，老师到家就迟了，吃饭也迟了，下午还要提早过来午读啊！有时候，我只能把你这条尾巴先拿掉放一放，等我回学校了，你再装上吧！我要骑快了哦，你慢慢走！"

"啊……老师，你！"她甩着胳膊，还是跟着我跑，我故作生气，回头瞪着眼虎着脸："怎么？不听我的话，啊？！那以后老师都不跟你说话了！"

她跑了几步，终于慢了下来，嘴里咿咿呀呀地自言自语着什么……从这次以后，我们倒是默契了，一放学，要是有机会遇见，在综合楼前我们会一起走一段路，然后我骑车提前离去，她就自然地同我说再见。

回想起来，二年级的第二学期，章思语差不多每天的课余时间都会找我说话，或者打招呼，哪怕就见个面，微笑一下，会心地眨眨眼。师生的感觉，真是相互的，从内心里我一直都用欢喜心对待她，她也是把同样的心境和情绪反馈给我。记得那节课订正《课堂作业本》，时间不够，下课了，我说："你们都先去玩吧，中午有空再订正。"

等我一到办公室，章思语随后就跟了进来，急急地说："杨老师，我要现在就订正，就在你身边订正。不懂我就马上问你。"

"还是先去玩吧，作业不急呀！"

"不玩不玩，不好玩，等我订正好了再玩！"她靠着桌边一边说，一边低头动起手来。

"你过来，老师的椅子给你坐。"

"不用了，杨老师，我站着写没关系的，不累。"

于是，我像她同桌一般，双臂相叠在桌面，下巴靠着，静静地看着她订正，她写着写着，不一会儿就抬头问："杨老师，这个字怎么写呢？"

我把那个字写在了方格纸上，她抄了过去。紧接着她又问了几个字，我都一一写给她看。我发现她字写得比开学初好看多了，一笔一画不急不慢，结构端正清楚。

"杨老师，第五题要写一段话，你起先讲过了我也不会，我家乡没有什么特产啊，不写可以不？"

"可以呀，你看这个题目旁有个五角星，就是让你选做的。"

"哦……"她双手捧起《课堂作业本》快速地上下查看了一下递给我，"杨老师，那我都订正好了！"

我马上用红笔批阅了一遍，给她打了 A，盖了一朵"小红花"奖给她。她喜滋滋地说："谢谢杨老师！我已经有四朵了，加上这朵，可以去朱老师那换一个'金牌'贴在墙上了哦！"

"不用谢，这是你应该得的！杨老师为你加油！"

她蹦蹦跳跳地跑出办公室……

QQ 好友

"同学们，杨老师把 QQ 号码告诉大家，让你们爸妈上网时加杨老师。要是你们也有 QQ 的话，也可以加。老师会把照片、日记、图画等发给你们保存。"

不管家里有没有电脑宽带，好多学生都把我的 QQ 号记了过去。过了一周，也就叶良奇、黄书文和鲍小项三个学生加我为好友。毕竟是乡镇农村，多数家长都忙于为家庭操劳，为生计奔波，没有兴趣或时间上网，更多的是担心孩子的学习，没买电脑。

"我是章思语"，星期六一打开 QQ，就来了这条系统信息。我随即加了她，归入学生栏中。

星期一，章思语一见到我就问："杨老师，你加我了吗？"

"加了，星期六加的，你当时不在呀。"

"杨老师，你今天会不会上啊？什么时候上？"

"看情况吧，一般在晚上。"

"哦……"她问完就乐滋滋地跑进教室。

第二天她早早地又来问我了："杨老师杨老师，昨天晚上你有上 QQ 吗？"

"有的，老师一边写文章，一边开着 QQ 呢，可是没看到你呀！"

"我……我没上 QQ 呢，"她有些失落地说，"妈妈不让我玩电脑，她在看电视剧呢！"

"那下次吧，总会遇见你的。只要看到你在，杨老师就向您打招呼。"

"好哦……"她又乐滋滋地跑进教室。

星期五的晚上，我终于看见她在线了。

"小姑娘，你好啊！"

"谁？"

"我是杨老师。"

"哦。"她发过来一个笑脸，过了一会儿，又发过来三个字，"老师好。"

"你在干什么呢？"我问。

又过了好一会儿，还是一个"难过"的表情。

"怎么了？"

她没回音了。几分钟后，突然发过来一个"再见"的表情……

第二天，她急急忙忙地跑来告诉我："杨老师，我打字很慢哦，有些字打不来，标点也打不来……昨晚我是在玩小游戏，后来妈妈就让我下了呢。"

我笑着摸摸她的头说："原来这样呀，杨老师还以为说了什么话让你伤心了呢。"

"没伤心，就是想和老师在 QQ 上聊天，半天打不出字来，心里很着急耶。"

"哦，那慢慢学，多多练习打字，也可以打打自己的日记，会熟练起来的。其实呀，老师更喜欢和你面对面地聊天，就像现在这样，你能看见我的表情，我也能看见你的表情，更好呢！你现在就笑一下……"

"嘻嘻——"章思语笑了起来，扑闪着眼睛，"杨老师，我很少上网的，爸爸妈妈只是偶尔让我上……我就觉得在 QQ 上跟老师说话挺有意思的……嗯，杨老师，是不是三年级时就有电脑课了呢？"

"是啊，你要耐心等等，到时就可以在电脑课上练习打字了。"

"那……那我想早点读三年级……"她微微抬头望着前方，有些出神，似乎已经看到了自己正在上电脑课的样子。

正如章思语所说，她的确很少在线，差不多过了半个月，我才再一次看到她的 QQ 头像亮了起来。我正想向她打个招呼，她倒是有预感一般给我发来了"微笑"的表情。

我马上同她"大手握小手"。

她就送给我一个金黄色微笑的"太阳"。

我随即给她倒了杯热腾腾的"咖啡"。

她便递给我一朵火红的"玫瑰"。

……

我们就这样来来回回对发着 QQ 图标，下棋一般各自出招。有时，我会突然故意地"敲一下"她的头，她就"哇哇大哭"起来，然后，她就"敲两下"我的头，我立刻瞪起眼睛"怒火中烧"，紧接着，她向我投来一个黑乎乎的"炸弹"，我顿时"惊恐"得直滴冷汗，她却露出满嘴的牙齿"哈哈大笑"，我被她笑成了一枝垂头丧气的"花"……停了一会儿，她忽然送给我一颗红红的"爱心"，我"憨笑"着向她竖起"大拇指"，她"害羞"地同我"握握手"……她一到学校就会兴高采烈地跑来告诉我："杨老师，杨老师，你在 QQ 上真有意思哦！我是边发边笑呢！"

慢慢地，在 QQ 上她打字也快了些，而且发给我的字也比以前多了。"杨老师，你饭吃了吗？你在干吗呢？""杨老师，晚上的作业是什么呀？""杨老师，你会不会玩 QQ 游戏啊？我在玩，很有意思哦！"……

有一次，我看见她在线，却一直什么也没说，我也没去 Q 她，忙着去整理一篇文章，差不多过了半个小时了，她也没什么动静，我倒有些好奇了，便暂且放下手中的活儿，想同她多聊聊。

我问："小姑娘，你在干吗呢？"

等了一会儿，她也没反应。

我又向她发了个"疑问"，还是无声无息。

我想，大概她不在电脑前吧，正想继续整理文章时，她回复我了："杨老师吗？您是章思语的老师吗？我是她的表哥。"

"是呀，我是她的语文老师。她的 QQ 怎么被你用了呢？"

"这个 QQ 是我送给她的，她很少上，就叫我帮她把 QQ 挂着。杨老师，我用自己的 QQ 加您吧。"

我们互相加为好友，在随后的几次聊天中，我了解到了，原来章思语的妈妈是广东那边的人，她爸爸去那边做生意时和她妈妈恋爱了，带回温州这边结了婚，从此住了下来。先是生了大女儿，但是夫家这边的人很想有个儿子，可是第二胎还是女孩，就是章思语。为了躲避计划生育，他们就偷偷地把章思语交给广东那边的外婆养。后来，终于生了个儿子，他们才把章思语叫回家。

思语表哥说："思语在广东这边很讨人喜欢，她长得又可爱，嘴巴又甜，整天乐呵呵的，无论看到谁，都会主动打招呼，很有礼貌地叫叔叔阿姨、哥哥姐姐，连邻居们都觉得她很乖巧，街上很多大人都认识她呢。我一下班回来，她就会粘着我，和我关系也特别好，我经常带她到街上玩，买东西给她吃。"

我说："是啊，思语的确很开朗活泼，在学校里无论看到哪位老师，她都会笑吟吟地主动打招呼，老师好老师好地叫，声音甜甜的，挺可爱的！"

"她在我们这里每天过得无忧无虑，开开心心的，大家都很疼爱她！回到她爸爸妈妈那边后，就不一样了，"思语表哥发了一个"难过"的表情，又继续说道，"在家里老是被忽视，也没几个人关心她，爷爷姥姥爸爸爸妈妈他们除了忙自己的事，都只关注和宠爱她的弟弟。再加上思语很小的时候就不在爸爸妈妈的身边养，就更加缺少感情了，现在总是一个人孤孤单单的。我还听说她一年级学习很不好，成绩也很差，时常被老师批评，被家人责骂。他们总说她不听话，不读书不做作业，很懒……我听了就难过，在我的印象里，她不是这样啊！"

我说："今年她还是有变化的，在我眼里，孩子的成绩所谓的差根本不是什么问题，我感觉孩子是无辜的，很多时候他们的'毛病'都是大人造成的。其实思语也很聪明，热情大方，性格外向，只是处于现在这个家庭环境里，可能不利于她的学习和成长，要是可能的话，我倒是建议你们和她爸妈商量一下，依然带她回广东，和你们在一起。当然，前提是，思语自己也愿意。"

"是啊，我和她外婆也提过，我们这边都有这个心意，听到思语在那边受冷落，我们都不忍心呢，之前，我们也曾把这个考虑同她爸妈讲过，但是，他们那边也没什么表态，似乎不大愿意，事情就一直拖着，只能看看明年能不能带她回广东了……"

和思语表哥几次的交流，让我对思语有了更多的了解。我发现，这个小姑娘还是比较乐观的，虽然从小就没在爸妈身边，缺少父母的抚育之爱，但并没有给她的心灵造成多少影响，我觉得这很大的原因在于外公外婆为她营造的充满温情的生活环境以及舅舅阿姨、表哥表姐们对她的关怀和爱护，补偿了她缺失的父母之爱，并在她早期的成长中烙下了对人对事积极乐观的印象和认知。这样一来，反倒让她不依赖爸妈，并养成了更多的独立性。就算是在不利于她的家庭环境里，她也不会忧郁焦虑自卑自怜。我每天看到的她，基本上还是开开心心的，她没有把上述的那些负面的遭遇与评定固着在心里，她能够自寻其乐，就算被大人埋怨、责备也能马上释怀，过后很快就忘记了。

上个星期的某个课间，我正在综合楼前的河岸边靠着栏杆晒太阳，不知不觉间章思语就已经来到了我身边，她满脸笑意，仰着头问："杨老师，你一个人站在这里干吗呢？"

我搓了搓手掌，哈着气说："有些冷，老师在晒太阳呢，你看今天的太阳多好啊！"

她望了望太阳，眯了眯眼说："我也要和你一起晒太阳！"

"好哇，老师很愿意和你分享金灿灿暖烘烘的阳光，又是免费的呀！说是春天已经来了，可还是这么冷呢，冷天里多晒晒太阳，对身体很有好处的！"我转了个话题问她，"思语，你还记得二年级时，老师问你妈妈是不是外地人，你说不是，是本地人，外公外婆也是本地人。现在还是这样认为吗？"

她嘿嘿笑了起来，双手握着栏杆，左右扭动着身子说："不是本地人哦……老师你怎么知道呀！"

"是你的表哥告诉我的呀，他在广东那边，去年你不是让他帮你挂QQ吗，他上你的QQ时和老师认识了就聊起来了。对了，你去年怎么就不知道外公外婆住很远呢！"

"嘻嘻——，我去年人还小嘛，也不知道什么外地人本地人的，人家都说我不懂事呢！现在我知道了，和妈妈回外婆家都要坐差不多两天的车呢，好远哦！"

"对了，你喜欢在这边读书，还是到广东那边呢？"

她似乎想了一下说："喜欢在这边！"

"为什么呢？"

"因为……这边有一起玩的同学和好朋友，还有……还有杨老师……"

"嗯，不错，这个理由我赞成！"

"杨老师，你下次碰见我表哥，叫他不要再上我的QQ了哦！"

"嘿，你不是让他帮你挂着吗？"

"那……那时我还小嘛，现在，我不想他用我的QQ聊天呢，万一别人不知道，会搞错了啊！"

"哈哈，看来你真的是长大懂事了啊——你放心，他是用自己的QQ加了我和我聊的，而且自从那以后，我都没有看到他在线了。后来我才发现，原来有一次清理 QQ 时，他的 QQ 被我误删了呢！"

"这样啊，杨老师，你可不能也误删了我的 QQ，你要小心点哦！"

"不会不会，要是真的误删了，我一定再向你要 QQ 号！"

"嗯，我要一直和你做 QQ 好友！"

再等十年

语文课上，章思语时常举手回答问题，让我欣赏不已，即便她答不对题；朗读课文时，她声音响亮，那一副投入专注的神情让我暗自欢喜；看课外书一遇到不认识的字和不懂的问题，她就跑到我身边来问来去，让我体味着她的孩子气……这一年多来，我们相处得愉快融洽，交流得轻松惬意，然而她考试总考不好，最多也只是考个及格，但是，这绝不会影响我对她的看法和做法，也没有影响到她对我的亲近和信任。对应试教育的"考试"，我不想讲什么，我只想对我遭遇的所谓的"问题孩子"，尽己所能地多些接触和关注，让他们还是孩子的时候更像个"孩子"，让本属于他们的童年更像个"童年"，而不是被所谓的"教育"强行训练成一个乐趣越来越少、压力和烦恼越来越多的"小大人"。

"杨老师，我考得很差哦……有些题目做不来，我……我讨厌考试耶！"章思语嘟着嘴巴，脸上显出不好意思的样子。

"没事，你就把考试当作没有什么乐趣的游戏吧，要是讨厌，玩一玩就放开它，考多考少，不用放在心上，多去做做你喜欢的事，老师支持你呢！你看，杨老师可没有像其他班级那样，每个单元都忙着考试呀，连期中考试杨老师都不怎么赞成呢，为什么知道不？"

"嗯……有些知道，"章思语巴眨着眼睛说，"是……杨老师也讨厌考很多试，讨厌改很多试卷，对不对！"

"哈哈，聪明！杨老师喜欢让大家把更多的时间用来看课外书和参加课外活动，而不是反复地做那些杂七杂八的练习啊试卷啊！"我俯身靠近她的耳朵，轻声地补充道，"杨老师也很喜欢看课外书，更喜欢和大家一起去操场活动呀！"

"我也喜欢看课外书，还有跟杨老师一起跑步！杨老师，你要是有空去中学那边的塑胶跑道跑步，记得叫我……呀，我想起来了，杨老师杨老师，你去年读给我们听的《外国流浪儿的故事》，什么时候继续读啊，你才读了八篇，还没读完哦，我们都很想听呐，你快点给我们接着读吧！"

"好啊，要是我们都有空时，一定一起去跑跑，在塑胶跑道上跑步特别带劲，随时可以知道跑了多少米，很方便呢！那个《外国流浪儿的故事》老师会接着读的，让老师想想……嗯，下午有一节'地方课'对不？我们课前就先听一篇。以后，每周抽适当的时间读一两篇，把它读完！"

"太好了，下午我们就有得听了！"章思语高兴地跳了起来，转身就朝教室跑去，回头对我喊着，"杨老师，我这就告诉陈何秦去，他早上还在我耳边念叨着，说你怎么还不开始读呢……"

下午的"地方课"，当我一拿出那本《外国流浪儿的故事》，学生们顿时欢呼雀跃。由于放寒假，他们已经有一个多月没有继续听这个长篇故事了，"快快，大家安静！""大家快静下来！"好几个学生大声地提醒着……顷刻间，教室里鸦雀无声，学生们要么正襟危坐目不转睛，要么双臂相叠静靠桌上，要么手托下巴翘首侧耳，要么斜靠椅背悠然自在，但不管什么姿势，个个聚精会神……记得上学期最后一个多月开始读《外国流浪儿的故事》里英国作家狄更斯写的《雾都孤儿历难记》时，学生就被深深地吸引了，听得津津有味，一旦有空就催促着我快读，一次多读几篇。不过，我总是一周只念一篇，最多两篇，加上我读的时候还根据故事情节配上人物的神情和动作，尽量做到声情并茂，学生更是如同在品味少而精的美味一般，吃时身心快意，吃后留恋不已。有时我会一边读一边偷偷地注意着章思语，她的表情总会随着我的朗读而变化，时而凝神，时而蹙眉，时而忧心忡忡，时而笑逐颜开……

等我读完了第九篇《又遇见恩人勃朗罗先生》，学生意犹未尽，还沉浸在故事的情节中，牵挂着主人公"奥利弗"的命运……我合上了书，说："这次先读到这里，接下来大家看《话说温州》，地方课以自学为主，不用按顺序，你喜欢哪一课就直接看哪一课，不懂的地方随时问老师。"

"哎……"好多学生叹着气。"杨老师，你再读一篇吧！""《话说温州》很简单哩，跟课外书差不多，我们回家慢慢看也可以，还是听故事有意思！""杨老师，我们实在难等哦，都要等一个星期啊！"

我笑着说："嘿，老师要是一下子读好几篇，那会辛苦的嘛！你们要有耐心！"

章思语说："那叫几个同学轮流读，杨老师就不辛苦了呀！"

"就是啊，这样最好！"

"好哦，我来读！"

"我也想读！"

"可以叫黄书文读，她朗读比较好！"

"还有梁信燕、林洁也行！"

"朗读好的同学就多读一些，读一篇两篇；朗读不怎么好的，就少读一些，一段两段也行呀！"

大家七嘴八舌地议论着……

我想，章思语的这个主意和其他学生的建议都挺不错，如果一直由我来读，可能一个学期也读不了两三个长篇故事，太慢了，分量也少，就让愿意读的学生试着读读也无妨，这样更自由更方便，也可以把在其他空闲的课利用起来，比如思品课（思品老师曾说思品书真没意思没东西好教）、下雨天的体育课（没有室内活动场所），或者午读晨诵时都可以读，既能锻炼学生的朗读和倾听能力，又能增加趣味。

"那好，杨老师把这本书先放黄书文那儿，让她提前看了，读通读顺，准备准备，其他想读的同学，也照样去做。从下周开始读——现在，大家自学《话说温州》或者看课外书，老师也要在讲台桌上写文章了……"我想了想，又调侃道，"当然，你们有什么问题想问，欢迎随时上来打扰我哦！谁打扰得越勤，老师就越高兴越欣赏，因为经常和老师接触、交流，等老师将来老了就算健忘了，也能很容易地记起你来。要是很少问或者都不来问，到时候杨老师对你就没了印象，一问三不知，那杨老师多不好意思啊！所以，有些同学要注意哦，再不来打扰打扰杨老师，说不定杨老师明天就不认识你了——这个小孩子是谁呀，我怎么不认识呢？喂，小朋友，你怎么坐在我班级？是不是走错教室了啊？"大家被我夸张的话给逗笑了，虽然只听了一小节的故事，但是接下来可以自由地看课外书，他们同样欢天喜地，变戏法一般纷纷从抽屉里拿出各种童书翻看起来。

我打开《教育随记》和笔记本电脑，就那么站在讲台前，开始接着整理《我和一个女生的"零碎事"》。只过了一会儿，时不时地就有学生拿着书本走到我身边问这问那了。

"杨老师，你看过这本书吗？"不知何时，章思语已经站在了我身边，她晃了晃手中的那本书。"让老师看看封面……"我接过书仔细地瞧了瞧，念了出来，"《小公主》，作者：（美国）弗朗西斯·伯内特。这本书很有名哦，老师听过这个书名，但还没看过。你看了感觉怎么样呀？"

章思语侧头斜睨了一下教室的天花板，似乎在体味看后的感觉，然后微微张了张小嘴，想说什么，却没说出来，一副心里有话不知怎么表达的神情，倒是"嘿嘿"地咧嘴笑了起来，目光闪亮闪亮的。

"就是……"我换了个说法，"这本书好看吗？"

"好看，很好看！"她笑得更加的灿烂，眼睛眯成了两道弯弯的细缝，"故事很有意思呢！我喜欢看，就要看完了耶！"

"你喜欢故事里的哪个人物？"

"嗯……我喜欢……"她又歪起脑袋想了想说，"我喜欢莎拉！因为她很聪明，又美丽又善良，也很勇敢，对穷人很好，就像一个公主！杨老师，你也可以看看这本书哦！"

"好呀，等你看完了就借老师看……"

"不行哦，李小意前天就已经同我约好了，要我看好了马上借给她看呢！杨老师，你要等等了，我和李小艺说一下，叫她先别借给其他同学，你就排在她后面看。"

"也行……要是有空，杨老师也可以提早去苍南图书馆把《小公主》借来看。你手中的这本'青少年版'是缩写的，比较短，还有拼音，是适合你们看的。"我指了指封面，然后把书递给了她。

"那你什么时候看完了，也要跟我说说你的想法，可别忘记了哦！"

"好的……还有什么要问杨老师吗？"

"嗯……现在没有了，我要回座位继续看书了。"

可是才过五六分钟，她又悄悄地走到我身边来，手里依然拿着那本翻开着的《小公主》，指指"克鲁上尉"的"尉"字问："杨老师，这个字怎么读？"

"嘿，它上面有拼音呀，你拼一下看……要是拼不出来，老师再拼给你听。"

她低头仔细地看了看那个字，微笑着拼了出来："wèi，对吗？"

"你拼得很对嘛！"

"嘻嘻，我是怕自己拼得不对呢！"

"还有问题吗？"

"……，没……"她支吾着，正要转身下去，又回头说，"我又有问题了——杨老师，要是它有个心字底呢？"

我用食指轻挠着太阳穴，做出考虑的神态，缓缓地回答道："上尉的尉，加个心字底呀，就是……就是……你自己知道是什么字吗？"

她又是嘿嘿地笑着："不告诉你，你先说，看你说得对不对！"

"哈哈，你是在考杨老师呀？好，杨老师喜欢你的考试！这个字呀，是不是也念wèi，安慰的慰？"

"嗯，你说对了耶，那……那加个草字头呢？"

我牵过她的手，在掌心一边写起了这个字，一边说："上尉的尉加草字头，就是蔚蓝色的蔚字，是不是呀？"

"杨老师，你真厉害哦，都说对了呢！"

"谢谢你的表扬，杨老师高兴呢！我们各自选一个'wèi'说一句话，可以不？"

"可以可以，我两个字都能说……嗯，我先想想……慰，安慰——我考试考不好，杨老师安慰我。蔚，蔚蓝色——晴朗的天空是蔚蓝色的，我喜欢！……杨老师，我说得行不行？你也说两句给我听听！"

"你这两句说得都对！好，杨老师也说两句，第一句：章思语考试考不好，我安慰她，她就不难过了。第二句：晴朗的天空是蔚蓝色的，章思语喜欢，杨老师也喜欢！"

"呀，杨老师，你是在模仿我的呢！我们的句子听起来好像在对话一样，嘻嘻……真有意思！"

"是啊，以前你转呼啦圈时曾经当过杨老师的老师，现在造句也可以当一回杨老师的老师嘛！章老师，你好啊，谢谢你！"

章思语不好意思地笑了起来，脸颊红润，眨巴着眼睛，伸手拂了一下额前的刘海说："杨老师，我……我要回座位了，有问题再来问你哦！"说着，转身一蹦一跳地离去……

虽然笔记本电脑打开多时，由于要不定时地回答学生看课外书遇到的问题，我只能断断续续地整理文章。尤其是章思语，这节课似乎有意想着法子接近我、同我聊天，半节课过去了，我才整理了一百多个字。但是，只要有学生来问我，哪怕是明知故问，我也暗自高兴，因为这本身就是我的心愿。每当学生课外阅读或自由作文、写日记时，我就会在讲台前要么也看书，要么也写文章或日记，至于书看了多少页、文章或日记写了多少字，并不是我所在乎的。之所以这样做，是为了让学生能真切地感受到，我这个当老师的除了很乐意为他们答疑解惑、点拨引导之外，也很有兴趣和他们一起做同样的事情。有时也会出现这样的情况：他们时不时地问我问题同我交流，以至于整节课都过去了，我的书也没看上几行，文章或日记也只是开了个头，然而，我依然乐此不疲，因为我的身体力行成了学生看书、作文的一个榜样，胜过反复的说教。记得刚接这个班时，这群孩子对我的做法就感到很好奇：

"杨老师，你也看课外书呀？"

"杨老师，你在看什么书呢，好看吗？"

"你们看，杨老师在笑呢……杨老师，你在看什么呢，那里面是不是写得很有意思呀？"

"啊，杨老师，你也写日记？"

"杨老师，你每天都会写日记吗？都在写什么呢？"

"杨老师写，我也想写！"

从那以后，我就会在课前抽空把自己看过的好文章和写学生的日记读给大家听，这逐渐成了学生的期待，有些学生更是期待着我的日记能写到他，即便只在别人的故事里走个过场，甚或仅露了一下名字，也开心不已……每每看到学生倾听日记时的专注与兴奋，我内心的愉悦自然也是不言而喻的。

这节课临近下课，又陆续上来了三个学生，他们一边问问题，一边探头探脑地朝讲台桌头的笔记本屏幕上好奇地瞧着。

一个问道："杨老师，你在写什么东西呢？"

另一个答道："杨老师是在写文章嘛，你看，都是一行又一行的字！"

还有一个补充道："杨老师，你文章里写的是谁呀？"

我说："这次写的是章思语，很长呐，好几篇连在一起的，还没写完呢……"

三个人既惊讶又羡慕，"哇！好几篇啊！""杨老师你怎么写一个人就写了这么多哦？""章思语，杨老师在写你哦，快上来看看！"

章思语一听急急忙忙地跑过来："杨老师杨老师，你真的在写我呀！"

"那是，你和杨老师接触得比较多，故事自然就多了。过来，靠近点，我打开来给你们看一看……"我一边用鼠标点开文档，一边介绍着，"正在写的这篇是《QQ好友》，前面已经写完八篇了……大题目是《我和一个小女生的'零碎事'》，这里的'小女生'就是章思语。第一个小篇《今天会下雨吗》，你们应该还有印象吧？"

"有，有，去年二年级时杨老师给我们读过！是章思语向杨老师问天气的！"

"哦，是不是给'玉皇大帝'打电话的那篇日记？很有意思，我都笑死了呢！"

"当然还记得呀，日记里说下雨是'玉皇大帝'打喷嚏，流口水！当时有些同学还问是不是真的，章思语你那时还一直问，你记不记得？……"

那三个学生你一言我一语地说开来，章思语满脸笑意，怡然自得地点着头，紧接着她就问我："杨老师，你什么时候会把文章全写好呢？我……我想看。"

我指指《教育随记》说："这一本里面估计还有两三篇，加上杨老师的脑子里还有一些，全部整理完还需要一段时间……你们看，现在已经有多少字了？"我点开"Word"里的"字数统计"，顿时显示"15684"，学生念了出来，惊讶得大呼小叫起来："哇，这么多啊！""一万多字耶！"

章思语睁大了双眼，小嘴巴下意识地张成了 O 字形，急切地说："杨老师，你快点写完，我很想看哦！"

"我也要看我也要看……"那三个学生也直嚷着，引得讲台下的一些学生有的好奇，有的疑惑，有的伸头探脑站立了起来，还有几个忍不住了干脆也跑上来围观……

我说："前面的《今天会下雨吗》和《'呼啦圈'能手》已经读给大家听过……杨老师考虑过了，《我和一个小女生的'零碎事'》整理完后也不给你们看。思语呀，等你，你们差不多高中毕业了或者读大学时，再发给你看，也就是等十年以后吧！"

"哇，要等那么长时间，太久了啊！"

"等十年啊，好难等哦！"

"嘻嘻……十年后我们都成大人了！说不定比杨老师还高呢！"

"哟，那时候杨老师比现在老了耶！"

他们正七嘴八舌地议论着，下课的铃声骤然响起……

我默默地笑着，一边整理桌面的东西，一边说："十年以后你们都长成了大男孩大女孩，再来看小学二三年级的事情，回忆起来多有意思呀！杨老师老了没关系，就算有一天杨老师离开了这个世界，只要这些写你们的文字留下来，还能被你们读到，被其他人读到，就是一件让杨老师很快乐和满意的事啊！"

他们听了手舞足蹈，叽叽喳喳的，好像此时此刻已经看到了十年之后读这些文章时的情景了……

采　访

中午放学，下楼梯时，章思语小跑着跟上了我。她走在我的左边，模仿我走路的节奏，使劲地迈着大步子，"嘿嘿，杨老师，你今天没骑车呀？"

"下雨天不好骑车，就走路了。"看她边走边说，呼吸有些急，我下意识放慢了脚步。

"杨老师，你认识我家附近的双胞胎阿霞、阿惠吗？"

"你说得是……哦，想起来了，是章霞章惠两姐妹是吗？她俩读小学时杨老师曾教过三年，现在已经在我们学校的初中部读初二对不对？"

"是，是，杨老师，她们，她们对我……很坏哦……"

"为什么呢？"

"我……我也不知道。有时候，她们会用眼睛瞪我。"

"这样呀？杨老师教她们时，感觉她们斯斯文文，跟同学关系也不错……是不是你在她们面前调皮哦？"

"嗯……没，没有耶！"

"她俩比你大了好几岁，你要叫姐姐。你遇到她们有没有叫姐姐呢？"

"嘻嘻，我……我没叫姐姐……"

"要是她们下次又瞪眼睛，杨老师这里有一个方法，你可以先用用，说不一定她们就不会再对你瞪眼睛了呢——你就说，姐姐，我要是什么做不对了，你们要教教我哦，我会改过来的……"

章思语又嘻嘻地笑着，"我……我不好意思说……"正说着，我们就到了校门口，她朝我摇摇手："杨老师，我去坐我爷爷的三轮车了，杨老师再见！"

"再见！"我也向她摇摇手。

今天章思语说的话，让我不觉想起去年有一次中午放学时遇到的事。当时，章思语也是这样跟我一起步行。出校门前经过初中部，我们边走边聊，有说有笑……

"杨老师好！"阿霞阿惠很凑巧遇上了我们，向我打招呼，她俩像过去那样依然有些腼腆，红润着脸。

"你们好啊！嘿，又长高了……思语，你看，这两位姐姐是杨老师以前教过的，那时候，她们就和你现在一般大呢！真快，一转眼就像大人了。"

"哦……"章思语微微一怔，加快了脚步，那姿态似乎在说，杨老师，我们快走吧。

"咦，杨老师，章思语在你班呀？她家就在我家附近呢，她现在读书怎么样？"阿霞问。

"不错，她蛮乖的，外向乐观，给我的印象挺不错！你看，我和她正聊得开心呢！"

"她乖吗？"阿霞显出诧异的神情，"她才不乖呢！一年级时学习很差！"

阿惠接过话茬，"就是呀，她去年在家里很不乖，都不做作业……杨老师，你不要被她骗了哦！"

章思语有些急了，跺了两下脚，嘟着嘴巴，向我辩解道："杨老师……她们，她们对我很坏哦……我，哼……杨老师我们走！"这时，初中部第四节上课的铃声响了，阿霞阿惠连忙跑进教室。

　　"思语，她俩这么说你，会不会难过呀？"我安慰她，"你不要难过，无论她俩怎么批评你，杨老师还是觉得你是个挺不错的女孩！每个大人小孩都有优点缺点，有不好的地方慢慢改正，就是好样的！""嗯……"章思语轻声应道，低头瞧着自己走动的双脚。出了校门，她抬起头来，依然微笑着向我说杨老师再见，声音还是那么清亮……

　　事后，我考虑着找个机会同阿霞阿惠聊聊，具体沟通一下彼此对章思语的看法，以便化解她们对章思语的成见。但是，由于当时我刚接二年级不久，第一次接触低年级的教学，课堂管理、批改作业和个别辅导等都比以前繁忙了许多。再加上阿霞阿惠读初一了，初中部的应试教育气氛更加浓厚，每天的学习让她们忙得难见人影。因此，此事也就一拖再拖。其实，我可以在 QQ 上同她们聊聊的，不巧的是那段时间我的 QQ 中毒了，等到把 QQ "救"回来后，却再也不见了她们的"头像"。也因为之前一直并没计划要整理关于"章思语"这个系列的叙事，毕竟她呈现给我的"故事"缺乏一个长篇所应具备的一波三折的连续性和逐渐深入的高潮，所以，我也就没有要求自己非要找阿霞阿惠交流不可。随着时间的流逝，我便渐渐地忽略乃至淡忘了这事。直到这个寒假的一天，我闲着没事，在翻看过去的那两三本《教育随记》时，重新读到了好几则关于章思语的日记，勾起了我更多的记忆，感觉很有意思，立刻有了把它整理成文的兴趣。而今天，章思语向我提起阿霞阿惠对她的不好态度时，除了让我回忆起去年那次相似的经历之外，更让我又有了想同这对双胞胎姐妹聊聊章思语的兴趣。几番周折，我只得到妹妹阿惠的 QQ 号，重新加后过了差不多一周，我终于和她有了以下的对话：

　　"在不？"

　　"是杨老师吗？"

　　"是的，章惠好！"

　　"嘻嘻，杨老师，好久不见啊！"

　　"是啊，以前 QQ 坏了，把你们给弄丢了。现在又可以和你说话了。学习忙吗？杨老师想和你聊一个人。"

"学习呀，就那样，每天都有很多作业，习惯了。要聊谁呢？"

"章思语，我们说说她。杨老师同她接触一年多了，有些感触。"

"她，不乖！"

"是怎么不乖呢？你对她的看法和去年有变化吗？"

"每天和贝贝东跑西跑的。"

"贝贝？是谁呀？"

"她弟弟。"

"哦，跑东跑西，那是不是正是因为她活泼外向呢？"

"把她弟弟带坏了……没见她写过作业，不乖！"

"嗯，除了这些，你觉得她还有什么地方应该注意的呢？"

"老师，你头像好……咳咳！！！"阿惠突然发了个"疑问"的表情过来。

"怎么了？说话吞吞吐吐的。嘿嘿，你还没回答我呀——她还有什么地方应该注意的呢？"

"我都是在楼上，章思语都在外面玩，一天都很少见到她。"阿惠停了停，又接着说，"你的QQ头像很犀利，哈哈，老师，在学校都很少见到你耶。"

"那或许表明她懂得玩呀，喜欢活动。你是文静型的，喜欢静吧！在学校里你上课，我基本上也上课，我没课时，你还是在上课呢，所以，老师更难见到你了。"

"不是……我是懒得动。"

"她还小啊，比你小多了，要叫你姐姐哦！哈哈，懒得动？懒呀，那你也不乖嘛。"

"是吧……有些懒……"阿惠发过来一个"害羞"的红脸，"不过，她好像没叫过我姐姐。"

"我对她说，要叫你姐姐，要礼貌。姐姐批评对的，你要改正。她嗯嗯地笑着。"

"汗……这孩子不可信。"

"为什么呢？她蛮听我话的，上课能积极读书，还主动举手回答问题，看课外书有不懂就马上问我，今年课堂作业本都有做了，对她好她都明白呀。"

"唉……"阿惠发过来的"QQ脸"，闭着双眼，嘴巴下挂，"我们和她家不怎么……关系不怎么好。"

"这没什么的，长辈们或许有些矛盾，我们下一辈的不要去强化它，在适当的时候不妨凭自己的努力去化解它。思语肯定有缺点，但老师很愿意帮她慢慢改变，就像当初对我们班里的每个同学一样。没有一个孩子是故意变坏的。你觉得呢？"

"嗯……是呀，杨老师，我明白了耶……"

"不好意思哦，杨老师有些啰唆，这是当老师的陋习。"我附上了一个"微笑"。

"没有的事（尴尬的表情）……"

第二天傍晚放学的铃声响后，章思语跟着我走出教室。在走廊上，她说："杨老师，这个给你！"她手里捏着一个纸折的小东西，像一只粉红色的小蜻蜓，展翅欲飞，递到我眼前。

"哦，是……千纸鹤，"我仔细端详着，"这么小都能折出来，厉害！"

"前几天刚从姐姐那儿学来的，这里还有一只也给你……"她从口袋里又掏出一只蓝色的，上面有星星点点的小白花，似乎会闪动。

"小巧玲珑，真精致呀！"我左右手各拿一只，颠来倒去地看着。

"杨老师，你看，就是用这种纸折的……街上的文海文具店里有卖，专门用来折东西的，一毛钱好多张呢！这张也给你……"

我连忙把两只千纸鹤小心翼翼地放进口袋里，接过她手中的正方形小纸片，前后翻看起来，"嘿，就这么大张啊，跟火柴盒差不多大，难怪折出来的千纸鹤那么小！"

"还有更小的呢！"

我还没回过神来，她不知从哪儿捏出了一颗黄豆大的小纸粒，"杨老师，你把手掌张开，"她把小纸粒放在我的掌心，"你看它像什么？"

小纸粒有五个小小的棱角，我伸出食指拨动了一下，它翻了个身，两面都一样。我又轻轻地捏起它，上下左右地看，可怎么也看不出它的接头在哪，又是如何折出来的，真是天衣无缝。

"它有些像豆，又是黄色的，是金豆子吧？"

"不是哦，是星星，五角星！我还不会折，这是姐姐折的，也给你……"

"你姐姐手艺真不赖呀！这么小都能折出来，佩服！"

"杨老师，我就要学会了，到时可以折很多给你。"

"好啊！那老师就用针线把它们串成串，长的当项链，短的当手链，拿去卖！"

"嘻嘻……谁会买哦……"章思语被我的话说笑了。

"哈哈，那我只好自己用了。"

"杨老师，你敢戴啊？"

"那当然！"我不容置疑地应道，紧接着却又装出说悄悄话的样子，靠近她的耳边，轻声说，"是一个人的时候戴……自己戴给自己看嘛，你可不能告诉别人哦！"

"嘿嘿，我就知道杨老师是在开玩笑的。"她翘起了下巴，哈哈笑。

我也笑了，一边把那颗"星星"放进口袋，一边说："谢谢你呀，思语，你的千纸鹤和星星老师都很喜欢！你是不是就要回家了？可不可以迟几分钟走，杨老师有话想问问你呢！"

"还没呢，要等爷爷骑三轮车来接我和姐姐，姐姐还没来找我，等她来了，我才走。"

办公室里静悄悄的，其他老师都下班回家了。我指指身边李老师的那张椅子，让章思语坐下聊，她却摇摇头说："杨老师，我就站在你的桌子旁。"

"那你把书包放下，这样背着说话会吃力的。来，老师替你放在桌上……"

她顺从地配合着我的动作，让我把书包从她背上卸下，放在了李老师的椅子上。

"听阿惠说，你家和她家关系不怎么好。不过她没说什么原因，杨老师觉得不便问她，你能说说吗？"

"我也不大清楚……好像有一次我妈妈和他妈妈闹过意见……是因为阿惠的弟弟调皮，把我弟拦住，用脚把他勾倒，我弟摔哭了……后来，后来我妈妈找她妈妈评理，说来说去，就吵了几句……"

"原来是这样……那次你弟弟没摔伤吧？"

"也没，就是疼哭了，没什么问题。"

"你弟弟怎么都要由你来带，你姐姐为什么都没带呢？"

"我弟喜欢玩，我也喜欢去外面活动，有空就出门玩，房子前面后面，村子里面外面，还有小路旁、田野上……爸爸妈妈要上班就叫我看着弟弟了，姐姐都不想出门喜欢待在楼上看电视，做作业。"

"爸爸妈妈对你的学习要求多吗？比如有没有时常监督你做作业，要是你考差了，会不会生气责备？"

"不会，爸爸妈妈对我蛮好，只要看好弟弟就好……好像对姐姐的学习重视一点……他们很忙哦！"

我暗想，章思语一直给我感觉开开心心、无忧无虑的样子，或许正是因为父母对她"散养式"的态度有关吧。她出生不久就不在父母身边而是生活在外婆所营造的宽松温情的环境里，虽然由于父母重男轻女的观念使她在家庭里处于"次要"的位置，很少获得父母本应给予她的"宠爱"式的限制和规划，但是，这种较大程度上的"任其发展"，反倒让她的童年相对来讲显得轻松快活自由自在，并且"歪打正着"地养成了乐观、积极和独立的性格，这正是她与班级里的很多独生子女大不相同的地方。我还发现，她对外界刺激的反应也与一般的孩子不同，比如有一次，无意间我同她聊起朱老师，我想起《"气死我了！"》里的事，问她还记得吗？她抓抓头，想了好一会儿说："忘记了！"然而，我一说到《今天会下雨吗》里面写"给玉皇大帝打电话"时，她立刻眉开眼笑，

记得清清楚楚。朱老师三年级请了孕假，上半年开学初某天，章思语还一脸好奇地问我，朱老师生了吗，是男孩还是女孩等等问题，虽然从中可以看出她童真的一面，但是这多多少少更能表明，她的潜意识是趋向于记录和沉淀"积极"的开心事，过滤和遗忘"消极"的伤心事，用纯真的心灵和善意的目光去看待世事人情，这正是乐观者的一大特点。如果一个孩子的心理反应与此相反的话，久而久之，就很容易形成忧郁的性格，看待外界的人与事会变得悲观。从章思语身上，我们不难看到孩子的早期成长受家庭环境和教育的影响是比较大的。

就像本文开头写到的，章思语向我倾诉阿霞阿惠对她不好的事时，她说归说，却并不是要把这事一直"存放"乃至"铭刻"在心上，或者说，这并没有影响到她去做其他事情的心态，她依然外向开朗，依然能自得其乐……在此插入以上的两段论述，也仅是我个人在当时的感想与事后的推断而已，至于实质是否都是如此，并不是我这个当局者所能彻底探究的。接着前文的谈话，我当时继续问她：

"如果分数考得很低，你会不会难过呀？"

"嗯……以前不会，现在有点难过……"

"阿霞阿惠说你不好，你觉得自己好不好呢？"

"……我……也不好……"

"怎么不好呢？"

"我也打弟弟……我弟只小我两岁，很凶哦，老是捉弄我打我，我就打他……杨老师，其实我也挺坏！"

"这个不算坏，你自己还是个小孩子嘛，还要经常替爸爸妈妈看着这么个调皮的'大孩子'，不容易的！等你弟弟慢慢长大了，就会懂事了，以后要是有人欺负你，他还会保护你这个'小姐姐'呢！"

"嘻嘻……"章思语笑了，显得有些羞涩。停了片刻，她又轻声说："杨老师，我……还有不好的，就是不写作业不读书……"

"这个也不算什么嘛，可能是因为你对读书、做作业没多大兴趣呀，就像你姐姐和阿惠一样，她们也有自己不感兴趣的，比如不喜欢外出活动，常常懒得运动，要是在体育老师的眼里，她们可能也是'不好'了！其实，没什么好与坏啊，只要慢慢培养兴趣，多多少少就会改变习惯的！"

"是耶，从二年级开始我就有些喜欢读书做作业了，因为我喜欢……"章思语的声音变轻了并停顿了下来，好像后头的话还没想好似的，她挠挠脑袋，左右侧了侧头，又快速地提高了音量，蹦出了后半句，"上杨老师你的语文课……"

"谢谢谢谢，杨老师也喜欢上你的语文课……"我伸出了手掌停在她的面前，掌面上下翻了翻，她一下子就明白了，也伸出了小小手掌，和我的大手掌握了握。

"你看我们这次聊天像不像采访呀？都是我问你答，你让杨老师当了一回记者了！要是我们换个位置，你坐着我站着，那就更像了！"

"嗯嗯……"章思语一边点着头，一边还是嘻嘻地笑着……

我看看时间差不多了，又一本正经地说："谢谢章老师今天接受我的采访！欢迎章老师有机会再来我办公室做客！"

"好哦，我明天有空就来找你聊！杨老师……嘻嘻，应该叫你——"章思语也模仿起我的语气来，"杨记者——再见！"

"哈哈，章老师再见！"

静时静，动时动

"杨老师——"章思语拖着长音叫我，我停住脚步正要回头看，她已经小兔子一样蹦到了我眼前。

"杨老师杨老师，告诉你耶，昨天傍晚阿霞阿惠也坐我爷爷的三轮车和我们一起回家呢！"她一口气说完这句话，长长地舒了一口气，脸上洋溢着喜悦。

"她俩在校门口叫了我爷爷，爷爷就让她俩坐上车和我们一起回家了。"

"呀，挺好的事情嘛！"轮到我有些惊喜了，"她俩还有没有瞪你？"

"嘻嘻……没，没了……她们向我微笑……在车上，我们还聊天呢！阿霞姐还跟我们说了好几个新闻故事，哇！有些很有意思，有些让人害怕哦，她还讲鬼故事呢，杨老师你怕听鬼故事吗？我听了可怕哦……"章思语一个劲儿地说着，前言紧接后语，眉飞色舞，"杨老师，告诉你耶，阿惠还跟我说了你和她聊 QQ 事，她说你越来越关心我了，对我很好……"

"那你听了高兴不？"

"高兴！"

"我听了也高兴！"

"杨老师，你现在要去哪呀？"

"这些天还是这么冷，我要到综合楼前的池塘边，靠着栏杆边晒太阳边看风景。你要不要一起去？"

"好哦……"她跟着我走，刚走了两三步，便问，"杨老师，你什么时候让黄书文读外国流浪儿的故事啊？你上次说过的，她还没开始读过呢！"

"嘿，对呀，上个星期交代过的，好多天了，书文应该准备得差不多了吧，我们去问问她！"

找到了书文，她说什么时候读都没问题，她已经读通顺了。

"让老师想想看，明天上午有一节语文课，或者下午，下午也有一节，我们课前抽空……"

"杨老师，不用等明天，下节课就是你的体育活动课，"章思语眼睛突然一亮，抢过我的话急急地问，"我们先在教室里听书文读一小节故事再去操场活动，这样可不可以呀？"

"好主意，书文你觉得呢？"

"我觉得可以的，我已经准备好了！"

我们说着说着，上课的铃声就响了，章思语连忙拉上黄书文的手朝教室跑去。等我一到教室，大家正在议论纷纷的，显然他们已经获得消息了。我把起先的决定再说了一遍，问道："怎么样，同意的请举手！"

顷刻间，大家的手臂刷拉拉地都举了起来：

"杨老师，我们同意听了故事再去操场！"

"我也愿意我也愿意！"

"好几天没继续听了，我等了又等，现在总算又可以听了，太好啦！"

"这节课既能听故事又有得玩，真爽！"

"快快，大家坐好了，不要吵！"

"我们用掌声欢迎书文上台朗读！"我带头鼓起掌来，底下顿时哗啦啦地响成一片，每个人又似乎心领神会般恰到好处地停了下来……

黄书文读的是第十篇《贼窝里乱了营》，情节曲折，节奏紧张。过了七八分钟，朗读的声音停了，黄书文把捧在胸前的书半开半合地放了下来，望了望站在教室后面的我。教室里依然静悄悄的，大家还沉浸在故事里……

"杨老师，这篇我读完了……"黄书文的声音又响了起来，"我可以下去了吗？"

"啊，读完了呀？"

"这篇怎么这么快就没了啊！"

"书文声音突然停了，我还以为是文章的停顿呢！"

好些学生短吁长叹，好像好吃的东西才咬了那么一两口就被人抢走了似的。

"杨老师，可不可以再听一篇啊？"章思语的目光透露着"恋恋不舍"，她的提议立刻获得其他同学的响应。

"对哦，再读一篇，就一篇！"

"杨老师，也只要几分钟就够了，再读一篇吧！"

我想了想，问书文："还可以继续读下去吗？"

"可以的，我已经看到《好心人兰西的不幸》了，"黄书文有些伤心的样子，微皱眉头说，"她后来死了……"

很多学生好奇不已，"啊，怎么死的？"章思语惋惜地问，"那快点读哦！"

"好吧，再读一篇！这篇读完之后，没商量的，马上去操场活动，不然，这节体育活动课都成故事会了！"我故意瞪瞪眼，"你们可不能得寸进尺哦！杨老师有时听你们的，你们有时也要听杨老师的，不然，哼哼——以后就都不读故事了！说，你们听不听话！"

"听——话——"大家异口同声地喊起来，我扑哧地笑了，大家都笑了……

听完了第十一篇《桥头约会》，全班快速整队，一路小跑，很快就到了塑胶操场。我感觉，看书听故事让学生静得下来，玩耍活动让学生动得起来，这才是小孩子成长的需要，才是教育的平衡和谐之道！应试教育的弊端就是老在强制学生长时间地静在教室里上课做题考试，而该动的时候却不能健康灵活地动了，倒是在该静的时候三心二意心神不宁地只想做小动作，而且形成了恶性循环！一所好学校，应该是能让孩子静在静处，动在动处，动静自如。这需要科学的训练和养成教育，非一蹴而就，更不是临时抱佛脚的应试教育所能达到的。

"男女各一队慢跑两圈，然后自由活动！"话音刚落，大家欢呼雀跃地跑了起来，我也陪着他们跑。两百米环形跑道上五颜六色的身影快快慢慢地移动着，似两条绕圈飘动的彩带，颜色一浓一淡，不一会儿就混杂在了一起，使得彩带有的地方宽，有的地方窄，还不时地变动着……

"杨老师，我跟你一起跑！"身后传来章思语嗲声嗲气的喊声，我刚一侧头，她就蹿到了我的身边，"杨老师，你要跑几圈呀？"

"看情况，杨老师是想跑就跑想停就停，跑跑走走，走走跑跑，怎么样？"我放慢了速度。

"嘻嘻，有意思哦……杨老师，你跟体育老师差不多，一到操场也是先让我们跑两圈……"

"哈哈，是吗？跑步是最简单最常用的锻炼方法，谁都可以用呀！你看，你也是不学就会哦……快跑快跑！"我突然加快了速度。

"啊，杨老师，等等我——"章思语连忙迈开大步，蹦跳着跑，等她喘着气跟上了，我又慢了下来，"慢跑慢跑！你看，跑步随时可以快也可以慢，多自由啊！再慢一些就变成了'快步走'……对，就这样，把手臂前后摆起来，再高一点……很好！……慢慢加快速度，变慢跑……"章思语有模有样地模仿着我的动作，昂首挺胸的姿势神气十足。我们俩就这样并排前进形影不离，跑跑走走交替运动，不亦乐乎……我回头看了看跑道，原来的"彩带"不知不觉间已经分解开来，在宽阔的操场上散成了星星点点的"小花"，这里两三朵，那里一小簇，有的玩游戏，有的打球投篮，有的跳绳跳橡皮筋，还有的干脆围坐着玩"卡通纸牌"……

我问章思语："嘿，我们已经跑几圈了？"

"就要三圈了！"

"那你去自由活动吧，杨老师还要继续跑。"

"不呃，我还要继续跟你跑……"

我们正说着，突然从后面风风火火地跑来几个学生，七嘴八舌地喊着："杨老师，我们也要和你一起跑！"这一下可热闹了，大家跑成了一大团，你一言我一语叽叽喳喳，为了便于大家聊天，我保持着快步走的姿势，这样就不会边说话边喘气了。

"哇，信燕，你头上的花真好看！"章思语伸着脖子直往梁信燕头上看。

"是哦，挺好看的装饰！"我也赞叹道，"这是一朵白色的小荷花嘛，戴在你的头上很适合！哪儿买的？"

"不是自己买的，是我姑姑特意挑过来送给我的，她硬要我戴上，我……我只好戴上了！"梁信燕虽然说得毫不在意，却是眉开眼笑，目光闪亮。阳光笼罩着她，小巧玲珑的脸蛋更加的红润。

"你姑姑真好哦！"章思语羡慕不已，"信燕，看上去，你也像一朵荷花了！"

"嘻嘻……"信燕喜滋滋地侧身跑着，整个身体的动作洋溢着藏不住的快活。

"杨老师，你猜猜我这件外套多少钱？"在我身后的易思青加快了脚步，突然把话题拉了过去，"是今年过年时买的，你猜猜看？"

"应该要几百块吧？"

易思青忍不住自己报了出来："原价是六百多，打了折，四百多买的。"

章思语伸了伸舌头，"要这么多钱呀！"

易思青拉了拉衣领，指指衣服的内层解释道："这是羽绒服，里面都是鸭毛，很保暖的！"

"是的，羽绒服的确很保暖，就是比较贵，杨老师前年在专卖店买过一件，竟然要一千出头，更贵了！"

"哇，一千多啊！"章思语睁大了眼睛。

"可是啊，杨老师就前年冬天穿，去年今年就没穿了，知道什么原因吗？"

梁信燕说："是不是过时了，不好看了？"

"不是。"

易思青说："又买了一件？"

"也不是。"

章思语说："那是杨老师感觉天气没前年那么冷了，不需要穿？"

"哈哈，有一点点靠近我的'标准答案'了！直接告诉你们吧，因为这两年杨老师运动得比较多，感觉不怎么冷了。另外呢，穿上羽绒服啊，身体好像面包发酵一般膨胀开来有些笨重，做事不灵便，所以就让它'退休'了！——你们看，运动多好啊，身体一热，不就感觉天气不冷了吗？"

几个小孩听了恍然大悟……

"喂，佳佳，你怎么一直都不说话呀？"我回过头瞧了瞧跟在最后的徐佳佳。

"我……我还是不说……不说好一些，边说边……跑，我会喘气，跟不上了！"

"哦，好呀，佳佳，你就是我们这个队伍里的'最佳听众'了！"

"杨老师，杨老师，我来啦……"小男生何彬彬不知从哪闯了过来，高抬腿地跳着，边跳边喊，一到我们的跟前，却拐了个弯，面朝大家倒着跑，小眼睛微眯着，外套并不穿在身上而是披在背后，外套上头的连衣帽子戴在头上。

"杨老师，你看他……"章思语指了指何彬彬的帽子，"就像……像戴军帽的小日本士兵……"其他学生认真一看，都嘻嘻哈哈地笑起来。

"不……不一样的……"何彬彬连忙用手指戳戳帽檐儿上面的圆形标志，双眼朝上看，额头上挤出了两三条可爱的皱纹来，"你们……看，我这里有两颗的，两颗！小日本只有……只有一颗。"

"真的呀！"章思语凑近了何彬彬的头仔细地看着，"真的是两颗，白白的东西，圆圆的。"

"我们跑四五圈了吧？杨老师跑热了，要把外套脱下了，不然会流汗。对了，你们可不能跑出汗来哦，天还这么冷，一流汗，等一下就很容易着凉的……要是累了就自己停下吧！"

"不会！不会！""我还能跑！""我还没有汗！"……他们还是继续跑着。

"杨老师，你的衣服给我拿……"章思语一伸手就拿走了我的外套，在她手里显得特别大，她只能抱在怀里，像抱着一个布娃娃。

"抱着衣服不好跑的，"我本想让她跑去放在篮球架的底座上，顷刻间脑子里闪出了一个念头，忙改口说，"思语，你就穿上它好了，让大家看看，肯定很有意思！"

其他学生个个赞同，兴奋不已地催促着，"对，思语快穿啊！""拿着跑多累呀！""穿上让我们看看吧！"章思语显得有些不好意思，犹豫地看着我，似乎在问："杨老师，真的要我穿上啊？"我朝她点点头："要珍惜机会哦，杨老师可不想衣服被你一直穿着呢！还有谁愿意穿啊？"

"我，我！"梁信燕举着小手喊……

章思语连忙穿了起来，只是她依然有些羞涩，勉勉强强地把衣服倒着穿，两只手臂插在长长的衣袖里，像一个投降的士兵举着双手，袖子上头却是空空的看不到她的手掌。那暗红色的外套满满地遮盖住她的整个上身，一直垂到膝盖上。站远一看，只露出笑吟吟的脑袋和两只不停移动着的小腿……

"哇，真像一只可爱的小乌龟！"我忍俊不禁，"你们看呐，我的外套变成思语身上的'龟壳'了，思语，你现在是——忍者女神龟！"

大家欢呼雀跃，乐得前仰后合。

章思语自己也笑得小脸绯红，还顺势跳了跳，摇摆了几下双臂，然后脱下外套递给梁信燕："来，你穿上看看，我已经倒着穿了，你不要倒着穿哦！"

梁信燕很大方地穿上了衣服，因为她身材娇小，我的外套成了她的"大衣"了。她甩了甩长袖说："我像唱戏一样！嘻嘻……"她模仿戏子的动作，把袖子甩了又甩，似乎上了瘾……大家又一次哈哈大笑……

章思语说："杨老师，你可以不可以把我们穿你衣服的样子拍下来呀？"

"行！杨老师也有这个意思！"我拿出手机把梁信燕拍了下来，"思语，你再穿一次，补拍一下！"随后，我还给大家拍了好几张合照。

"接下来你们自由活动……"我正说着，章思语惊讶地喊起来："杨老师，你看呐，榆林在那边地上滚呢！"

"那是在'打跟斗'！他很厉害的，还可以倒立呢！我叫他过来倒给你们看……"何彬彬忙着解说，紧接着转过脑袋伸长脖子激动地朝那边喊，"榆林——，快过来倒立给我们看看……杨老师也要看！快过来啰！"

榆林这学期刚从县城转到我班，是一个学习主动、思维敏捷而且喜欢看书的小男生，没几天就给我留下深刻的印象，感觉他是属于"文静型"的孩子，现在听何彬彬这么一说，我顿时对他充满了好奇，也忙举手向他招呼："榆林，过来一下，让杨老师欣赏欣赏你的'倒立'！"

榆林很快跑过来，双手和头撑在地上构成一个等边三角形，脚板轻轻一蹬，上身慢慢地向上竖起，双脚随即并拢伸直，像一棵苗壮的小树种在操场上……大家围着他，不禁喝起彩来。"嘿，挺厉害的呀！"我赞叹道，"榆林他既喜欢看书，又喜欢运动，而且运动起来还很有特色，杨老师喜欢！"

"杨老师杨老师，你不是说过你也可以倒立吗？"章思语突然想起来，兴奋地嚷着，"倒给我们看看吧！你说过的哦，现在正好倒立……"

大家顿时来了兴致，有几个手舞足蹈地大喊大叫起来："好哦！杨老师要倒立啰！"榆林一听连忙放下双脚站了起来，惊讶地说："杨老师，你……你也会呀？我也想看……"

"好，我也正想展示一下我的倒立呢！"我一边掏出手机递给章思语拿着，免得倒立时摔落地上，一边调侃道，"只是不好意思自己说，现在思语替我打了广告，把我隆重地推销了出来，我很感激哦……不过呀……榆林那个是'小倒立'，我这个是'大倒立'！"

"啊，倒立还有大有小？"梁信燕一脸的迷惑，"怎么大怎么小？"

章思语侧着头问："是不是杨老师你是大人，榆林是小孩呢？倒立就有大有小呀？"

"哈哈，你们看了就明白啦！"我说着，立刻举起手臂张开手掌，快速弯腰俯身，脚板暗暗用力一蹬，双掌早已撑在地上，整个身体倒着仰立了起来。我用手劲在原地定了十几秒钟，雕塑一般，然后左右手交替移动，朝前"走"了好几步，围观的学生纷纷为我叫好起来。体育老师在一旁上课刚好看到了，露出惊讶的神情说："哇，很不错啊！杨老师，看你斯斯文文的，没想到竟有这样一手！"其实，我在读小学三年级时，就学会了倒立，那时也是一个很活泼贪玩的孩子，鲤鱼打挺、翻筋斗等等都会。

"杨老师，你说的'小倒立大倒立'我知道了！我知道了！"章思语兴奋地比划着双手，"就是……就是你只用两只手撑在地上，榆林还要把头顶在地上，他不能走，你可以走……是不是哦？"

我立刻停住手，双脚往下一放直起身来，朝章思语竖起拇指，"哈哈，说得对极了！被你观察比较出来了，杨老师说的正是这个意思！"章思语高兴地张开双臂鸟儿飞翔似的上下摆动……

后来，我又教他们打太极拳，这是我在读师范时学的"大众二十四式"。其实也不是什么"教"，我只是演示了前面的几个招式，他们就随意地跟着模仿，如同在放映慢镜头的手舞足蹈，个个笑嘻嘻乐哈哈的。操场上荡漾着我们快活的"电磁波"，一阵阵扩展开来……

对学生，我心里有个用心的方向，那就是让他们该静的时候能静得下来，该动的时候能动得起来，此处的"动"与"静"，是服从于孩子身心成长的自然需要，而非受制于所谓的"规章制度"。

那么，为人师者，是否也能——静时静，动时动呢？

老朋友

"杨老师，你看看，可以抄这首古诗吗？"章思语把手中的书递给我。

我仔细看了看封面，是"小学生语文新课标必读丛书"彩图注音版的《小学生必背古诗词100首》。"这本书挺漂亮，是你自己的，还是借的呢？"

"原来是我姐姐买的，现在给我看。"

翻开的那一页印着唐朝杜牧的《赠别（其一）》，我轻声读着：

娉娉袅袅十三余，

豆蔻梢头二月初。

春风十里扬州路，

卷上珠帘总不如。

"为什么你要挑这首诗让老师推荐给大家？"这次我有意问她。

"我还挑了好几首呢，都做上记号了，"她指指书中其他几处的折痕说，"杨老师你先抄这首，我这次最想推荐这首！"

"说说你的理由，可以吗？"

"嗯……"她想了想，嘿嘿地笑着。

"没关系，随便说。"

"因为……因为第一句的'娉娉袅袅'，这四个字看起来很有意思，读起来也很有意思，很好听！"

"娉娉袅袅十三余，"我抑扬顿挫地读了第一句，点头说："是哦，是很好听呀！"

"还有，就是——"她又指着那页的插图说："杨老师你看，这张图里的姑娘画得真好看，这个姑娘我特别喜欢！"

"是啊，'娉娉袅袅'正是说这个姑娘很漂亮。杨老师明白你的心意了！等前天抄的《弟子规·之二》大家背好了，就抄这首《赠别》。你先把书放好哦。"

"我就把这本书一直放在书包里，杨老师，你要抄的时候跟我说！"章思语心满意足地接过书走出了办公室。

自从二年级接了这个班级，我就不定期地挑选古诗词，抄录在黑板的左边让学生课前朗读背诵。过了一段时间，也让学生来推荐和抄录。刚开始，苗正堂和吴小鑫推荐的最多。等到我和章思语的接触越来越频繁时，她也关注起这事来了。

有一天中午，她跑进办公室，双手放在背后，吞吞吐吐地问："杨老师，我……我也想……推荐一首古诗，你会不会选上啊？"

"哪首呢？给杨老师看看。"

她犹豫了片刻，从身后拿出了一本《唐诗三百首》，翻开早已折好的那一页，"喏，就是这首……杨老师，这本书我是从'班级图书角'里借来的……"我接过一看，她说的"这首"是李商隐的那首著名的《无题》。

"这首诗杨老师以前背过，现在还能背。我背得慢一些给你听听，你注意对照字上面的拼音看有没有错了——"我又把书放到她手里，她双手紧捧着，睁大了眼睛，凝视着那一页。

"相见时难别亦难，东风无力百花残。

春蚕到死丝方尽，蜡炬成灰泪始干。

晓镜但愁云鬓改，夜吟应觉月光寒。

蓬山此去无多路，青鸟殷勤为探看。"

"哇，杨老师你没忘记，都背对了耶！真厉害！"章思语情不自禁地叫了起来，又迫切地问，"可以推荐给大家吗？"

"当然可以，而且杨老师也很喜欢这首诗，你推荐它让杨老师好像又碰见了老朋友一样，把老朋友介绍给你们认识，我高兴着呢！不过……杨老师有个问题想问你。"

"什么问题呢？"

"你看得懂这首诗的意思吗？"

"看不懂……"章思语嘻嘻地笑起来，直爽地摇摇头。

"那你第一次推荐，为什么要选这首呢？这本书里的诗很多呀。"

"因为……我翻着翻着就看到它了，咦，题目'无题'是什么意思呢，觉得很奇怪就想拿给你看看，向你推荐再问问……杨老师，什么叫'无题'呀？"

我明白了，这或许也能表明，好奇心是孩子对某些事物产生兴趣的一个重要动力。只是这首诗的意思对小学三年级的小孩子来说，实在不好解释。按照儿童年龄特征和心理，我也赞成教师应多鼓励和指导孩子对古诗文的朗读与背诵，而少对诗意进行分析与解说，前者是为了充分开发孩子在这个年龄段善于记忆的潜力，以免错过最佳时机；至于后者，则应留待日后孩子长大了，随着学识阅历的增加，再注重"解析"，自然更能达到水到渠成的效果。不过，要是小孩子主动提问，教师也不妨随机地进行适当的点拨。

于是，我向章思语解释道："'无'是'没有'，'题'是'题目'，合起来就是……"

章思语立刻接过我的话："就是'没有题目'对吗？"

"是的，简单地说，就这么个意思。"

"可是……为什么把'没有题目'当题目呢？为什么不取个题目呢？"

"这个问题呀，等你长大了，书看多了就会慢慢明白的……"

我本想就此打住，转移话题，然而，此时的章思语一脸的认真，让我忍不住又接着说："那……杨老师说说自己的想法给你参考，我也是从一些书里了解到的——大概是作者李商隐先写出了这首诗的八句内容，但一直没想出很合意的题目，或者是他有意地就不想给这首诗取题目。可是写题目的那个位置也不能空着呀，不然就像一件衣服没有衣领，一个人没有脑袋一样，怪怪的。他突发奇想，就直接用'无题'两个字来代替，既能当题目，又能让读诗的人自己去理解，去想象，还可以根据自己读诗的感受试着取个题目。这样一来，反而吸引了更多的人对他的这类诗产生兴趣。后来他还写了好几首以'无题'当作题目的诗呢！你看，这本书里还有几首，有意思吧！"我在目录里找了出来，翻给章思语看。

"原来是这样啊，我有些明白了，"章思语一副恍然大悟的神情，连声说，"有意思！挺有意思！"她又一次盯着诗题看，好像要从那一动不动的两个字里看出点什么来似的。

我想，刚才这一番正儿八经的解说，能让小小年纪的章思语充满耐心和兴趣听下去，很大的因素在于我们之前已经有过较长时间的交流做铺垫。"路遥知马力，日久见人心"，师生之间能有相互倾听与诉说的意愿和乐趣，说实在的，靠的是教师平日里的耕耘和细水长流式的浇灌啊！

那天下午的自学课，林洁把《无题》抄在了黑板上。林洁的字写得清秀大方，运笔有轻重快慢，笔画有顿挫呼应，显出行楷的味道，大家都很欣赏她，我让她专门负责古诗词的抄写。早上她已经抄了王安石的《元日》，是吴福鑫推荐的。

"林洁，你在《元日》和《无题》的后面再分别写上'吴福鑫推荐'

和'章思语推荐',字可以小一点。"

"杨老师,这样好哦,"林洁一边说,一边小心翼翼地把那几个字补了上去,"大家一看就知道是谁推荐的!我再给这几个字加个蓝色的括号可以吗?"

"可以啊,你想怎么装饰,都可以试试,没问题的!"

几天后的一节课前,学生朗诵完《无题》之后,我并没有马上上课,而是站着不动,静静地注视着教室的某个地方……刚开始,学生们还端坐静候着我喊出"上课"来,可是等了半晌也不见我说话,仍然就那么的站着,大家觉得很奇怪,有些学生忍不住了就问:

"杨老师,怎么还不上课呀?"

"杨老师,你在想什么啊,动也不动的!是不是感冒了,哪里不舒服?"

"奇怪,杨老师你在看什么呢?"说话的这位学生还转头伸着脖子顺着我目光的方向,朝教室后面的天花板上看来看去,惹得周边的好些学生也学着样儿,有几个不知不觉地就站了起来左右晃着身子……

我装出回过神来的神情说:"杨老师这是在……酝酿感情!"

"啊,'酝酿感情'是什么意思呀?"

"'酝酿感情'是不是杨老师在想什么?"

"哦,我有点知道,就像我们有感情地朗读课文一样,杨老师是想读什么给我们听!"

"我知道了,我知道了,等一下杨老师要有感情地读新课文!现在静静地在准备着!"

"……"

"嘿,有些同学的推测正慢慢地靠近杨老师心里的意思了,"我做了个安静的手势,卖着关子:"再靠近一步,就和章思语有些关系了!"

"我?……"章思语一头雾水,无意识地伸着食指指着自己,左右看了看,一脸的茫然,似乎在说:"没呀,我不知道杨老师的意思哦!"

大家同样的迷惑不解,有些学生的脸上倒是露出了更多的兴奋和猜测的神情……

张甜甜说："可能是章思语做了什么好事吧，杨老师，你在想着怎么表扬她！"

王思说："我觉得是章思语的学习进步了，杨老师想对我们说……"

"也说不定是……是……"林珊低头想着，又猛地抬头急促地说，"是不是章思语做不对了什么事，杨老师在考虑怎么批评她，让我们也注意呢？"

"哈哈，既不是表扬，也不是批评，而是……"我故意拉长声音，一字一顿地说："为——章——思——语——唱——首——歌！"章思语一听，如坠云里雾里，睁大了眼睛，目光里似乎冒出了很多问号来。大家更加惊讶了，有些人情不自禁地嚷开来：

"奇怪，为什么呢？"

"噢，噢，杨老师你也会唱歌呀？好哦好哦！"

"杨老师，你要唱什么歌？好听不好听呀？"

"耶，可以听杨老师唱歌啰！"

"哈哈，大家等一下再激动吧，先让我解释解释，你们就知道'谜底'了！——这首歌说是唱给章思语听，其实也是唱给大家听。只是因为这首歌的歌词是来自章思语推荐的《无题》，歌的题目叫《别亦难》，是香港的歌星徐小凤唱的。大概在读师范时，杨老师无意间在广播里听到的，很喜欢，就跟着哼，一哼两哼竟也学了过来。前几天一看到章思语推荐的这首诗，我的耳边好像又响起了徐小凤的歌声，让我回忆起读书时很多美好的情景来，所以，我要唱这首歌来谢谢章思语！"

说到这儿，我放低了声音，把手掌放在嘴边做出说悄悄话的姿态，"其实呀，我自己也很想唱，很想在大家面前露一露我的歌喉……只是……只是不好意思说出口，现在机会终于来啦！"

学生听后都笑了，我继续说："不过啊，杨老师还有个担心，起先我为什么站着一动不动呢，就是在考虑担心的事儿！"我故意又不说话了，目光在找人一般扫视着大家……

章思语忍不住了，忙问："杨老师，你担心什么啊？"

我又压低声音，好像只对章思语一个人说似的："我担心自己这么久没唱这首歌，万一唱不好了，也没人鼓掌鼓励，多不好意思呀！我……我会脸红不好意思的哦！起先就是在想，还要不要唱呢？"

"不会的，不会的！"

"杨老师你要唱哦，我们一定鼓掌！你放心唱吧！"

"杨老师，我……我现在就为你鼓掌……"章思语不禁拍起了手掌，她的掌声如同一根火柴点燃了整堆篝火，顷刻间全班同学都会意地鼓起掌来……于是，我开始唱了：

> 相见时难别亦（也）难
>
> 东风无力百花残
>
> 春蚕到死丝方尽
>
> 蜡炬成灰泪始干泪始干
>
> 啊！相见难
>
> 啊！别亦（也）难
>
> 蜡炬成灰泪始干
>
> ……

这首歌曲调缠绵悱恻，我唱得自己都有些感动了，声音里裹着淡淡的酸楚。教室里鸦雀无声，学生个个沉浸在歌声中，神情凝重，目光温润……当曲调要重复时，我戛然而止，我不想唱完它，怕自己太动情。学生似乎还没晃过神来，每个人都保持着自己的姿势一动不动的，一双双眼睛注视着我，好像看见了歌声演绎出来的一幕幕景象。

"好听吗？"我的问话恰似悄然落入湖面的石子，兀然打破了平静，泛起圈圈涟漪。

"啊，杨老师你唱完了呀？我还没听够呢！"

"很好听，就是感觉很伤心！"

"听着听着鼻子就有些发酸……"章思语皱起小眉头。

"那……有没有谁听了……很开心很快乐很想笑起来的？"我故意踮起脚尖，伸着头左右张望。大家被我这么一问，有些人也转着脑袋互相地看来看去，在寻找谁笑了没有……

"杨老师……没有人笑……"章思语一脸的认真，"听这首歌是笑不起来的！"

"嘿，好啊，幸好没人笑！看来，杨老师还是唱对了。要是把大家唱笑起来，那杨老师就唱'走调'了……"我环视着大家，突然双手抱拳向他们做着施礼的动作，笑着说，"就算杨老师唱'走调'了，哈哈，你们也不能从后门偷偷地'走掉'哦，还要给杨老师多多捧场啊！"这一下，学生听出了我的调侃，不禁嘻嘻哈哈地笑起来了，片刻间教室里的气氛就起了变化，如同风过田野，麦浪起伏。

"你们……还不为我捧场啊？"我装出不好意思的样子问，大家却依然迷惑着。

"怎么忘啦？杨老师起先不正是担心下不了台嘛……快，快给杨老师捧捧场，就是这个……杨老师歌唱好了，可还缺这个……"我一边吞吞吐吐地说，一边做着手势。

"哦，鼓掌！鼓掌！……"终于有学生激动地喊了起来，"杨老师说的是让我们为他鼓掌！我们都忘记了，嘻嘻……"

顿时，整个教室爆满了笑声、掌声，还有叽叽喳喳的说话声……

这堂课前的这幕"师生演义"，花了将近20分钟，仅仅缘于章思语推荐课外的一首《无题》诗，这在某些教育方家眼里或许会认为跟所谓的教育教学无多关涉，因为师生的言行既无关乎这首古诗本身的教与学，又无所顾忌地占用了本应教学新课的近半节课的时间，忽视了课堂教学的严谨与效率，纯属个人的随心所欲。但是，这对于我来说，却是心甘情愿、乐此不疲的"有意为之"。我觉得，只要能在大部分学生的心里刻下或者只是在印象里留下一些快乐的记忆，在将来的某一天还能回忆起来，说小学三年级时的那节课真有意思，杨老师还为我们唱了一首关于古诗的现代歌曲呢！作为老师的我就心满意足了。

二年级下学期，章思语还推荐过一首"散曲"，明代王磐的《朝天子·咏喇叭》。她也是无意间在一本课外书上翻到的。

"杨老师，它怎么和我们学过的古诗不一样呢？每一句有长有短，字数都不一样。还有题目中间这一点是干吗呢？"

章思语的问题涉及元曲的概念和特点，对二年级的小孩子实在不好解释，也没必要解释。我想了想，便对她说："这是另一种'诗歌'，杨老师在师范时才读到呢，听说现在初中九年级上册的语文课本里就有。到那时，你知识丰富了，只要看了课本里的资料就能明白是怎么回事了。我们先让大家把它背下来，以后再遇见它，就像遇见小时候的好朋友一样，既开心又熟悉，多有意思呀！……来，你跟着杨老师把它读一遍：喇叭，唢呐，曲儿小腔儿大。"我边读边指着第一句。

章思语跟读着："喇叭，唢呐，曲儿小腔儿大。"

我读："官船来往乱如麻，全仗你抬声价。"

她读："官船来往乱如麻，全仗你抬声价。"

……

我们宛如男女声二重唱一般，刚一读完，章思语就笑起来了，"杨老师，这首诗读起来很好听！"

"是呀，要是配上曲调也可以拿来唱呢！你看，好听就是因为这几个字，你再读一读……"

"叭、呐、大、麻、价、怕、假、家、罢。"章思语把我指出的字一个个地读出来，马上有了感觉，高兴地说，"咦，杨老师，我明白了，这么多个字拼起来都是有个 a 呀！像顺口溜一样！"

"被你说对了！它们的韵母是一样的，以后我们还会遇到有些诗也是用这个方法，越读越好听……"

"嗯，嗯，"章思语迫不及待地说，"杨老师，我们一起再来读一遍吧，挺有意思的！"

"好呀！"我们又合唱似的读起来，彼此满心欢喜……

由于《朝天子·咏喇叭》语句长短不一，与以往抄的那些工工整整的"古诗"不大相同，加上一贯到底的押韵和口语化，让很多学生感觉新鲜、好奇，他们读得更是津津有味，有的还摇头晃脑起来。而章思语的声音尤其响亮，神情投入，只有我知道她专注的力量源自哪里，每每课前的朗读与背诵，我们不经意间的对视，目光里闪动着会心的笑意，那是默契的招呼、无声的交流。

三年级上学期才教了五六课，有一天，章思语就兴冲冲地跑来告诉我："杨老师杨老师，你看，第9课《古诗两首》里的《九月九日忆山东兄弟》，我们二年级时就已经背过了……好像是……是苗正堂推荐的！还有……还有……"她又快速地把书朝后翻，"21课的《古诗两首》也都背过了……《望天门山》是吴福鑫推荐的，《饮湖上初晴后雨》是我推荐的，以前我们背熟了还把它们抄在笔记本上呢！"

"哈哈，这学期遇见了这些'老朋友'，高兴吧？"

"嗯，很高兴！杨老师，我现在就背给你听，看我有没有背错了……"章思语把语文书一合，摆正了一下站姿，大声地背了出来，"九月九日忆山东兄弟，唐，王维，独在异乡为异客，每逢佳节倍思亲。遥知兄弟登高处，遍插茱萸少一人……望天门山，唐，李白，天门中断楚江开，碧水东流……"只一会儿工夫她就背完了，脸蛋红红的，微微喘着气问："杨老师，我背得怎么样？"

"很好呀，没错一个字！这三首诗被你背得很'熟'了，把它们连起来就像长长的面条一样，熟了就可以吃了！"章思语听了直笑。

"你能把这些'老朋友'记得这么牢，真够朋友！只要我们现在多看多学，多记多背，多多认识这些虽然不会讲话但心里却藏着秘密的'新朋友'，以后很可能就会在不同的时间、不同的地点逐渐地遇见它们，就成了我们越来越多的'老朋友'了，到那时我们就能看懂它们心里的那些'秘密'了，你说，这是不是蛮有趣啊？"

"嗯，杨老师，我觉得这有些像猜谜语，现在我读到的是谜面，还不大懂，以后慢慢地懂了，就知道了谜底！"

"哈哈，这个比喻很形象，有意思！……对了，等你长大后，要是将来的某一天遇见了杨老师，你说算不算也是遇见了一个'老朋友'呢？"

"算！"章思语不假思索地重复了一遍，"当然算！"

"会不会忘记了呢？"

"不会的！肯定不会！杨老师，那你会不会忘记我啊？"

"也不会！也肯定不会！不过，到那时你都长成大人了，变了模样，杨老师大概会认不出你的相貌来了啰！"

"那……那我就带着现在的照片来找你，就像身份证一样，你一看就认出来了！"

"嘿嘿，是哦，这是个不错的办法！"

陈文静

"思语，来，到杨老师办公室聊聊。"午间，我看见章思语从办公室外走过，便叫住了她，"你平时如果上网，都喜欢做什么呢？"

"我喜欢……玩游戏，有时也爱看动漫片！"

"什么游戏呢？是 QQ 里的游戏吗？"

"'奥比岛'小游戏，不是 QQ 上的，是从百度上找来的。"

"是不是你姐帮你找的呀？"

"不是，是我自己百度出来的！"

"哦，不错嘛！那在电脑上还看过什么动漫呢？"

"有《蓝兰岛》《吸血鬼与勇士》《喜羊羊和灰太狼》，还有……还有《漫画糕点师》，有一些题目我忘记了，都很好看！这些是我二姐帮我找的……"

"啊？二姐？"我有些惊讶，"你有两个姐姐呀？以前只听你说'我姐我姐''姐姐姐姐'的，怎么又有一个，是不是指堂姐或者表姐？"

"本来就有两个姐姐，大姐在广东外婆那边，已经十八九岁了，不读书了，在一个亲戚的公司里上班，就她没在我们这里，爸爸妈妈很少提到她的，这边人好像也都不知道。二姐比我大两三岁，也在我们学校，今年读五年级。弟弟七八岁，才读幼儿园中班呢！我有时候说二姐只说姐姐，有时候想说得更清楚，我也会说二姐二姐的。以前你问我时，我肯定也只说姐姐，因为我从外婆那边回来后一直就和她在一起，说姐姐比较顺口比较方便，也习惯了呢……"

"原来这样……"我心里又多了一份感慨，看来章思语的父母为了能生个男孩，可谓是煞费苦心呐！章思语的出生，在计划生育的现实中，对她的父母以及爷爷奶奶来说，算是预想之外的一种无可奈何了。然而，正如我之前所分析的，在当前独生子女普遍化的状况下，章思语反倒因此而不受父母和长辈们"过度宠爱"所带来的伤害，尤其幸运的是，也正是因为她在家庭中所处的"可有可无"的位置，使她的父母并没有像多数家长那样，或主动或被动地做着"应试教育"的帮凶，在"读书学习""考试分数"上对她实施环环相扣的"严格要求"，从而歪打正着地让章思语拥有了同龄人所没有的"自由自在"与"轻松快活"的童年时光。我能明显地感觉到，由于父母观念和家庭环境的不同，即便在同一个班级，在我同样的教育理念和视线之下，有些学生的"轻松度"和"快乐感"和章思语相比，还是有着本质的差别！

"杨老师，你喜欢在电脑上玩游戏吗？"章思语拉回了我的思绪。

"在电脑上，我都没玩游戏，上网一般是看文章和新闻，或者去有些论坛逛逛，有时也看看电影……"

"哦，我还知道杨老师喜欢在电脑上写文章，对不对？"

"说对了……"我指指桌头一直开着的上网本说，"你看，杨老师还在写关于你的那篇《我和一个小女生的'零碎事'》呢！"

"啊，还没写完呀？上次你有点给我们看的，好像是一万多字，"章思语立刻来了兴趣，好奇地问，"现在有多少字了呢？"

我用手指触摸了几下键盘，显示出"字数统计：34548"，她低头凑近显示屏，仔细地数了数那几个数字，猛然张着小嘴，一副惊讶的神情："哇！三万多啦！"

"是啊，近段时间又有一些有意思的事情发生，杨老师也想记下来，所以越写越长了。你看，那次体育活动课上，你和梁信燕穿杨老师的衣服也被写进文章了，还记得这事吧？"

我点出了正在写的《静时静，动时动》，把其中的一小段念给她听："章思语连忙穿了起来，只是她依然有些羞涩，勉勉强强地把衣服倒着穿，两只手臂插在长长的衣袖里，像一个投降的士兵举着双手，袖子上头却是空空的看不到她的手掌。那暗红色的外套满满地遮盖住她的整个上身，一直垂到膝盖上。站远一看，只露出笑吟吟的脑袋和两只不停移动着的小腿……"

"嘻嘻，记得记得！"章思语边听边笑，"那次真有意思！你后来还倒立给我们看呢……咦？杨老师……"她突然发现了什么，仔细地对那段话看了又看，似乎在辨认着某个词句，"章……思……语？杨老师，你把我的名字写错了哦，我不是这个'思语'呀！"

"哦，这个啊是化名，和你的名字读音相同，但字不同，代替你的真名，比较有意思！"

我正解释着呢，心里不知不觉地竟冒出了一个想法来，而且感觉很值得马上去做，连忙说："思语，你也可以为自己想一个化名，在接下来的文章里杨老师就用你想的化名，怎么样？"章思语愣了一下，脸上的表情既兴奋又犹豫，好像在说，这样也可以呀？

"化名怎么想呢？我……我想不来……"

"怎么想都行，其实就是自己给自己另外取个名字，你可以先多想几个，喜欢怎么取就怎么取，到时拿给杨老师看看，我们一起挑一个，一定把它用上。"

"嗯，杨老师，那我去想嘞！"

下午第一节课后，她就跑来找我了。

"杨老师，我想好了，你看看……帮我选一个。"她递给我一张纸条，上面写了好几个名字"易雨丝、林思思、张思晴、陈朗静、王安明、陈文静、周果果"。

我一个个地读下来，"不错，这七个化名都蛮好听，也蛮好看！嘿，这么巧，'雨丝'还是'思语'倒过来读的音，'果果'好像卡通名字，一看就让我想到'水果'、'苹果'之类的……如果让你自己选，你最想选哪一个呢？"

"我……我也不知道……"

"假设你现在有个妹妹，你要给她取名字，会用哪个？"

"……，"章思语慢慢地侧转脑袋，凝神思考，忽然脑袋快速地转了回来，肯定地说："就用'陈文静'！"

"为什么呢？杨老师想听听你的想法。"

"因为我想有个文文静静的妹妹，带她一起玩！"

"那还要不要改个姓？比如张文静、李文静、王文静……"

"嗯……还是姓'陈'吧，我们班级姓陈的同学特别多，我也想用姓陈的化名！"

"好，从现在开始，在接下来的文章里，'陈文静'就是你了！"

章思语——哦，应该是陈文静了，好像领到一份奖品一样，高兴地点着头。

随缘安排的"插叙"

"杨老师，这个给你看……"课间，陈文静递给我一张窄窄的纸条，我一看，上面只写了一句，"杨老师，你对我们太好了，杨老师是个好人！"

"哈哈，你在表扬我啊！谢谢，谢谢！"隐约间我感觉到陈文静的内心里还有其他的话潜伏着，便想激她一下，故意皱起眉头，"可是……杨老师有些不高兴！"

"为什么呀？"

"杨老师写你写得那么长，你写给杨老师的话，就这一句啊？要是你能写长些，杨老师就把它记到《我和一个小女生的'零碎事'》里做纪念，将来回忆起来，多有意思！"

"那我写长些，我去想想……"

"好，不一定要表扬我哦，只要写出你想告诉杨老师的话，就行！"

第二天晨读之前，她就来找我了。这次给我的是一整张纸，上面用铅笔整整齐齐地写了两面。

"杨老师，你慢慢看，我去教室读书了。"

窗外，朝阳正慢慢地升起，金灿灿的光芒笼罩着我的位置。坐在初春的阳光里，我默读着这篇题为《我对杨老师说的真心话》的作文，身心暖和：

我对杨老师说的真心话

我觉的（得）杨老师和朱老师都很好，我们班的人都觉的（得）杨老师很好。杨老师以前刚来教我们班就对我们很好，因为杨老师没有打过我们全班的同学，而且还给我一本校 kāng（kān 刊），我们课堂作业本不会做的杨老师都会 nài（耐）心教我们，杨老师还很关心我们班极（级）里面的每个同学。

杨老师他会读自己写的作文给我们听，班里很多同学被他写在一本大大的作文本里。杨老师向我们介 shào（绍）说是他的教育日记，叫什么教育随记。有时他也会跟我们做游戏，有时他会在课堂上讲课外有意思的事情，说起话来很 yōu mò（幽默），还做动作，像表 yǎn（演）一样。还有，杨老师会给我们班的同学读流 làng（浪）儿的故事，常常把同学的作文读给我们听，我的作文也被读过，我很高兴！他也喜欢给我们拍照，我也被拍过好多张。上 tǐ yù（体育）活动课的时候，还和我们跑跑步，说说话，练太极拳，倒立，我们玩的（得）很快活，下次我还想和杨老师一起投篮球。

杨老师，我是爱玩跳皮筋、呼啦圈和跳远的小女孩，我喜欢吃青菜、黄瓜，不喜欢吃肉，喜欢吃苹果、石榴、榴 lián（梿），我还喜欢红色、蓝色、紫色、白色、粉色。我喜欢的课是语文、数学、科学、英语、音乐，最喜欢的是语文，现在也喜欢写作文。我还喜欢看电视，去年到今年，也喜欢看课外书，看过《灰姑娘》《小公主》《卖火柴的小女孩》《彼得·潘》，还有一些名字忘记了。我也贪玩，老想去外面四处跑。

　　杨老师，我先写这么多。杨老师再见！

　　我一边读，一边微笑，读了一遍之后又读了一遍，嘿，虽然写得平铺直叙，但也随心所欲、洋洋洒洒，想到哪就写到哪，正如陈文静那无拘无束、自由自在的性情。我能感受到稚拙的语句里跳跃着的快乐，在我的心田里抽芽长叶，此刻，正和我一起，由内而外沐浴着阳光……

　　回想起来，陈文静的作文变化还是蛮大的。记得二年级刚接这个班级两三个月，我引导学生开始记日记时，陈文静写了一则《真的马》，就一句话："杨老师，我很想告诉你，集市那天中午，我来到街上，看见了真的马，好高兴呀！"

　　在课前，我读了其他一些学生的日记之后，也把这则日记读给大家听，评论说："文静的这则日记虽然只有一句话，却是一个精彩的句子，因为它不但写出了什么人、在什么时候、在哪个地方、看到了什么，而且还写出了自己的心情！另外，还把'看到了真的马'这件惊喜的事告诉了杨老师，让杨老师分享她的快乐，现在杨老师读给大家听，这个快乐就传给每个人了！还有呢，文静还给这则日记取了个题目叫《真的马》，那它就成了一篇小作文了。现在写得短没关系，才二年级呀，以后三年级四年级学到的字词多了，就能写得更长些了！我们为文静鼓掌加油！"

　　我的鼓励和大家的掌声让陈文静兴奋不已。我想，不管今后她的作文写得如何，只要她能因此而不讨厌对文字的倾听与涂写，就达成我的心意了。关于日记，我对学生没啥要求，想写就写，不写也无妨。当然，要是想给我看，我很愿意随时做他们的第一读者，并且在合适的情况下，读给全班同学听，并打成文档收藏在我的网站里。

"文静，杨老师已经把你的《真的马》输入电脑里了，你看……"那天自学课上，陈文静上来问一个字怎么读时，我顺便点开了这篇小日记。她又是一脸的惊喜，仔细地看着白底黑字的显示屏，不知不觉就读起了那个句子来……

不久，她又写了一则日记《tān（贪）吃的小狗》："有一天，我把 gǔ（骨）头给小狗吃，她吃好了 gǔ（骨）头，抬头看着我，还想吃，我就不给她吃了，rán（然）后，小狗就跳到我的脚上去了。我被吓了（一）大跳，我急忙 tī（踢）了小狗一脚，小狗叫了起来，我觉的（得）她被我 tī（踢）疼了，可是我走时，她还在我后面紧紧的（地）根（跟）着我，她没有生气还是想吃东西。"

当我把这则日记读给大家听后，我说："现在谁有什么想问的，可以采访文静了。"

章甜说："文静，你喜欢小狗吗？"

"喜欢！它很有意思哦，身体毛茸茸的！"

林珊说："那你为什么不把骨头再给它吃，还踢它呢？"

"我怕它吃多了，对身体不好，吃了又想吃，就不乖了。我不是故意踢它的，是因为吓了一跳，急得管不住自己的脚。"

陈小静说："这只小狗被你写得蛮可爱的，我也想养只小狗，它一般都吃什么呢？"

"它什么都吃，你给什么它就吃什么，和我们人一样，也经常吃饭，很好养的！要是有肉，有骨头给它吃，它就特别的高兴，直摇尾巴！"陈文静说得眉飞色舞。

"题目也取得好，小狗的'贪吃'被文静写得很生动……"我又把日记再读了一遍，问："谁来说说，贪吃从哪里可以看出来？"

叶良奇说："小狗还想吃骨头，文静不给，小狗就跳到她的脚上去了，它不但贪吃，而且和文静很亲热！"

"说得好，良奇和老师想的一样！"

"还有，还有……"陈益迫不及待地说，"就是小狗被文静踢了，它还跟在文静身后，也没生气，就想着吃骨头！"陈益想了想，又补充道："小狗好像跟文静关系很好，被踢了也毫不在意！"

"文静，陈益说得对不？"我问。

"嗯，它老跟着我，像跟屁虫一样！"陈文静嗔怪的表情里透露着自豪。

"哈哈，大概它觉得跟着文静有得吃，"我向陈益竖了竖拇指，"陈益，你也说对了呀！小狗贪吃嘛，受点痛没关系，它说不定在心里暗暗地对自己说，要是能再吃到骨头，被踢一脚有什么关系，就算被踢了好几脚，也值！"

大家听了都笑了……

每当向全班推荐某个学生的日记时，我一般都会留出一些时间，让他们交流一番，或谈谈听后感想，或向作者提提问题。这样做的首要目的，对我来说，并不是为了所谓的提高学生写作能力、培养多少写作能手什么的，而是让他们真真切切地体验课堂上每一个这样的当下彼此对话的快乐，实实在在地体会每一次倾听与表达过程中可能触发的或多或少的感悟，并对此能有所感兴趣。至于他们在日记包括今后作文的写作能力上能不能因此获得某些提高，那只是我附带的考虑。如果能提高，自然让我欣慰；就算不能，我也同样欣慰，因为我和学生们早已享受了每一次"推荐"时"听"与"说"的种种乐趣。是的，时常有好多学生对此津津乐道，包括早已小学毕业的。因为这些作文里发生的事情就来自他们自己的生活，多姿多彩，亲切而真实。

"杨老师，我很喜欢听你读同学的日记！大家都很喜欢听哦！"陈文静好几次这样对我说，"要是自己的日记被你读到，还被大家采访，就更高兴了！他们都这样说呢！"

到了三年级，课本里开始出现单元作文训练了，但是，我并没有按部就班、循规蹈矩地照搬教材里的要求，而是有所取舍地根据学生的实际情况和生活现状，按照自己的想法和做法去实践。在此，我很想插叙一件与此相关的事：

　　有一次，一位在县城某小学当校长助理的朋友同我谈起他女儿的事，满脸的忧心忡忡，他说："我女儿也读三年级了，就在自己的学校里。每次单元作文训练，女儿就很难受，因为语文老师（就是班主任）总是根据教材的条条框框严格要求她应该这样写，不应该那样写。就算女儿没有这方面的生活体验和素材，语文老师也是强求她一定要写出来，哪怕模仿作文选里的，甚至是编造的。要是写得不符合语文老师的评判标准，不但等级打低了，而且还要被批评。语文老师对我女儿说：'你这样随意写、按自己的意思写是不行的，到时候考试会得低分的！而且更可能离题！你还是班干部呢，还是学校的'优秀学生'，是同学们学习的榜样，怎么能这样写呢？大家都在看着你呢，作文分数一低，你语文成绩就危险啦！'女儿回家就不开心，总对我说读书不快乐，学语文、写作文不快乐，还问我：'爸爸，你平时不是告诉我写作文要真情实感，要写自己最感兴趣的、最想说的吗？怎么和语文老师教的不一样呀？'唉，糟糕的地方就在这里啊，女儿一直对我很贴心，也很信任我，总喜欢把自己的心事告诉我，我常常带她一起散步、一起玩、一起逛街逛公园，我常常对她说：'娟娟，记日记和作文，就是把自己看到的、听到的、想到的写下来，你喜欢写什么你就写什么，让你高兴的、伤心的、惊喜的、好奇的各种各样的事都可以写，不用强迫自己非要写什么，也不用咬着笔头伤脑筋地非得按照什么规则啦标准啦，只要用你的笔写出你的心思心愿心意，就是好样的！'可是，在应试教育强大的现实面前，我也无能为力啊，我的这些话就算非常符合儿童的身心发展和教育规律，但也只是纸上谈兵啊！女儿时不时地向我诉苦：'爸爸，语文老师教的作文，我写不出来，我没做过也没见过，我想象不出来……老师说作文要写出意义，还说开头应该这样写，结尾要注意讲些道理。要完整，不能像我这样，随随便便，散散的……爸爸，我害怕写作文，老师一说写作文我就紧张，很苦恼……'我只能重复着之前那苍白无力的安慰：'娟娟，爸爸理解你，要是你实在写不出语文老师要求的，写不出考试卷里要求的，也没关系，就照自己的意思写就好……要是，要是真的等级评低了，考

试考低了，爸爸也不会责怪你的，爸爸知道你尽力了，就是最棒的！'
女儿似乎也越来越感到我的无可奈何，渐渐地变得沉默寡言，毕竟语文
老师还是在要求她责怪她啊！而且关于'作文的烦恼'只不过是整个应
试教育的'冰山一角'而已呀！女儿才三年级，作文教学才刚刚起步，
真不知道女儿今后的日子怎么过哦！还有我，现在一看见女儿回家，就
提心吊胆的……

　　说真的，我宁可自己受折磨，也不愿意看到小小年纪的她就受这样
的折磨，每天从学校回来就是一副心事重重、进退两难的样子。或许在
某些大人看来这算什么事儿啊，但是，你看看整个中国，有多少孩子正
处在这样的煎熬中？尤其是那些在班主任和各位老师眼里的所谓的'优
秀学生'，到学校读书学习从来都是苦多乐少，他们天真、活泼、自由
的天性都是在一年又一年环环相扣的学习和考试中层层递进地被消磨掉
了……可是，我总不能找女儿的语文老师去说吧？那同事的脸面往哪儿
搁？她可是名正言顺地在帮助我女儿提高作文能力呀！退一步讲，人家
可能同样也是应试教育压力下的无可奈何！我知道，就算厚着脸皮去讲
哪怕去暗示，也是没用的，更可能把同事之间弄出隔阂和矛盾来，何况
很多老师也是身不由己！对此，我是深有体会的，像我这样当个小领导
的，其实也是身陷其中有苦难言，以前年轻时看到别人的孩子从一年级
开始就在应试教育中摸爬滚打，遭受折磨，开始还于心不忍，可是久而
久之也就习惯了，每个学校每个班级多数老师都这样，整个县，整个中
国多少年来都是这样，大家都这样，不这样的反倒成了不正常……现在
呢，唉，终于轮到自己的孩子了，那麻木的感觉却被唤醒了，真真切切
地感受到了心理上的疼痛！我和妻子也曾商量过，是不是给孩子换个学
校，思来想去，还是觉得没什么用。家长或许不大知道，可我们当老师
的，加上我又在领导层里混，最清楚这个了，现在哪个学校不都是一个
样？不一样的地方也只是大同小异，或者新瓶装旧酒！就像前几年我们
苍南搞的'新教育'，表面上看起来很漂亮，轰轰烈烈振奋人心，可实际
上换汤不换药，最后除了那么一些人从中获得名利之外，对孩子的教育

原本怎么样还是怎么样！我并不是说'新教育'不好，其实'新教育'很好！但是怎么去真实地做？都是哪些人在做？又是用什么心思心态去做？这才是关键啊！归根到底，教育的'根'如果没被触动，像'新教育'这样是很难大面积地落实到位，是很难改变教育现状的，因为它没有一以贯之的'制度'保障！你再看，原来搞'新教育'的局长今年一调走，新来的局长一到任，'新教育'也就寿终正寝了，如同'改朝换代'，所谓的'政策''条令'等等随第一把手的喜好而变，实际上中国的教育也曾有过一些好东西出现，但它并没有形成诸如'宪法'一般代代相承是问题的症结所在！这不单单是我的看法，就连教育局内部的人也这样说！'新教育'只不过是某些领导的形象工程和政绩筹码而已！过期作废！"

我神情专注地倾听朋友滔滔不绝地诉说着，他一个人竟持续讲了十几分钟，那深恶痛绝的口气，似乎要把积累多时早已满腹的烦恼和牢骚，在这一时刻一股脑儿地倾倒干净……我知道，他并不是想要我安慰他什么帮他化解什么，其实他只是想找个合适的人在恰当的时机说出心中的郁闷而已。

"杨聪，我经常去你博客看你的文章，说实话，我在心里暗暗地羡慕你，在教育上你能那么自由自在地坚持做着自己喜欢的事，还把它们一一记录下来，能为一届届学生留下那么多有价值的记忆，真是心灵上的最大快乐！每一次看你的文章，我就深深地赞同你的观念和做法，其实我内心深处对教育的理解和你是差不多的，可是处在现在这个职位，我是如履薄冰，有口难言呀，有时候想的和做的都自相矛盾啊，自己都憎恶起自己来！这些年给旁人看起来好像是处处得意、事业有成，而实际上我心里是压抑的，因为每天做的并不是自己真心想做的事，和你对照起来，也只能算是得过且过，混混日子了。我常常想，眼前的学校教育是真正的教育吗？我所期待的教育就是现在这个样子吗？我就这样度过每一天每一年吗？我的人生意义又在哪里呢？我还有机会能无所顾虑地去做自己喜欢的事情吗？……今天之所以同你讲了这么多的心里话，是因为我觉得这些话也只能找你说，其他人根本没法说，也不能说啊！道不同不相为谋，话不投机半句多……"朋友皱眉叹气，苦笑道，"你看我，一下子就发了这么多的牢骚，想不到吧……把心里的垃圾倒给你了，多少还是舒服了些，不然还真憋气！"

"今晚，你就对我一个人说这些话，我心里想到的是感动，更多的是感激！"我由衷地说，"谢谢你把我放在'唯一的听众'这个位置！我知道这个'位置'的分量！对我来说，你不是在向我倾倒'垃圾'，而是在向我馈赠'信任'！客气的话我们都不要说了，免得成了'客套'了。"

"嗯……"他默默地笑了笑说，"有时候，我也想写写教育的文章，其实教了这么多年，看到的听到的包括自己做的，关于教育的素材也不算少，可是，我要么没有你那样的心境，要么忙忙碌碌没时间，要么就没那个勇气，担心有些事情写出来对自己影响不好……还是羡慕你，不用顾忌什么，真实地表达自己，'我手写我心'，多自在！"

"也不一定的，我同样也有压力，只是感觉写与不写，两相权衡，前者更让我舒畅和惬意……"我想了想说，"起先，你谈了那么多关于你女儿写作文的事，我有个问题想问你，你觉得小学三年级语文教材里不用设置单元作文训练，老师也不用教作文，学生写不写随便，可以吗？"

"当然可以！"他语气很肯定。

"要是小学四五六年级也这样，可以吗？"

"也可以！"他有些激动地说，"小学阶段就应该把重心放在阅读上，配合识字教学，让孩子大量地课外阅读，这个年龄段本是'吸收'的最佳时机，通过快乐的、有趣的、丰富的阅读，让孩子多多接触和感受经典的各类文章和书籍，在记忆力最旺盛的童年时代为孩子积累各种'营养'。到了初中，在初二初三时，为了对付中考，再恰如其分地进行有针对性的作文教学，此时，学生的心智和理解力以及阅读量、知识面、生活阅历等等都有一定的根基了，作文教学的效果相对小学时的'拔苗助长'自然是事半功倍，水到渠成了。可现在呢，从一年级开始，就进行所谓的'作文教学'了，到了三年级，教材里更是一环扣一环地进行作文训练，就要孩子'输出'自己的东西来，实在是赶鸭子上架，大多数孩子连'字词'都还没掌握多少呢，就要他们想象构思、谋篇布局，这就如同还没储存多少砖块水泥等基本的建筑材料，就要要求建造出房子来一样滑稽，而有些老师更是用语文教材里的课文来比照孩子的作文，早早地就对孩子进行作文技巧的生搬硬套，什么结构啦语言啦前后呼应啦抒情议论描写啦等等，讲得苦口婆心辛苦不已，可小学生能听懂多少，就算听懂了，跟'会写''能写''喜欢写'又是两码事啊！再说，现在又有多少语文老师身体力行，自己也在坚持'读'和'写'呢？基本上都是纸上谈兵，对学生讲得条条是道，自己却从来不看书，不动笔，有的话，也只是装装样子，有些人连写篇论文都要唉声叹气、东拼西凑的，然而，在班级里教起学生的'作文'来却脸不红心不跳，反而是心安理得、神气十足！再举个例子，有些老师很喜欢让小孩子写什么童话啦寓言啦，以为这个最符合儿童想象丰富的心理特点，其实童话和寓言是最难写的，看看语文教材就知道了，入选的童话和寓言，基本上都是名家名作，因为它不仅仅是想象力的问题，更多的是人生智慧和构思能力的展示，毕竟它要讲究内涵和意义。如果要挖掘和发展孩子的想象力，应该是不在乎何种形式地让孩子自由地想，自由地说，尽量少提要求甚至不提要求，而不是用写童话和寓言这样高难度的文本形式，否则多数情况下反倒是越训练，越框住了孩子，严重的更是在破坏和扼杀孩子原本就具备的大胆想象的天性了！这就是为何多数孩子在幼儿园时想象丰富，可一到小学，尤其是从三年级开始一接触作文教学之后反倒变得想象力贫乏的一个重要原因了。这和我前面所说的小学完全可以不教不写作文是同样的道理……"

我一动不动地倾听，让朋友猛然回过神来，发现自己一下子又说了这么长的话，他又长舒了一口气，自我解嘲道："杨聪，你看我，和你一谈起教育的弊端来，没完没了，就像怨妇一样……也难怪，实在是因为很久没有这样酣畅淋漓地说出心里话了，特别是有你这样的倾听，心里的想法更是急着往外蹿……想想就觉得好笑，本该亲身实践、以身示范的语文老师大多数'不喜欢读也不喜欢写'，本该随其天性、在潜移默化中感受语文乐趣的小学生，却一直被教材、应试和语文老师强迫着进行'加量加料'的训练……等到学生大学毕业，一出校门基本上也就完美地继承了语文老师的'不读不写'，甚至是'讨厌读讨厌写'了，这就是语文教育教学的'成果'！"

"你说的都是实在话，也很深刻，我挺赞同，有些想法也正是我想说的！我也认为，小学所谓的'作文训练'和'作文教学'可以取消，或者就少要求，多随性！尽可能地不要进行统一的命题作文，不要硬性规定每个学期一定要根据单元作文训练或考试的要求写多少字写多少篇！如果能做到随孩子的兴趣，不定期不定量地记记日记，适当地写写贴近他们生活的人与事，反倒有利于孩子的身心发展！教师应该把精力放在想方设法为孩子写出来的东西提供展示和交流的平台和机会上！虽然我还做不到全部放手，但是，尝试着践行自己的一些思考却是我一直的追求和乐趣！近年来，我就在这点上用心思花力气，我的地盘我做主，也就自己班级的这块'一亩地三分田'还能由得我自由耕作，比如，我班学生的'大作文本'里上学期也就写了三四篇，每一次我都慢慢地批改三四周，每天或每两三天批改两三篇、三四篇不等，当然，具体时间可根据自己的情况随机调控。在批改的同时，有的放矢地对学生进行面对面的'对症下药'，把指导落到实处，一边让他们养成修改的习惯，一边不定时地利用课前的三四分钟，把批改订正过的作文每次一两篇或两三篇依次向全班推荐、朗读，并交流，有整篇的，也有一段或几段的，更有几句甚至一两句的。一学期下来每个学生写的东西或多或少都有机会被展示，这样也就等于每个人都倾听了几十篇各种各样精彩的语段篇章，而且其中有一部分还被我摘录收藏。由于批改的总次数比较少，周期又拉长了很多，老师和学生、学生和学生之间能够多向交流和沟通，所以既不繁忙，又有成效。我所说的'成效'并不是指有多少学生的作文写得有多好，考试时得分有多高，而是指大多数学生对'听'和'写'产生了更多的兴趣，从中体验到更多的快乐，留下更多美好的记忆！另外，以上做法还为我的教育叙事积累了一些有价值的"原始材料",我想有一天我会用上它的!"

"杨聪,你这是用自己的实践来验证你的思考,不管方法如何效果怎样,只要能去行动总会从中获取'得与失'的经验,教育本来就没有'万全法',就应该让一线教师根据自己的实际情况多多尝试,可是,现在很多老师既没有主动权,也不敢争取主动权,基本上都是上头刮什么风就摇什么舵,'大读写'来了就'大读写','新教育'来了就'新教育',几经折腾,回头一看才发现多数'风'来匆匆去匆匆,不过是搞形式、走过场,便私底下牢骚满腹怨声一片!还是像你这样好,不管外面刮什么风,你只管守住自己的'地盘',放开手脚在不尽如人意的现实中独立自主地思考、选择和尝试!"

"你说得是呀……我呢,之前也一直被现实环境推着走,也不懂得在教育上有意识地去做些什么,无奈彷徨,没有方向感。我想,每个老师的内心深处原本都有一股潜在的自我解救和改造现实的力量吧,要是有幸能遭遇某种启迪和契机,就会够发掘出这种力量来的,只不过我更偏向于随自己的性情行事。大概是我这个人性格的原因吧,习惯于'我行我素',恰好在某些方面'歪打正着'!"

朋友点头说:"要想有所作为,的确需要保持一些'自我'的脾性……对了,你刚才说的,一学期就让学生写三四篇作文?那学校要是检查起来怎么办?"

"这个呀,就是我也在承受压力的地方,毕竟学校对教师有诸多方面的统一要求,作文批阅的篇数只是其中的一个。但是,为了自己的观念和尝试,我必须有所取舍,至于领导如何评定,绩效工资如何算分,就随他们喜好了,我是不会带什么情绪和看法的。现在的校园犹如游戏场,当领导更不容易,总得引导大家制定和遵守符合某个标准的'游戏规则',既然我违反了,自然要接受'扣罚',好在领导也明白我不是故意为之。另外,还有来自家长方面的压力,我接这个班级以来,不像其他老师那样每一个单元都要进行考试,还购买一些课外的练习批改、补课等等，我一直就没考过，更不会补课，而有些家长又老喜欢问孩子的考试分数，我都实话实说，除了县里统一安排的期中考期末考之外，我不赞成单元考试。我和学生把多数时间放在了多看课外书、多活动和师生之间多接触多交流上，常常一起玩耍、聊天等等。我相信，凭诚心做事，凭良心教育，只要有利于孩子们的身心发展，能让他们积极、开心、上进，离真正的童年更加靠近一些，就算与常规、常态不配套不同步，领导、同事和家长不赞同，我也会乐此不疲地坚持下去……不怕你见笑，说句'高调'的话，那就是：我愿意尽己所能地承受和分解本会直接落到孩子身上的来自应试教育的压力。"

"要说压力，每个老师都会遭遇，不过，为了什么、又是用什么样的心态去对抗它，倒是有消极和积极之分！相对来讲，像你这样应该是属于后者了！积极的心态源自于寻找到了所作所为的意义性和价值感！"朋友沉思了一会儿问，"同样面对'应试教育'的压力，是不是可以这样说——多数老师是被动地在给教育做'加法'，加了'不该加'的；少数老师是主动地在给教育做'减法'，减了'该减'的呢？"

"有道理，关于'加与减'的这个比方还是蛮形象的！至于我，人生的其他方面我没法许愿，但对教育，我一定会朝着'向阳处'一路迈进！阳光是无私公平的，除非我们自己想躲在暗处！"

朋友会心地笑着……那晚，在他把我送到家门口的这一段路上，我们是边走边聊，不知不觉竟然聊了半个多小时。奇怪的是，话题虽然忧心沉重，可道别时却温馨而释然，彼此之间似乎还有着某种期待。

"如果可能的话，我打算把你今晚说的话，用在某篇文章里。不过，不会出现你的名字和相关信息，可以吗？"

"当然可以！我既没有写的习惯，也不便把自己的这些话写出来，正好借你的手笔，透一透心里的闷气，顺便也留下一点痕迹。"

朋友和我的这次交谈是去年的事，我一直惦记着，本想单独成篇，又觉得基调显得过于低沉阴郁，只好暂时存放心里，等待合适的机会将它融入某篇文章。近两个月来，我一直忙于利用课余时间零敲碎打地整理《我和一个小女生的"零碎事"》，这个长篇叙事都已经写到了第十三小节《陈文静》，而且即将结束了，我也没丝毫的考虑要把"朋友和我的那次交谈"放进此文，因为在我的潜意识里，认定"交谈"和"零碎事"实在是两个互不相干的世界。然而，有意思的是，就在两天前我写到本章节的前面部分，整理有关陈文静的日记和作文时，却突然之间鬼使神差一般，马上把"交谈"洋洋洒洒地"穿插"了进来，并且一边写一边脑子里就冒出了"自圆其说"的理由：其一，"交谈"和"本章节"写的都是有关"小孩子写作"的问题，有诸多联系、相关和互为对比的地方。其二，把沉重的大人世界里的"交谈"同之前那么多篇焕发童心、体现童真的"零碎事"进行比照，更能让人看到在相同的教育大环境下，所呈现的不同的教育景象之间的"藕断丝连"与"天差地别"，以期待大家对此有所思索。其三，我的这位朋友集合了家长、语文教师（也曾是班主任）、学校领导三种身份，他和我的"交谈"以及所说的那些话，就具备了不同的视角和更多层面的内涵，如今能够水到渠成地"嫁接"到我和陈文静的"零碎事"里，不早也不迟，在我看来，其实也是一种非人力所能为的因缘巧合。不管这个"插叙"在他人看来实效如何，恰当与否，对朋友和我来说，就是那晚有所期待之后的"如愿以偿"了！

写完了"插叙"，让我们再来看看陈文静在三年级上学期写的一篇作文《新朋友》，同样是写小狗，但和二年级写的日记《贪吃的小狗》不同：

新朋友

今天，我去姑妈家玩的时候，一只小狗不知从哪个地方突然跳了出来，吓我一跳。它是灰白色的，身上肉嘟嘟的，走起路来摇头huàng（晃）脑，很可爱。我好奇地问："姑姑，这只小狗从哪来的呢？"姑姑说："我买来的！"小狗好像对我也很好奇，总是跟着我摇尾巴，不多久我们就成了熟悉的朋友。

第二天，我又跟妈妈一起去姑姑家玩，这次小狗却没有突然跑出来，原来小狗在睡觉，躺在门边的角落里，好像一个毛 róng róng

（茸茸）的玩具，被人玩好了随便放在那里一样。我正想去动动它，把它叫 xǐng（醒），可是姑姑牵过我的手说："快来，我们到房间去，姑姑要和你说说话……"我只好离开了小狗跟姑姑走了。

姑姑同我说完了话，等我出来的时候，我连忙去找小狗，我看见小狗还是在睡觉，我又想叫 xǐng（醒），妈妈却拉住我的手，一边往外走，一边说："我们先回去吧，回家还有事呢！跟姑姑说在（再）见！"

"哦……姑姑在（再）见！"我只好向姑姑告别，我看了看小狗，又故意大声地说了一遍，"姑姑在（再）见！"我刚说完，小狗就 xǐng（醒）过来了，bèng bèng（蹦蹦）跳跳地向我跑过来，边跑边叫，向我打招呼。可是，妈妈带着我已经走出了门外，我急忙回头也向小狗说："狗狗，在（再）见！"

我跟妈妈走远了，我还能听见小狗"汪汪"叫的声音。

在那本《教育随记》里，我还记录了后续的事：一周后，我把这篇评为"精"的作文读给大家听，陈文静又在好几个同学的"采访"中喜滋滋地有问必答。

我也当场做了点评："哈哈，文静，你的作文又写长了！杨老师批改的时候，看着看着就看笑了呢，因为你和你的这位'新朋友'都挺有意思！杨老师还记得你家的那只小狗'贪吃'，这只小狗却'贪睡'，两只小狗老师都喜欢呀！现在，杨老师把你的《新朋友》读给大家听了，这只幸福的小狗就出名啦！你下次到姑姑家玩时，记得要把这个消息告诉它哦！"

陈文静高兴地点着头，又认真地说："可是……杨老师，它会听不懂我的话耶……"

我说："没关系，只要你同它说话，无论说什么，它肯定很高兴，不信你试试？"

张欣说："我家的小狗就是这样的，只要我找它玩，随便说什么，它都高兴地直摇尾巴！"

陈文静说："是哦，我家那只小狗也是这样子，有时候我生气了骂它，它好像也很高兴，还是跟着我呢！"

"文静，是不是你以前写'贪吃'的那只小狗？"张顺兴奋地说，"我还记得，你不小心踢了它一脚，它还跟着你要骨头吃！"

"哦，那只小狗呀！我也记得，我也记得……"好些同学异口同声地应和着。

陈文静笑嘻嘻地直点头……

课后，陈文静还一路跟着我跟到了办公室，忍不住问："杨老师，下次作文什么时候抄？"

"你现在就急着想抄新写的作文啦？"

"嗯嗯……"她开心应道。

"没那么快呀！再过几天，等杨老师把还有几位同学的作文向大家都推荐了，就会交代大家抄新作文的！"

"好哦，杨老师，你要快一些，快一些把大作文发下来，让我抄！"

——遗憾的是，《教育随记》再也没有记下后来的事情了，主要的原因是，上学期从此时开始一直到期末，我基本上忙于陪护生了重病的妈妈去上海治疗。另外，期末教学检查时，我刚好还在上海，曾交代一位同事在领导检查好之后，记得把我班学生的作文从四楼会议室带回来，可是她忙于期末的各项工作给忘记了。当我回来去找时，那一大沓的作文本早已被学校搞后勤的大叔当作废纸卖给了收破烂的了。可惜了，我宁可用备课本和课堂作业本来换作文本，因为后者可是学生鲜活的、个性化的资料啊！

尾　声

《教育随记》本里记录的关于陈文静的那些篇章和我脑海里与之相关的深刻记忆，到上个星期为止，已整理完毕，可以结束这个长篇叙事了。

然而，心中又有一个声音在对自己说："要是你愿意继续写的话，其实，它是不会结束的！"是的，我明白"我"的意思，那就是在接下的不可预知的一天天里，陈文静和我之间同样又会"生发"出或多或少的"零碎事"来。但是，我必须主动写下这个"尾声"，否则，在陈文静小学毕业前的三年多时间里，我只能在这个长而又长的"零碎事"上继续"零碎"着，而没有时间和精力去写其他更多学生各不相同的故事了。如果说，在这个长篇动笔之前，触动我的就是因为它的"零碎性"，因为我还没写过这样的长篇，那么，如今让我停笔的，也正是这个原因——我想，在教育写作上，假设能称得上"写作"的话，写什么和怎样写，都应该在"避免重复"上去用心。也许我在这方面一直就没多少长进，但是，让"重复"适可而止，我应该是做到了吧，你觉得呢？

篇二

教育的乐趣来自孩子

在整理《我和一个小女生的"零碎事"》那段时间里，时常有学生问我，杨老师，你有没有在日记本里记了我的故事呀？杨老师，你也把我的故事整理出来可以吗？这让我不觉萌生了一个想法，就是继续从《教育随记》里把这个班级其他学生的故事写出来，连同《我和一个小女生的"零碎事"》汇集成一本书，期盼能为读者多角度立体地呈现师生间的酸甜苦辣和孩子们的童真童趣。于是，便有了以下这些篇章。

导读

一个你未曾到达的角落

陈小秋

　　如果有一天，让你回忆学生生涯的故事，你会想起哪个阶段的自己？不知道有多少人会回忆起那时戴着红领巾，坐在教室里算着算术，读着生词，背着古诗的时光。可能很多人的记忆模糊，印象并不深刻，也许是他们太小，记忆力还不够成熟，也许是那时候还没有什么人和事能够在他们的世界里留下深深的痕迹。但是我知道，杨老师的痕迹，早已印在那群孩子们的世界里，清晰并且深刻。

　　我常常想，没有光环的孩子很多时候是幸福的，虽然大多时候他们不受关注，没有外界的鲜花与掌声，但也因为这样，他们淡出老师和家长的视线，可以在自己的世界里尽情奔跑、嬉闹。没有人会告诉他们，他们的将来一定要考上好的初中，上重点高中，最后进入重点大学，进了社会以后要争取考上公务员，等等。没有人会定义他们的未来，只因为他们是被认为"不优秀"的一群人。所以他们的未来是多样的，充满可能性，他们可能成为画家、建筑师、自由职业者或者只是一位普通的公司职员，而不是拿铁饭碗的教师、医生或者公务员。原来我以为像郭小唐这样一位被认为是"不优秀"孩子，他的童年应该更加快乐，但是我错了。数学单元考试只考了五十几分的他，承受了多少压力：朱老师的训斥、父母的责骂。小孩子的世界应该是阳光的，我不知道这样小小年纪的一个孩子是怎样度过的。他是不是会躲在被窝里哭呢？我想他一定"恨"透了这个学校。本应该心里充满爱的孩子对这个世界充满恨意，我不知道应该要去责怪谁了。是朱老师的教学方式不对？是父母给他的压力太大？还是这个目前被认为最适合的教育本身就有问题？孩子就像一个未成熟的苹果，我们不知道随着时间的变化，他们的未来是青苹果还是红苹果。我们等不及，于是我们用教育这种独特的激素去注射他们，让他们在本该充满可能性的时候直接变成社会所希望他们变成的样子，在本该成长的年纪里被逼着走向成熟。可是又有谁在这一过程中想过可能带来的后果？教育不会担心郭小唐那双因为承受了太多压力、恐惧而频繁神经抽搐的眼睛。只有在杨老师的课堂上，他的眼睛才那么放松，我觉得他的眼睛是微笑的。在考试、作业、成绩面前，他的双眼神经是抽动的，而在全校古诗背诵比赛中，他却没有出现这些症状。也许正如杨老师所说，当孩子去做自己乐意并拿手的事情时，即使紧张，其性质也是和应试教育压力的"紧张"大不相同，前者是愉悦、积极的心理兴奋……但是在我看来，郭小唐的变化是杨老师带来的，这样一位被认为"不优秀"的孩子，因为杨老师的关心与关注，开始喜欢上课堂，喜欢上学习。每个人都曾经是学生，所以每个人都应该明白，如果你很喜欢一个老师，那么你会慢慢喜欢他的课，会主动去做与这个老师有关的一切事，就像郭小唐在还有半个月的准备时间时却只用了三天就背下了剩下的古诗。我想当时他心里一定是想着杨老师，想要赢得杨老师的赞赏，孩子的世界就这么简单。

小学尚且如此，那么初中和高中便可想而知，该有多残酷。老师们要的往往只是成绩靠前的那一些人，后面部分的人就像荒原里的野草，任其生长。如果郭小唐没有遇上杨老师，我想他的世界应该早已荒芜了吧。

在成为杨老师的学生以前，我一直觉得只有成绩好才会赢得老师的关注，只要成绩好，什么好事都会优先于其他人遇上，而成绩不好的，永远只能成为"看客"。直到遇见了杨老师，一切都改变了，因为在他眼里，所有人都是一样的。那些平时"沉默"在大家视线里的同学的文章开始出现在课堂上。慢慢地，班上活跃的人也多了。我至今还记得那时候大家一起写的《我眼中的"好"老师与"不好"老师》和《孩子眼中的"大人世界"》这两个话题作文，杨老师将它们投稿发表了，让我拿到了人生中的第一次稿费，如今从杨老师的这本书稿里再次读到这些文章，我只觉得那时候的自己是那么的纯真。也许你现在再来问我："你眼中的好老师是怎样的？"我会不知道该怎么回答，末了，疑惑地反问你："老师不都差不多吗？"要是你问我："你觉得大人的世界有什么让你不解的？"我想我会说："没有吧，很正常啊！"其实我也算是一位大人了，不再是孩子了，再也说不出那些看似很普通却最实在的句子了，我已经被这个社会同化，或者说，我也成了孩子眼中这样的一种大人。但是，我依然庆幸，至少我在小学的时光是美好的，被杨老师"保护"着，没有被社会里的人和事所影响。那些可爱的孩子，在未来失去了杨老师的"保护"，亦会成为一位"大人"，但是至少他们还有回忆，回忆里的自己曾经那么干净单纯，就像现在的我，心中有那么一段回忆，比很多人都要幸福了！

在杨老师的课堂上，我记得我很爱发言，有时候为了让老师叫到自己，就努力地把同桌举起来的手按下去，同桌也拼命地把我的手按下去，两人争着要起来回答问题。后来，上了初中，举手的次数少了，基本是等待着被老师叫起来回答问题。高中的时候，全班基本没人举手，那时候的我们都是在心里默念：千万不要叫到我！现在，大一的我是被迫举手，我很无奈。为了提高学生的积极性，几乎所有老师都以课堂发言情况占期末成绩的百分之三十的规定来"迫使"学生举手发言。尽管对这样的安排很不愿接受，但是，我没得选择。我再也回不到杨老师的课堂，我必须要面对这样的教育。我只希望那些天真的孩子们都能成长得慢一些，我知道，永远不要长大的希望太奢侈。

孩子眼中的大人总是会放大自己的情绪，总是认为小孩子的自尊心无关紧要，习惯性地用那句"小孩子懂什么"来解决孩子的所有问题。很多大人从来没有降低自己的高度，蹲下来和孩子聊聊天说说话，只会一度地认为孩子的想法太无知，行为太幼稚，现在跟他们说了也没用，他们根本什么都不懂！其实更多时候，孩子的内心要比大人想象的要有色彩，他们有自己的想法，有自己的喜怒哀乐。是大人的世界太忙碌，所以没有时间分给孩子，还是孩子的世界太可爱，大人们已经进不去了呢？

"永远不要用你自己的'我以为'来定义别人"，这是我高三那年学到的。十八岁的我曾经也一度觉得大人们不懂我们，我们的事都算不了什么，只有他们的事才算事情，他们不会懂高考前我们多么痛苦，不会懂我们多么害怕，他们要的只是高考的结果，不会关心这一路你是怎么走过来的。高三的家长会对很多学生来说是一种身心摧残，他们要面对的不只是成绩，还有父母的期待。那次，我考得极差，心情很复杂，不知道该怎样面对辛苦的爸爸妈妈。跟他们说我有多挣扎，他们学历都不高，怎么会懂这些文绉绉的话语。那时候，我第一次给他们写信，写了长长的几千个字，说了我这一路来有多恐惧，把所有的心情都写在了上面。爸爸看了以后虽然什么都没说，但是从他的眼神里我知道他已经读懂，只是不知道怎么去表达。回去以后爸爸把信的内容复述给妈妈听（妈妈识字不多），他们的一句"不要给自己压力，尽力就好"让我觉得我的世界顿时明亮了。我曾经很自私地责怪他们对我不够关心，现在想起来，也许是他们不曾懂得我的世界需要他们。就像大人从来就觉得小孩子什么都不懂，从来没有尝试着去进入他们的世界，也许，他们的世界也需要我们。

杨老师创造的世界能维持多久，我不知道。我只希望更多人能在这个世界存在的时候，尝试着走进去感受一番。我相信走出来的时候，你一定会庆幸自己曾经来过这个世界最美丽的一角。

读完这本书，感触很多。在我看来，这本书并不只是适合教育者阅读，我相信学生、家长以及各界人士都能从这本书里感受到充满利益竞争的社会外的另一个宁静的世界。

秘　密

"杨老师，你等一等……"我刚走出教室，黄书文急急忙忙地向我跑来。她手里捏着一个火柴盒大小的用拼音田字格纸折成的纸片，递给我说："杨老师，这个给你看，你不要给别人看，也不要给朱老师看，这是我的一个小秘密……"

我小心翼翼地接过纸片，疑惑地看了看她，轻声问："现在看，是吗？"

"老师，老师，现在别看，你……你到办公室再看！"黄书文连蹦带跳，挥动着手掌。

"那好。"我随即把纸片捏在手心。

一到办公室，我就打开纸片，上面这样写道：

"杨老师，我想告诉您一个小秘密，不过请您要保 mì，不要跟别人说，也不要和朱老师说。小秘密是，中午梁信燕和叶良奇，还有陈静要把我带到梁信燕家的后面，她们三个人要把我 tuī 到一个黑水 kēng 里。这个办法是梁信燕想出来的，我与她无冤无仇，她为什么要这样害我呢？"

原来是这回事。我首先想到的是，黄书文对谁都没说，或者是没有合适的人可说，而最终却告诉了我，这份信任和依赖让我感动，我马上把她叫到了办公室。

"你坐下，坐朱老师这张椅子。老师已经看了你那张纸，想同你聊聊。"

黄书文看了看朱老师的椅子，微微地嘟了嘟嘴巴，摇摇头，依然站着。我明白，她不好意思坐下，便顺了她的意思。她走近了两步，站在我面前，等着我问话。

"你和梁信燕、叶良奇，还有陈静，不是好朋友吗？怎么，近来和她们闹矛盾了呀？"

"嗯，……"黄书文欲言又止。

"是从什么时候开始？"

"我们在一年级时还好，到了一年级下学期，就有些不好了！"

"为什么呢？"

"不知道……她们对我不好，我那时也没放在心上呢！可现在她们要把我推进水坑里……"黄书文皱起眉头，显得有些焦虑。

"那应该不会的，可能是她们随便说说，玩笑话呢！你一直以来都比较优秀，成绩好，又是班长，其他方面，比如美术、作文、上课表达、班级管理都蛮出色，也许她们有些羡慕你吧……不过，你是怎么知道她们要把你推入水坑的呢？"

"是叶良奇告诉我的。"

"嘿，这是不是可以表明，叶良奇也是在替你着想呀！"

黄书文闪了闪眼神，她被我的话触动了一下。

"你把这个秘密告诉了杨老师，杨老师要谢谢你的信任！杨老师想问你，你写这张纸条，是希望杨老师帮你做些什么呢？"

"……"黄书文沉默着，她想了一会儿，并没有说出什么来。

"是不是需要杨老师找她们谈一谈呢？"

这一下，黄书文点头了。

"先找哪位呢？你觉得……找陈静可以吗？"

"老师……还是找信燕吧，那个主意是她想出来的。"黄书文迟疑了一下说。

"行，你先去做自己的事，杨老师马上找她来聊一下。"

我叫来了梁信燕。她总是笑眯眯的样子，一双大眼睛很热情地看着我等我说话。

我开门见山地问："听书文说，你要同良奇、陈静带她到你家后面，把她推到水坑里，是吗？"

梁信燕愣了，显得有些迷糊，我指指手中的那张纸，解释道："是书文在这张纸上写的，她有些苦恼，担心你们真的这样做。"梁信燕顿时明白过来，笑了起来，兴奋地说："没有呢，我们是随便说说的，是开玩笑哦！”

“是呀，杨老师也这样对书文说。起先杨老师就想，信燕怎么可能这样做呢？要是真的把她推入水坑，万一伤了人，那真是'心狠手辣'呀！”我故意把"心狠手辣"说得重重的，还带着夸张的语气。

“没，没呢！杨老师——”梁信燕有些急了，声音也高了起来，“我们肯定不会这样做的，只是故意说说，肯定不会真去做的。”

“奇怪，你，你们和书文不是朋友吗？怎么讲起来好像'敌人'一样呀？是不是闹了什么矛盾了？”

“因为……因为书文没有知错就改！以前有一次我们一起玩，她碰了徐佳佳，还把佳佳的手臂扭过去。我说她，她也不去道歉，毫不在意！”

“这样呀？可能那也只是在一起玩玩闹闹，难免出现磕磕碰碰的。就算她做错了，我们也应该对她进行善意的劝告，有时还可以原谅她，让她慢慢地去体会，去改正。如果就因为别人有错，我们就打算把她推入水坑，反倒是我们的错更大了，你觉得呢？不过，现在老师明白了，你们不过是开开玩笑，闹闹情绪，书文是过度紧张了，对不？”

梁信燕不好意思地低下头，微微地点了点头，“其实……其实是陈静在说书文不好，她把我们拉到了一块。”

“哦，杨老师感觉陈静压力也挺大的，去年一年级她是副班长，今年没当上，听说是很多同学没选她。朱老师这学期刚来当你们的班主任，搞的是无记名投票选班干部，这让陈静没得当副班长了，她心情肯定难受，我们应该理解她，多多关心安慰她。既然书文仍然被选上当班长，这也说明大家比较欣赏她赞同她，但她肯定也是有缺点的，缺点大家都是有的呀，我们不妨多看她的优点和长处。就像你一样，也有自己的优势，你看，今年你进步了很多，课前领歌也很精彩投入，你不但为班级的管理付出很多精力，而且学习成绩也提高了蛮多。特别是这次'古诗背诵'比赛，你也得奖了，你想，要是有人也在背后商量，也想把你推入另一个水坑，你听到后感觉会怎么样？”

“不好受……”梁信燕沉沉地吐出三个字来。

"是呀，不管怎么样，我们都有心情难过、想法不对的时候，但我们要做个善良的人，做个能欣赏别人、宽容别人缺点的人。"

梁信燕又一次点点头……

这时，黄书文在办公室门口晃了晃身子，好像很想进来听听我和梁信燕说些什么。这正中我的心意，此刻我也本想去把她叫来，让她和梁信燕做个和解。因为从我同梁信燕的交谈中，我已经体会到了这个可能性和可行性。

"书文，你进来吧！"我朝她招招手。

书文快速地跑了过来。

"书文，刚才杨老师同信燕说了你的担心，信燕说是说说玩儿的，你们之间没什么问题，都是彼此的误会。信燕，你说呢？"

"是呀，我是开玩笑的嘛，你别当真！"梁信燕微笑着说，并转身看着黄书文。

我又把她们双方的心思做了分析，也讲了陈静的情况，"杨老师希望你们都去帮助陈静，让她不要灰心，继续努力努力，明年还可以参加竞选。"

俩人都点着头。我趁热打铁："怎么样，互相握个手，可以吗？"

"嗯……"梁信燕主动伸出了手，黄书文也随即伸手，两只小手一下子紧握在了一起，她们嘻嘻地笑了起来，耸动着肩膀，有些羞涩地扭着身子。

梁信燕牵着黄书文的手不放，高兴地说："杨老师，我现在就去帮助书文同陈静和良奇化解矛盾行吗？"

"当然可以，她们之间的误会和矛盾正需要你这个'中间人'去消除呀！真棒，杨老师会为你们的和好如初感到开心！"

梁信燕立刻拉着黄书文的手快步走出了办公室……

至于她们和解得怎么样，我一时并不清楚。直到傍晚，黄书文突然交给我一篇《我想告诉杨老师》，我读到其中的一段文字时，就基本放心了：

"……杨老师，刚读一年级时，我和梁信燕、叶良奇、陈静都交好朋友，她们对我好，我也对她们好。可是到了一年级的下学期，我们几个人就有了矛盾，渐渐地也不怎么好了，有时还会换来换去地吵架呢……这次，经过您的帮助，我们又好起来了，再也不想吵架了。以后，要是又出现什么难过的事，我还会找您说，请您再帮助我们……谢谢您，杨老师！今天我特别开心！"

八九岁孩子的"小秘密"，在某些大人看来也许幼稚得不值一提，但对孩子来说，却往往占据了他们心灵的大部分天地，让他们郁郁寡欢，焦虑不安。教育的"特别"之处，就是让我们做老师的要珍视它，乃至仰视它，用一颗诚挚呵护的心。当然，我不会奢求上文的那一番谈话就能保证黄书文她们不再出现问题，我考虑的是，怎样尽己所能地帮助这些小孩子化解彼此的冲突和隔阂、烦恼和疑惑，哪怕一次又一次，而且我更愿意把每一次都当作教育的新开始，用一生的努力，去做他们成长的"倾听者"。因为我始终觉得，教育的"新天地"正是来自于孩子们各种各样的"小秘密"。

梁信燕的粽子

昨天是六一儿童节。今天晨读前，我刚走到办公室门口，梁信燕兴高采烈地向我跑来，把手一抬，一袋粽子就被提到了我眼前，"杨老师，这袋粽子给你吃，五个。你五个，朱老师也有五个。你拿去！"

"哦，杨老师不吃，你自己吃吧！"

"你一定要拿去，我妈妈说就是送给你吃的！我在家里已经吃过了，昨天吃得太饱了！"梁信燕说起话来笑吟吟的，边说边把那袋粽子直往我手里塞。

我推辞不了，只好接了过来，"那谢谢你啦！"

"不用谢，杨老师，我去教室读书了。"她转身跑开，小燕子般飞进了教室。

　　我轻轻地提着粽子进了办公室。那个袋子是白色透明的，我解开袋子，用手机给五个粽子拍了一张照片，它们就像五个可爱的小孩子静静地挤在一起甜甜地睡觉。

　　这时朱老师来了，刚一坐下，梁信燕就如同有感应似的从门口准时地冒了出来。我想她大概是在教室里时不时地伸着脑袋观察着办公室这边吧。

　　"朱老师，这粽子送给你吃！"梁信燕还在门口，响亮的声音早已飞了过来，蹦跳的身姿随即蹿到了我们的跟前，如同鸟儿落地，轻盈机灵，"你五个，杨老师也五个。杨老师的五个我已经给他了。"说着，梁信燕眨眨眼看了看我，我会心地朝她笑。

　　"哇，粽子呀，谢谢你啊！"朱老师高兴地接过袋子。

　　"不用谢！不用谢！"梁信燕正要离开办公室，朱老师把她拉到身边，轻声问："给老师送粽子，是你的想法，还是你妈妈的想法？"

　　"是我自己！"

　　"哇，真不错！能想到老师——"朱老师又转过头来对我说，"你看，她的情商还蛮高的呢！"

　　"是呀，班级里有好多同学喜欢接近她，欣赏她，也是跟这有些关系吧！"

　　"就是，看她人虽然不怎么高，帮助我管理班级的能力不错，声音响，胆子大。"

　　我低头对梁信燕说："信燕，杨老师看到你总是开开心心的，教室里总能听到你的欢声笑语，而且你的成绩也进步了！杨老师欣赏你！"

　　她有些羞涩地看着地面。

　　"不过……"我突然想逗她一下，故意问："你为什么不多给杨老师一两个粽子？杨老师想要六个或七个，你给朱老师三四个就行了呀，这样还是十个粽子不多不少嘛！"

　　梁信燕盯着我的表情看，一下子就看出了我在开玩笑，她笑了起来，一字一顿，慢慢地说道："还是每个人五个好，你五个，朱老师也五个，平均分，多公平呀！"她边说边朝办公室外快步走去，到了门口，猛然回头笑嘻嘻地喊道，"杨老师，你不乖哦，朱老师你要批评他！我走嘞，拜拜……"

上午放学，我把粽子放进了背包里，想带回家给妈妈吃，端午节还没到，家里还没包粽子呢。骑车经过初中部时，章思语在后面拉着长音喊我了："杨——老——师——"

我停下车，回头，她一下子就蹿到我跟前，像星星一样，眨着大眼睛，微微笑。

"你好呀，思语，对了，你要吃粽子吗？杨老师这里有粽子给你吃！"

"不吃不吃，我不吃耶。"她连忙推辞。

"没关系的，你不要不好意思哦，粽子是梁信燕送的，你拿去吃嘛！"我从包里拿出了一个递给她，"别客气，我们俩谁跟谁呀！快拿去！"

"我……我不吃，杨老师你自己吃吧！"章思语摇着头，抿着嘴，声音有些含糊，好像一旦张开嘴大声说话，我手中的粽子就会自动跑进她的嘴里似的，"杨老师，我……我真的不吃……"她边说边缩着手，扭过肩头，把头侧向一边。这时，十几米开外又跑来鲍小祥，她边跑边喊："杨老师，杨老师，等等我！"

"嘿，小祥呀，你来得正好，这个粽子给你吃！"我把拿粽子的手伸到她眼前。

鲍小祥躲闪着身子，"不吃，我不吃！"

"没关系的，杨老师这里有好几个呢！"

"不吃，我要回去吃饭咯！"

突然，从我们的身后传来七嘴八舌的声音："啊，粽子！老师，给我吃！""她不吃，我要吃！""我也要！我也要！"……

顷刻间挤过来七八个四五年级的男生，还长长短短地向我伸过手来。

我笑了，调侃道："我可不给你们吃，你们又不是我班级的，而且人又这么多，不够分啊，要不……每个人咬几口？"

"哇哦……不要! 不要! "他们哈哈直笑,个个摇头。

"你们慢走,杨老师要骑快了! "我加快了速度,章思语和鲍小祥也跟着我跑起来,我连忙劝道,"你们别跑,饭前饭后都不能跑,等一下就吃午饭了,说不定会肚子痛的! "

她俩仍然跟着跑。鲍小祥还说:"杨老师,你不也在'跑'吗? "

"那是车子在'跑'嘛,我可没跑! 你看,你和思语跑得都有些喘气了,我没有吧? 你们可要听话哦! 不然,会……会得阑尾炎的! "早上第一节刚学第30课《爱迪生救妈妈》,里面说爱迪生的妈妈得了急性阑尾炎,我给学生介绍了什么是阑尾炎,学生听得很认真。现在一提起这个,章思语马上捂着嘴,神情有些紧张的样子,放慢了脚步说:"呀……那我不跑了! "鲍小祥见状也停了下来,跟她一起在后面慢慢地走着。

"杨老师再见——"

"嗯,再见! "

一到家,我就拿出粽子给妈妈吃,还告诉她这五个粽子延伸出来的故事。妈妈边吃边说:"这些小孩子还真有意思! 这粽子挺好吃的,送粽子的这个小姑娘,蛮懂事呀! "

"是啊,我本来不拿这份礼物的,后来想,这粽子是学生家自己包的,不是特意花钱去买的,就拿过来了。毕竟是孩子的一点心意,我领了! "

"就是就是……你看,里面的馅儿是鸡蛋的,外面还有豆呢,真好吃! "妈妈又拆开一个粽子,用刀对切,拿了半个递给我,"你也吃一吃吧,胃不好少吃点,就半个……"

"好,我也正想尝一下味道……嗯,的确好吃! "

粽子无言,香甜溢口;孩子有心,快乐传递!

一个"霸道"的孩子

自习课,学生看课外书。我站在讲台桌前批改课堂作业本,无意间发现林小果僵立在第二组第一排陈山景的身后。

"小果，你有事吗？怎么不去拿本书回自己座位看呀？"

林小果紧皱眉头，翘起嘴巴，一副很委屈的样子，指着陈山景手中的那本书，用埋怨的语气带着哭腔说："我……我要看他这本书，他不给我！"他那站立的架势，就像一棵小树正牢牢地栽在陈山景的身后，如果陈山景不把书让给他，他就不离开了。真是一个以自我为中心的孩子呀！林小果一直受爷爷奶奶的宠爱，此刻的言行不过是他在家姿态的一种再现。从小受宠形成的习气和心理定势，让林小果以为在学校同样可以用这种"我想要就得给我，不然我就要哭闹"的行为来实现自己的欲求。虽然他并没有又哭又闹，但在神情上已逐渐显露出不拿到书决不罢休的模样来了。

"小果，这本书是山景先借到的呀，等他看完了你再借过来看。你要是担心被别人借去，可以同山景约好，让他看完了或不想看时马上借给你，"说到这儿，我俯身又对陈山景说，"山景，这样可以吗？"陈山景正看得投入，神情专注，两只手掌紧紧地握住书。他被书里的内容深深地吸引着连头也舍不得抬起来，只是用力地眨了一下眼睛，用余光瞥了我一眼，快速地点了点头。

林小果听了我的话，并没有离开的意思，反倒有些急躁了，一只手直直地伸过来按在陈山景的桌面上，另一只手指了指那本书上的图，焦急地说："他老是在这几页看，总不翻过去，看得很慢……"我明白他的意思，他责怪陈山景故意在老地方磨蹭，他已经等不及了。言外之意似乎在说，杨老师，你要是可以，就像我在家里的爷爷奶奶那样让着我，直接从陈山景那儿把书拿给我看就好了啊。

我想了想，说："那这样吧，你们一起看！山景，你挪动一下，把凳子让出一半给小果坐，你们就坐在一起看，或者小果去把自己的凳子搬过来也行。"陈山景马上朝里挪了挪，林小果却还是像一棵树似的扎根在原地。他越发哭丧着脸，双颊因激动而潮红，眉头皱得更紧，嘴巴翘得更高了。我考虑了一下，便放下手中的活儿，走到他们的身边，静静地站了十几秒钟，局面就这样僵持着……我突然伸手把陈山景手中的书抽了过来，递给林小果，山景惊讶地愣在那儿。我猛然间的这个动作也让林小果感到意外，他似乎还没回过神来……

"怎么样？现在杨老师不经山景的同意，强行把书抢过来给小果看，小果，你的心愿实现了，可是，你想过吗，这时候的山景会怎么样呢？他心里会舒服吗？小果，你看看山景刚才那惊讶的表情，他心里会想些什么呢？如果换成你，小果，你正津津有味地看着这本书，而山景硬要先拿去看，杨老师也从你手中夺过来拿给了他，小果，你会高兴吗？你不觉得老师偏心不公正吗？你不觉得山景很霸道吗？"

经我这么一说，林小果从我刚才演示的情境中有些体会到了自己的"不讲理"，脸上隐隐约约地泛出惭愧的神色，他似乎也感觉到了此刻就算把书拿过来看，也并不快乐，反倒丢失了什么似的。他下意识地抽回按在桌上的那只手，另一只手也缩了回去，双手拘谨地捏在一起，低下头，原本直挺着的身子也有些松软下来……

我清楚，在家受宠的孩子一个最明显的特征就是很自我，他们以为周围的人和事都是要围绕着他转，以他的情绪变化为中心。一旦不遂心意，就会脾气爆发，哭闹不已，直到爷爷奶奶等周边的人满足他的要求才会停止。他们在这样的家庭氛围里日复一日地被负面强化，逐渐形成了条件反射，常常想怎么样就怎么样，久而久之极易造成根深蒂固的错觉，认为外面的现实生活就是和自己家里的一个样儿。到了学龄阶段，环境一变，从此进入了有别于家庭的群体生活，等待他们的却将是连续不断的身心冲突和挫折，他们将为错误的家庭教育付出难以预测的代价，严重的，有些人还可能被孩童时期"受宠"的后遗症羁绊一生。林小果去年刚在朱老师和我接班时，就很突出地显露了上述特点。那段时间听朱老师讲，他值日扫地老是"逃"回去，作业也不做，在家里爷爷奶奶护着，不做就不做，后来连期中考试时一个题目也不动，坐在座位上只管自己优哉游哉地玩，等到考试结束了，他竟然也没交卷，把数学考卷往抽屉里一塞就自己走了。惹得朱老师那次怒火中烧，把他妈妈叫来，当场大发雷霆了一场，他才好了一点点……经过朱老师和我一个学期的努力，林小果渐渐地有了一些变化。现在，他没有直接对陈山景做出"抢书"或"哭闹"的行为来，多少还能够控制住自己，还能够先向我说出心里真实的想法，已经是很不错的改变了。眼前的林小果在内心里大概已经有些"冲突"和"反思"了吧，只是一贯的不良习气是不大可能在顷刻间改掉的，他需要一定的时间去慢慢地淡化过去的心理定势。

我不再讲什么了，打算以静制动，按事态的自然发展去随机处理，也是为了让事情本身的走向去磨炼林小果。我目光平静地看了会儿林小果，便回到讲台前继续批改作业本。我下意识地控制自己在短时间里不再去看林小果，为的是让他能感觉到我并没有在意他此时此刻的表现，更没有把他刚才过激的言行看得很严重。或者说，我要让他觉得这一切都没什么，很正常。

过了十几分钟，我有些"忘记"了林小果是不是还站在原地，不知不觉一抬头，发现他不知何时已悄无声息地回到了自己的座位。他郁郁寡欢地坐着，低着头，双手支撑着下巴靠在桌上，眼帘低垂，双唇紧抿，静静地，就那样在沉思着……我在心里倒有些为他高兴，小果，你这次最终战胜了自己，虽然这样的"后退"或多或少会让你心情难过，甚至让你经受内心的煎熬与疼痛，但是，它更让你从"以自我为中心"的温床里跳了下来，在心灵的成长中"前进"了一大步。我相信，你一定会有所悟有所得的，这只是时间问题。我有耐心等待，因为我甘愿付出我的时间，为学生，也为自己——因为每个学生身心的健康成长，才是最为重要的，才是我做老师的最大心愿和收获！

课后，我继续暗中关注着林小果。看似平静的表情下，我的心思在揣摩和预设着林小果可能出现的某些反应，我时不时偷偷地观察着他，或近或远……

午读时，我一进教室就朝林小果的座位看，他正聚精会神地在看那本书，脸上笼罩着欣喜。我悄悄地走到他身边，轻声问："好看吗？"

"好看，很好看！"林小果抬起头，满脸的神采飞扬，"杨老师；陈山景上午一看完就把书借给我了，我谢谢他呢！"

我摸了摸他头，笑着直点头，他挺了挺背，摆正了一下坐姿，又津津有味地看起书来……

一条陌生人的短信

"昨晚，老师收到一条陌生人发来的短信，是一段话，挺有意思的，现在介绍给大家。"我拿出手机，翻出了那条短信，把第一句"幸福是什么？"写在了黑板上。

"你们先说说，幸福是什么？你觉得什么才是幸福？"我有意要让这群才读二年级的小孩儿聊一聊大人的话题。

李子青说："幸福就是幸运。"

苏证建说："幸福就是快乐。快乐了就幸福了。"

周妍说："我感觉幸福就是和家里人在一起做喜欢的事，哪怕很辛苦很艰难。"

黄舒文说："幸福就是被老师表扬。"

陈益说："杨老师布置的作业很少，我觉得幸福。"

蔡圣洁说："我的幸福就是可以看电视。"

章舜说："上网最幸福。"

"好啊，讲的都是心里话，有自己的感触，老师喜欢！那这条短信又是怎么写幸福的呢？请听老师念，边听边想想，为什么短信里写的那样子才是幸福？有想法要告诉大家的随时举手示意。"

我停了停，并没有马上念出来，而是环视了一下教室……学生个个凝神侧耳，既期待又好奇。有几个学生等不住了，直喊："老师，你快念啊！快念啊！"

"第一句，长颈鹿说：幸福就是仕冬天拥有一条温暖的围巾。"

话音刚落，林小果马上说："因为长颈鹿冬天脖子很冷，所以他要一条温暖的围巾才好过冬。"

陈南补充道："因为长颈鹿的脖子特别长，一般的围巾都太小。他很想很想拥有一条又长又大的围巾能包住长脖子，这样才幸福，不然冬天里他的长脖子就会经常受冻。"

"冻得直缩脖子，像我一样……"金姗姗一边说，一边做着动作，"超市里的围巾都是给人围的，没有那么长那么大，长颈鹿的围巾要另外织一条。"

蔡合合说："我的围巾是妈妈织的，要是长颈鹿喜欢，我叫妈妈也织一条给他。"

张珊说："听了长颈鹿的这句话，我觉得他是在说自己已经有围巾了，脖子很温暖，很幸福呢！"

"你们几位站在各自的角度，都说得合情合理！"我赞赏地点头，"请听第二句，熊猫说：幸福就是拍上一张彩色照片。"

易思青说："因为熊猫身上只有黑色和白色，他的照片一直拍不出彩色的，所以他很想拍张彩色照片，感觉这样才是幸福的。"

林思说："可以用电脑把他的照片彩起来。我爸爸说只要懂电脑就可以把照片的颜色改来改去呢！"

张珊说："也可以用一种特别的彩色笔把黑白照片画成彩色的……哦，对了，还可以把他的身体先画上喜欢的颜色再拍照呀！"

叶仲和说："我想给熊猫穿上好看的衣裤和鞋子，再戴上帽子和眼镜，就可以拍出彩色照片了！而且穿的和戴的还可以换成各种各样的，拍起照来很方便呢！"

我不禁被学生的话逗乐了："嘿，你们的建议值得推荐，熊猫说不定会采用呢！再来听第三句，螃蟹说：幸福就是和鸭子一起玩石头剪刀布。"

"我知道！我知道！"陈瑾情不自禁地喊着，"因为这样子螃蟹就只会赢不会输了，他的'手'总是剪刀，而鸭子的'脚'总是布！要是我和同学玩这个游戏，也能像螃蟹那样每一次都赢，那多好哇！"

"哈哈，陈瑾说得是呀，老师突然也有了一个想法——以后想体验像螃蟹那样的幸福，就专门找螃蟹和鸭子玩'石头剪刀布'！和鸭子，我们就用——"

"剪刀！剪刀！……"

"和螃蟹，我们就用——"

"石头！石头！……"

大家哄堂大笑，随着喊声纷纷变换着指头和拳头……

"下面请听第四句，癞蛤蟆说：幸福就是拥有一身光洁的皮肤，然后娶美丽的天鹅妹妹为妻。"

徐佳佳说："因为癞蛤蟆的皮肤又粗又黑，很难看，天鹅妹妹不喜欢他。他感觉自己不幸福。"

张珊说："可是，癞蛤蟆的皮肤天生就是这样子的嘛，而且很有用，要是光洁了，就变成青蛙了。"

章舜说："他想这样的幸福，会越想越不幸福了！"

赵天相说："我知道青蛙王子，他却是人变的，后来娶了公主。"

陈思思说："癞蛤蟆都是呆在地上暗暗的地方，天鹅常常在美丽的天空飞，他俩不好在一起。癞蛤蟆应该不要娶天鹅妹妹，应该娶癞蛤蟆妹妹才行！"

我说："是哦，很久以前就有一些人赞成思思的意见呢，他们是这样说的：癞蛤蟆想……"

叶良奇等几个学生大概在课外阅读中接触过，马上接了下去："想吃天鹅肉！"

"嘻嘻……"教室里笑声此起彼伏。

"杨老师，癞蛤蟆不是喜欢天鹅妹妹吗？"张欣疑惑地问，"他怎么又想吃了她啊？"

面对八九岁的小孩，还真不好解释这个俗语的引申意思和比喻的作用，我正想造个句子让张欣在语境里去体会，这时，叶良奇刚好帮了我的忙，她说："这里的'吃'，变成'喜欢'、'得到'的意思了，我在一本书上读到过，说有一个穷苦的孩子，一直想得到一本自己喜欢的书，有人嘲笑他，说他根本没钱买，是'癞蛤蟆想吃天鹅肉'！"

张欣听后，侧着头想了想，似乎有些明白，点了点头说："噢，我知道了！我也可以用它造句：兔子和乌龟赛跑，乌鸦嘲笑说，乌龟想赢那是'癞蛤蟆想吃天鹅肉'！"

"对，就是这么个意思！"我朝叶良奇和张欣竖起了大拇指，"有时候，说一个人老是想去做根本不可能实现的事，就可以说——"

大家异口同声："癞蛤蟆想吃天鹅肉！"

"还可以给它接上一个成语：异——想——"我有意慢慢地念出字来，等着有人再次接下去。周妍等学生顿时心领神会，兴奋地拖着长音喊了出来："异——想——天——开！"

"还有不同的吗？"

有的说："自不量力！"

有的说"想入非非！"

有的说："白日做梦！"

还有的说："痴心妄想！"

"老师这里还有一句跟'癞蛤蟆想吃天鹅肉'有些相似的话，你们听了肯定会笑的！"我故意卖着关子，一本正经地提醒道，"不想笑的，或者想证明老师的这句话不好笑的，那就快快做好准备，把嘴巴紧紧闭上，要是怕闭不牢的话，现在就可以用手掌捂住，没力气的同学趁早把两只手掌都用上，或者干脆拿胶布把嘴巴好好地贴一贴。不过，千万要注意，可不能用针缝哦！"

"嘻嘻……哈哈……"有些学生忍俊不禁，提早被我说得笑出声来。

"这句话是这样说的——癞蛤蟆呀癞蛤蟆，你也不撒泡尿照照自己是啥模样！"

顿时，全班学生都哈哈大笑。我一边重复着这句话，一边配合着神情做着动作，有些学生直笑得前仰后合。

"注意了，下面念第五句……先看这两个字！"我在黑板上写了"鸳鸯"这个词。虽然这个词平时比较少见，但也有学生念出了它的读音，而且还有了解它的：

"他们是一种鸟。"

"他们的羽毛五颜六色，很漂亮！"

"好像是夫妻，公鸡母鸡一样，比公鸡母鸡好看很多，我在阿姨家里看过一张'鸳鸯戏水'的画挂在墙壁上。"

"杨老师，你快把他们的幸福读出来！"

"行，请听——鸳说：幸福就是和鸯一起慢慢变老！"我怕学生听不明白，又慢慢地重复了一遍，还对"鸳"和"鸯"两个字分别加了重音，然后问，"知道这句讲什么吗？"

易思青说："讲他们两个人关系很好，很有感情！"

陈思思努力区分着"鸳鸯"两个字前后鼻的发音说："这句话是说——鸳——很喜欢跟——鸯——在一起。鸯——老了——鸳——也不离开。"

"鸯——也很喜欢跟——鸳——在一起，鸳——老了——鸯——也不离开。"易欣欣一字一顿地学着陈思的话，绕口令一般，大家被他们俩说相声似的神情吸引着。

"你们三个人说得是啊，他们是一对很有感情的夫妻，像有些同学的爸爸妈妈一样，朝夕相伴，白头偕老！"

大家又笑了，一个个红红的小脸蛋似乎正开出一朵朵灿烂的小花来……

"我们再来听最后一句，是发短信的这个陌生人说的：幸福就是你收到我的短信会心地一笑！"

叶良奇说："这个陌生人的意思是，你开心我就开心！"

陈南说："他把杨老师当好朋友了。只要杨老师读了他的短信笑了，他就幸福了！"

王姗说："可是杨老师却不认识他呀，我感觉一定是这个陌生人发错了手机号。"

李子青说："虽然不认识他，但是杨老师肯定很幸福，还高兴地把短信读给我们听，让我们也幸福。杨老师，我说得对不对？"

"是的，子青说得对，杨老师昨晚打开手机一读到上面的这五句话，不但会心地笑，而且还很开心地笑！这条短信写得通俗易懂，既幽默，又有想象力，读起来听朗朗上口，富有诗意！刚才我们之间的交流也表明，对你们这么大的小孩子来说，多少也能理解和体会。这就是语言文字的趣味和魅力！杨老师当时就想，我一定要在明天读给大家听，让你们也分享这份偶然闯入的快乐。杨老师还觉得，要是把这条短信也印在我们的语文书里，它也能成为一篇不错的课文嘛，我们同样也能学得津津有味呀！先不说能否学到什么，只要读后让我们有快乐的心情，能笑出声来，就是收获。现在，大家明白了吧，语文是无处不在的，只要有颗留意的心，随时随处都能感受到它的滋味哦！"

学生似懂非懂地听着，目光亮亮的，有些还不知不觉地点着小脑袋。

"谁还有什么想说的吗？"我问。

张欣说："杨老师，你也把这条有趣的短信发给你的朋友，让他们也会心地一笑！"

"好主意！这样的话，我就可以收获很多次的幸福了。谢谢张欣的建议！"

赵天相问："杨老师，你的幸福是什么呢？"

"很多呀，一段时间有一段时间的幸福，有些幸福一直不变，有些呢会随着年龄的增长而变换。我此时此刻的幸福，当然就是……看到你们一个个听得津津有味、心满意足的模样呀！——你们开心，就是我今生一个不变的幸福！那你们呢？除了开始那几位同学说的'幸福'，还有别的吗？"

"有，我现在的幸福，就是刚才听到杨老师念的这条有趣的短信！"

"我的幸福就是盼望着杨老师能把我写进教育日记里！"

"只要杨老师经常在课前给我们念你写我们的日记，我就感觉很幸福！"

"每一次杨老师给我们读课外的东西时，我就很高兴，这就是我的幸福!"

......

这个小男生真有意思

当你感觉到孩子很有意思时,孩子迟早会喜欢上你的。

——题记

起

"杨老师,你班有个小男生,他呀,很有意思!"陈娟老师一回到办公室,就饶有兴致地对我说。

"这节思品课,课文上好了,我让学生看课外书。这个小男生,就是那个门牙都掉了的、脸上肉嘟嘟的那个小男生,坐在第二组的,他跑上讲台,走到我的身边问:'老师,老师,我们学校中学那边的大门口那个大牌子上,写的'中考倒计时'是什么意思呀?'看他好奇迷惑的表情,真是可爱极了!"

我听了也不觉笑了,只是陈老师没有说出具体的座位,一时不确定到底是哪个学生。我猜测着,可能是何彬彬,也可能是蔡圣洁,或者是陈秦怡,她也在换牙,还有章思语,也是刚掉了门牙。不过,后两位是小姑娘,自然不是她俩了。

我正想着,陈老师接着说:"我看这个小男生满脸着急,就告诉他:'中考是读完初三去考高中的意思。倒计时,是离考高中那天还剩多少天的意思。这个牌子是每天提醒初三的大哥哥大姐姐要抓紧学习复习,到时考个好成绩呀!'他听后,恍然大悟地咧嘴笑了起来,手舞足蹈地跑回座位,边跑边喊:'我终于知道了!我终于知道了!中考倒计时原来是这个意思!'"

陈老师喜滋滋地模仿小男生的语气和动作,末了还一直笑着说:"这个孩子呀，真的很单纯哦！"

"是啊，也可能他每天从中学部大门进来时被那几个字困惑着，现在这个谜团终于被你解开了，那种快乐的感受让他兴奋呢！小孩子就是小孩子，开心就这么的自然、容易！陈老师，你也很有童心啊，看你高兴的样子，我也被你感染了！"

陈老师满脸泛着光彩，可以看得出来，这个小男生的言行举止在她的眼里是这么的可爱，让即将五十岁的她似乎也年轻了很多。陈老师又反复地说着："哎呀，这个小男生真有趣哦，小孩子真的很纯真呐！"

我们正聊着，这时，我班的林福童喊着"报告"走进办公室，来到我的身边："杨老师，我捡到了一块钱。"

"哦，在哪里捡到的呀？"我摸了摸他的头。

"在教室里。"

"杨老师帮你写张纸条，把这事告诉朱老师，放在她的抽屉里，朱老师今天请假了，明天回来一看就知道了，她会欣赏你的！"

我拿出一张白纸，在纸上写了一句话："朱老师：星期五下午，林福童捡到一块钱。杨老师 5 月 20 日"

我把那一块钱平展在白纸里，对折，放进朱老师的抽屉，林福童在一旁津津有味地看着，然后放心地跑回教室。

陈老师的眼神一亮，指指林福童的背影，轻声说："嘿，就是这个小男生，就是他！"

"原来是他呀，我刚才一时没想到，他是蛮有趣的，平时也会向我问这问那！我班这样的学生还有好几个，跟我还挺亲近，我也喜欢同他们接触，说说话聊聊天，挺有意思！"

第二节上课了，林福童突然举手说："杨老师，那一块钱是何彬彬掉的！"他又指了指第一组最后排的何彬彬，何彬彬也站起身来，显得有些不好意思，点着头说："杨老师，是……是我掉的……"

"那以后可要放好钱哦，你要谢谢林福童！"我想了想，说，"钱放在朱老师的办公桌里，你稍等，明天朱老师来了就会把钱还给你的。"

下课后，我马上在那张纸上补充了一句话："后来听林福童讲，钱是何彬彬掉的，请你处理。"

或许大家觉得奇怪，为何我自己不处理这件事，不直接把钱还给何彬彬，而是绕着弯等着班主任呢？我当时的考虑是，想以此设置一些情境，期待能"生发"出不同的教育情趣来。

承

两天后的星期一下午第二节，让学生阅读课外书之前，我给学生念了上面那篇日记，开始大家还不知道"小男生"写的是谁，等到"小男生"上台问陈娟老师问题时，第三组就有好几个学生兴奋地报出了"小男生"的名字来，尤其是陈和钦，更是一副了如指掌的神情，用力地挥动着食指，转过脑袋对身后的同学激动地说："我知道，我知道，杨老师写的就是林福童，就是林福童！"

当日记的后半部分出现了"何彬彬"时，何彬彬立刻挺直了背，咧着嘴巴，眯着双眼，全神贯注地听着。等我念好之后，我就看见林福童有些腼腆地趴在了桌面上。

"听了这篇日记有什么想法，可以告诉大家，杨老师也很想听听！"

黄书文说："同学们，杨老师还没读日记以前，我对那个'中考倒计时'也不懂是什么意思呢，现在明白了！"

张茜说："听了杨老师的日记，我知道了原来陈老师觉得林福童这么有意思，我觉得陈老师也很有意思！"

我说："书文说得是呀，大概也有一些同学对'中考倒计时'同样不明白呢，福童主动问了陈老师，把心里的疑问解开了，陈老师也很欣赏他，因为福童给陈老师带来了快乐，陈老师又把这个快乐传递了杨老师，杨老师记录了下来又传递给大家，有意思吧？像张茜说的，在陈老师的眼里，福童竟然是那么的有意思，杨老师和张茜想的一样，感觉陈老师也很有意思。现在，杨老师要为福童鼓掌，因为他让杨老师写出了这篇日记！你们也要跟着我一起鼓掌吗？"

"要！要！"大家争先恐后地鼓起掌来。

"还有什么想说的吗？继续哦！"

周妍好奇地问："杨老师，你这篇日记有取题目吗？题目是什么？"

"问得好！"读日记时，我直接读了正文，没把题目读出来，"有题目的，你们也想想，猜猜看？"

徐佳佳说："我觉得是：林福童的疑问。"

陈南说："是不是'有意思的林福童'？"

陈和钦说："林福童向陈老师问问题。"

"杨老师的题目是这样取的：'这个小男生真有意思'，刚才这三位同学取得也不错，可以参考。"我又解释说，"杨老师没有在题目上写明这个小男生的名字，这样可以吸引读者去猜测，使他们产生好奇心。"

"是耶，杨老师你刚开始读日记的时候，我就在猜你写的是谁呢？"黄书文很有感触地说，"我在心里猜来猜去，很好奇，这个小男生到底是哪位同学呢？"

"那也可以取'一个有意思的小男生'。"易思青说。

"行啊，你把题目倒过来说，同样合适！"我赞赏道。

"杨老师，我用'有趣'来换'有意思'可以吗？"陈秦怡说，"就叫'有趣的小男生'！"

"有趣的小男生，"我重复了一下，问大家："你们觉得呢？"

古启涛肯定地说："我感觉可以，'有趣'和'有意思'，在题目里意思差不多！"

"那……那同样可以倒过来：这个小男生真有趣。"何彬彬想了想，又问，"这个小男生真可爱，也通吗？

我微笑地点点头……

正要结束这个话题时，我突然想起何彬彬掉的那一块钱，便问他："彬彬，你拿到那一块钱了吗？"

"拿到了，杨老师，我已经拿到了！"

"谁拿给你了？"我明知故问。

"是朱老师呀！"

"嘿，杨老师没有亲口告诉朱老师呀，"我故作疑惑，"奇怪，她怎么知道呢？"

何彬彬好像抓住把柄一般，急急地说："杨老师，你不是写纸条放在朱老师抽屉里给她看吗？"

"有，有，杨老师你怎么忘记了呀，是你写纸条告诉朱老师的，当时我就在你的身旁看着呢！"林福童情不自禁地站起来"做证"。

黄书文也接过话茬："杨老师，你起先读日记时，我们都听到啦！谁捡的，谁掉的，你写得清清楚楚嘛！"

"哦，对！杨老师想起来了……"我立刻做出恍然大悟的姿态来，大家一看都笑了。

"哈哈，其实呀，杨老师是故意装迷糊，想考考你们有没有听清楚。看来，你们听得挺仔细的，让杨老师没法迷糊了！那天，虽然杨老师在那张纸条上就写了两句话，一直到现在都还没面对面同朱老师交谈过那件事，但是，朱老师一看纸条就很方便地了解了情况，把一块钱还给了彬彬，你们看，文字是不是很神奇呀？还有这日记，想写谁就写谁，像拍电视剧一样，随时都可以把难忘的事记下来，就再也不容易消失掉。你们要是有兴趣也可以记记日记，"我一边说，一边扬了扬手中的那本《教育随记》，"你们看，杨老师差不多已经记了一本了，都是你们的故事呢！"

有些学生脸上露出跃跃欲试的表情……

转

"接下来，大家看课外书！"

我的话音刚落，何彬彬迫不及待地跑上来，手上捏着一本本子，问我："杨老师，我现在不看书，写日记可以吗？"

"行呀！"

"好哦！"何彬彬手舞足蹈地跑回座位，趴在桌上，津津有味地动起笔来。我心里不觉暗暗地乐了，还以为他要问我什么问题呢，原来只是向我打个招呼。过了一会儿，他又跑到我跟前问："杨老师，jǐngchá 两个字怎么写？"

我本想让他查字典的，考虑到这样的话可能又要花去他一些时间，担心影响了他的"写作"思路，便在黑板上写了那两个字，他一板一眼地抄过去，又快速回到座位继续写。

半节课过去了，他再次跑到我身边，举着本子如同举着一面旗子，兴奋地说："杨老师，我写好了，你看看！"

我连忙接过本子，一看，很短，就一小段，或者更应该说是一两句话而已，四十几个字，字迹潦草。即便是这样，我也很欢喜，为他的这份兴趣和热情，哪怕只是一时的心血来潮。据我了解，何彬彬的老家在四川省，他和姐姐跟随打工的父母四处漂泊。这学期刚从别的地方转学过来，成绩很差，也就考二三十分，父母忙着打工养家糊口，根本没时间和精力关注他，可想而知，之前的他对学习是没什么好感的。

我仔细看了一遍那段话，说："杨老师很想看懂你的日记，就是……就是看不清楚有些字呀。"接着，我又低头看了一遍，问道："要不，你读给杨老师听行不？这样杨老师就明白了！"

"我……我心里急着想早点写好给你看，字就……就写成这样了……"何彬彬不好意思地挠挠头，憨笑着，然后读了起来："我在路上捡到一张 100 元，拿给妈妈，妈妈说交给警察，我就坐爸爸的三轮车飞快地去警察那里给了警察。"

"不错哦，就这么一句话，你就把自己做的一件好事清楚地记了下来！这事……是真的吗？"

"是真的，你也可以去问我妈妈。"

我又问了几个问题，何彬彬一一做了回答，我让他把回答的内容补充在日记里。

"杨老师，我的日记变得长了耶！"何彬彬巴眨着眼睛。

"是呀，杨老师喜欢这篇日记，想把它读给大家听，就是怕看不清楚你的有些字，到时念不出来，结结巴巴的……"

"噢，那我把修改后的日记重新抄一遍，把字写端正些，你就看得清楚了，我现在就去抄！"他兴奋地跑回座位。

"你慢慢抄，不着急！"我走到他身边，俯身摸了摸他的脑袋。

合

第二天一早，何彬彬把抄好的日记拿给我，这次，每个字我都看得清清楚楚。晨诵时，我读给大家听：

"那天，我在马路上捡到 100 元钱拿给妈妈，妈妈说钱不是我们的，拿过来不安心，我们不要花它。我说半路上捡来的，找不到丢钱的人，也不知道是谁丢的，怎么还呀。爸爸说，那拿给警察吧！妈妈说，这里哪有警察啊，要到县城灵溪的街上才有。爸爸说，那我们送到那里。我就坐着爸爸的三轮车去灵溪的街上找到了警察。我把钱拿给警察，警察叔叔说我是个懂事的孩子，我听了很高兴！"

大家听了为何彬彬鼓掌，他双眼笑成一条细缝，双颊泛红嘴角上翘，模样很可爱，彩陶一般……

陈益问："彬彬，后来警察叔叔有找到丢钱的人吗？"

"我也不知道，爸爸把钱交给警察叔叔时，警察叔叔也说很难找到丢钱的人，只能把钱用作捐款。爸爸说没关系。回到家妈妈听后也说只要把钱交出去了，心里就舒服了。"

易思青说："你的爸爸妈妈真好！"

"爸爸妈妈说，花自己挣来的钱才好。"何彬彬一脸的认真。

"杨老师，我也要为彬彬鼓掌！"林福童把头转了一圈，也学我昨天的样子问大家，"同学们，你们要跟我一起鼓掌吗？"

顿时，教室里又是一阵掌声……

"杨老师，你会不会把彬彬的事也记到你的日记里呀？"林福童问我，紧接着似乎又在自言自语，"我觉得杨老师会把他的事记到日记里的。"

"会的！你都猜出杨老师的心思了！对了，福童，昨天杨老师读了写你的那篇日记，你有什么想法吗？"

"嗯……"林福童侧着脑袋想了想，笑了，脸蛋像红苹果一样，"很开心！……我还记得那天我问陈老师'倒计时'的时候，看见她笑起来很好看！还有……杨老师你读了日记，后来又和大家一起为我鼓掌，我特别的开心！"

"就像我现在一样，我……我也很开心！"何彬彬说。

是啊，开心的不仅仅是他俩，我同样也是，或许还包括其他人。开心是可以传递可以演绎的，与人分享才能一生二、二生三……如同这篇文章的"从无到有"，正是缘于陈娟老师的那句"这个小男生真有意思"。虽然本文题目中的"这个小男生"，写的只是林福童，但是，何尝不是何彬彬呢？更可以说，我有缘接触和相处的每一个学生、每一个孩子，在我的眼里，原本都有各自不同的"很有意思"，以他们在这个世界上独一无二的一个个存在而多姿多彩地呈现出来，这一切和成绩的"好差"无关，更无涉某些大人所谓的"乖"与"不乖"！

我想，面对孩子，没意思的倒往往是我们大人的某些"心态"和"目光"！

一张"很重"的纸

二年级，某节课外阅读课。

我在教室里慢慢地踱着步子，随时为学生答疑解惑。走到中间林福童的椅子边时，看见地上有一张被踩得起皱的废纸。

我想了想，一边蹲下身来，一边大声地说："啊，这里有一张废纸，福童，你帮杨老师把它'抬'到教室后面的垃圾桶里吧！"我有意在"抬"字上加了重音。

林福童刚开始以为是他桌子的脚压住了那张纸，连忙站起身来，双手紧握住桌子两边的角用力抬了起来，挺着肚子伸头朝地上看了看，发现桌子的脚并没有压着那张纸，又把桌子放下，抓抓头，疑惑地看着我问："杨老师，没废纸呀……"

"在你椅子边呢，"我双手捏住那张纸一边的两个角，皱起眉头很吃力地说，"哎呀，太重了！快，帮杨老师抬起它！我一个人拿不起来呀！"

林福童一愣，眼神似乎在说话：杨老师，这张纸怎么会这么重呀？

此刻，好多学生都忍不住伸头伸脑地朝这边看，被我夸张的表情和动作惹得直笑……紧接着，林福童乐滋滋地咧着嘴，走出座位也蹲下身子，像我一样小心翼翼地捏住那张纸另一边的两个角，但他却没急着擅自用力，而是很配合地问："杨老师，我准备好了，现在可以抬了吗？"

"好哇，我们一起来，慢一点哦，要注意安全，可别砸了脚……预备……抬——起——来！"我慢慢地站起身来，故意又弯着腰，林福童把我的动作也学得有模有样的。我一边朝垃圾桶那边缓缓地移动着脚步，一边喘着气说："真重啊！虽然很重，但是，这张纸还是被杨老师和福童给抬起来了！不然……不然的话，它可能会一直就躺在这里，被大家踩得更皱更扁了……"

大家又是一阵子的欢笑……

"你们明白杨老师的意思吗？"我问。

"杨老师，你是故意这样说的，一张纸哪有那么重哦，你是说我们没人去捡起它，丢到垃圾桶里，对不对？"坐在前排的梁信燕站了起来，转身向着大家，又看着我说，"杨老师，你是在用有趣的办法提醒我们。"

我点点头，"有这个意思，哈哈，被你看出来了啊！"

"杨老师说的话很夸张，动作特别有意思，就像动画片里的人一样。我也知道杨老师是在表演给大家看，让我们看见废纸，看见地上有东西要及时捡起来！"林福童的同桌易思青说，"杨老师，我明白你的意思。起先我是没看见这张废纸，要是看见了，一定会像你一样捡起来的！"

"好啊，有我这样的老师，自然有你这样的学生嘛！"我朝她眨眨眼睛，又看看大家，补充道，"其他人可不要有意见哦，是不是在心里说：

'哼，杨老师你这样说是在批评不捡废纸的同学不是你的学生！'杨老师可没这个意思呀！杨老师是觉得你们在看课外书，挺认真的，所以没注意到这张纸嘛！"

林福童"抬"完了纸，开心地回到了座位，我摸摸他的头，说："谢谢你同杨老师的这次合作！以后大家也要多合作，可以吗？"

"可以，可以！"大家异口同声地回答。

同办公室的易老师看了此文，笑道："就这么一张废纸，我能想到的是，要么自己直接捡起来丢到垃圾桶里；要么有意把捡纸的过程'演示'给学生们看；要么叫个学生捡，然后教育大家不要随便丢纸屑，注意保持教室的整洁，还真没考虑到可以像你这样去处理。你的做法出人意料，很有意思，让孩子难忘。你这是童心未泯呀！"

是啊，童心未泯，是小学老师通行于孩童世界的特殊语言，是一把开启孩子内心的钥匙，既能愉悦自己，又能快乐学生。

他为何哭个不停

一

到小学部时，遇见正要去中学的谢老师，他停下脚步说："你班班主任朱老师请假了，交代我今天午读替她跟一次班。有个学生不知怎么了，一直站在综合楼前的桥上哭，就是不上楼进教室。午读都下课了，他还站在老地方一动不动的，你看……"他指了指桥边，远远看去，有个小男孩僵立在栏杆边。

我加快脚步走到他身边，一下子围上来五六个学生。

"杨老师，杨老师，山景哭了。"

"午读铃声响了，他都不进教室！"

"起先好几个老师过来叫他，拉他，他都不上去呢！"

我说："好，杨老师知道了，你们玩去吧！"

陈山景把身子紧紧地贴着桥栏杆，双臂抱着栏杆旁的石柱子，好像和石柱子粘成一体了。泪水直挂在脸颊上，嘴巴张开，在低声地抽噎。初春的风，依然裹挟着丝丝寒意，把他的脸蛋吹得红彤彤的。我朝他身上仔细地察看，并没发现异常的地方。

"山景，你怎么了？"我俯身轻声问，"谁和你吵架了，是吗？"

他侧过脸，只管自己抽抽搭搭地哭，经我这么一问，一吸一顿的节奏似乎加快了，而且还急促地喘起气来，不时地咳着，模样看上去非常伤心。

"是不是哪位同学欺负你了呀？你先跟杨老师去办公室，再慢慢地告诉杨老师……"

陈山景仍然没动。

"你看，这儿风还不小呢，吹久了会感冒的。"我一边说，一边拉他的手臂，他反倒把石柱子搂得更紧了。我暗中逐渐用力地试了一下，他越发使劲地死死抱住石柱子。我便停手，蹲下来看着他说："你既不去办公室，又不在这里告诉杨老师什么原因，一直哭，这样有用吗？就算你自己心里很清楚，又委屈又难过，可是，别人又怎么能知道呢？杨老师又怎么能知道呢？现在杨老师很想帮助你，你一句话都不说，你看，杨老师也只能干着急啊！你站在这里都超过半个小时了吧，一直被冷风吹，脸都被冻红了，肯定不好受。而且，那个'欺负'你的同学会不会在心里暗暗地说，你看陈山景，被我欺负了，还自己折磨自己，让自己一直被风吹……"

我说了这么多话，山景还是视而不见听而不闻地管自己哭，怎么才能把话说到他的心坎处呢？我又换了个角度说："山景，你怎么不相信杨老师了呀？杨老师不是常常在课堂上讲吗，每个人从小到大，都有可能被人欺负被人委屈，可以哭，可以难受，这些都很正常，但是，不能老是让自己这样难受下去，应该积极地行动起来，想办法去解决它，争取获得别人的帮助，这样才不会让自己陷在伤心里……"

我边说边观察着陈山景的情绪变化，然而他脸上的表情还是一副无动于衷的模样，看不出有些许改变的迹象。我暗想，是不是陈山景的性格就是属于比较固执的那种？是不是他一直就有这样"自我折磨"与"自我中心"的不良习惯呢？或者说，他在同学之间遭遇磕磕碰碰处于劣势而自个儿又无能为力时，只会让自己用这种本能的"哭泣"与"固着于自己不好脾气"来表达甚至是发泄自己的愤怒，并以此来吸引旁人尤其是大人们的同情与关注？但是，更可能他心里也想早点跟我去办公室，把事情的前因后果讲清楚，只是一贯以来的心理定势让他转不过弯来，放不下"脸面"，以致陷在"自我"之中难以自拔，或者宁愿沉浸其中不想自拔。想到这里，我觉得不妨用"强制"的手段来试着打破他在身心上自我设置的"进退两难"的"僵局"。

　　我改变了口气，有些生气地说："你这样子一直站在这里有什么用？就算你被风吹感冒了，又有什么用？就算你一直站到下午放学，课都不去上了，事情能被解决吗？"

　　说着，我把他一只手臂从石柱上拉开，他条件反射地用另一只手紧拽着，我又拉开它，原来那只又磁铁一般吸住了石柱子，还扭动身子挣扎着，另一只手臂也从我的手中挣脱开，双手十指像耙子一样顽强地勾住石柱子，我再次一一掰开他的手指，趁势把他的身体提了起来，这一下终于将他拉离了原来的位置。但他双腿有意僵直着一动不动，我一手扶着他的肩膀，一手紧握住他的一只胳膊，推着他向前走，他拖沓着脚步，哭声似乎大了起来。我没有松手放弃，继续半提半推着他向二楼办公室走去。他的哭声终究没有再大起来，走出一段路后，也就顺从地上了楼去。

　　其实，我在强行拉他走时，还是有些担心他会"爆发"式地躺倒在地上大哭起来。现在看来，在做这个行动之前，我讲了那么多话，的确起了安抚和铺垫作用，至少让他明白我这样做的目的是为他着想，是为了帮助他解决问题，并非因为他"不听话"而施展"师道尊严"的权威，发泄愤怒的情绪。如果一开始还没说上几句话就用这个方式，那他在心理上很可能就理解成上述这个结果了。在这个环节，我还有一层考虑：对待有些学生，教师要根据实际的情况"软硬兼施"，假如一味地温和，一味地担心孩子可能承受不住教师"硬"的方式，反倒不利于事情的处理。像陈山景这样才八九岁的孩子，毕竟还是属于"不懂事"的年龄段，虽然要像对待大人一样尊重他，但很多时候更应该把这些小孩子看成"小孩子"，就像俗话说的"小孩子毕竟是小孩子"，在我们的观念里要还原他们"小孩子"的本真面目，而不应该忽视了年龄差异，一概而论地套用成人目光中的"民主"和"平等"，以致矫枉过正地把他们看成了"小大人"，这样反倒于事无补，劳而无功。

二

到了办公室，我让陈山景坐在朱老师的椅子上，他还在抽泣着。

"要不要喝些开水？"我蹲下身来问，他没应答。我去饮水机那儿倒了一杯温水递到他眼前，"给，拿去喝点！"他没伸手，僵直地坐着，双手抹着眼泪……

"哎呀，你班这个学生起先不知怎么了，我去拉他上来都拉他不动啊！"同办公室的易老师这时走了进来，惊讶地说，"很固执哦，问他也不说什么原因，一声不吭地就那样待着，只管自己哭！"

一旁的蔡老师接过话茬："就是呀，我去劝他拉他，也是那个样子，奇怪，他怎么这么顽固的！"

"山景，你看，易老师和蔡老师都想帮你，你不配合，她们又怎么能知道你为什么哭呢？现在，你慢慢地同杨老师说说是怎么回事。等一下就要上第一节课了，杨老师也有课，你要是可以先去上课，就同杨老师一起去教室，如果不想上，没心情上，那先坐这里休息，等杨老师上完课，我们继续交流，再好好地谈谈。"

不知不觉，陈山景哭声渐渐地小了，然而神情沮丧，愁眉苦脸。我拉过椅子，坐到他的面前来，俯身静静地等他开口。过了两三分钟，他终于说话了："他……嗯嗯，他推我……嗯……我，……"声音含含糊糊，差不多都在嘴巴和鼻子里绕着，少数字音从口中蹦出来，多数字音却陷在里面没了踪影，让我很难"联系上下文"，基本上听不懂。

"他？他是哪位同学？我们班级的吗？"我尽量地放慢语速说，"不着急，你慢慢讲，声音大一些，发出来，一句一句讲清楚。"

"……，他……他是……我我，我嗯……"一讲起话来他就呼吸急促，激动不已，虽然声音是大起来了，但是在嘴巴里转圈似的挣扎，老喜欢往鼻腔上闯，我听了好一会儿仍然没听出他说的那个"他"是谁，更不用说其他的了。似乎他自己也感觉到一讲话就激动，一激动就掉词掉句吞吞吐吐，干脆又沉默了……

我只好问他："你当时和谁一起玩，还有谁知道你的事呢……"突然上课铃声响了起来。

"要不要跟杨老师先去上课？"

他低着头，没动。

"好，杨老师明白你的意思了。你先坐这儿平静一下心情，有什么想告诉杨老师的，随时到教室来。对了，要是坐累了，也可以在办公室里走动走动，如果想看书，杨老师的桌面上有几本，你自己拿。"

出门时，我还是有点不放心，好在教室就在隔壁，另外，陈娟老师还在办公室里。不然，还真要两头牵挂。

我一走进教室，大家有些惊讶。

"杨老师，这节不是语文课呀！"

"是思品课，杨老师你是来代课吗？"

"那好哦！杨老师来上我们的思品课啰！"

我忙转身看了看黑板边上的功课表，的确是思品课。我拍拍额头，笑着说："你看杨老师给忘记了，以为是数学课呢，因为从星期三开始到今天星期五，朱老师都在杭州听课，教务处把她的数学课都安排给杨老师来代，杨老师以为这节是数学课呢，不好意思，走错了！"

我刚走到教室门口，突然想起陈山景的事，便回头对大家说："午读前和陈山景发生矛盾冲突的那位同学是谁呀？现在出来一下，杨老师想了解了解情况。"

　　在门外遇见教思品的陈娟老师，她以为我要上语文课，忙说："杨老师，这节课你要上语文吗？可以呀，反正思品我也没啥东西可教，读读课文讲讲问题，多出时间就让他们看课外书。""哦，不是，"我也连忙解释道，"刚才我以为是数学课，我要代……我不上语文课，就是叫一位学生出来一下。"

　　我走到走廊边时，何彬彬随后跟了出来。

　　"杨老师……"他怯怯地叫了我一声，眼神茫然，行动迟缓，我明显地感觉到之前陈山景"坚守桥头"的哭泣使他有些害怕。他慢慢地走近我，睁着一双大眼睛，直愣愣地看着我，眼神里飘浮着担心和焦虑，似乎在问：杨老师，山景他会不会有事啊？

　　我并没有马上带他到办公室，而是和他站在走廊的栏杆边。我问："彬彬，你和山景怎么了？他那么伤心，好像很委屈，你……是不是打他了？"

　　"没……杨老师，我……我没打他，是……"何彬彬结结巴巴地说，"是他……他把石头丢我脖子上……"

　　"这么说，他是故意的？你一点都没错，都是山景的错，是他自己错了还在哭，对不对？"

　　"……呃……不是，杨老师，我我……也有错，我不该推他，我要向他说对……不起……"何彬彬撇了一下嘴，有些想哭。

　　"说对不起，也要当面向山景说呀，杨老师并没有批评的意思，找你来是想让你们都说说自己哪些地方做不对了，互相道个歉。山景哭得那么伤心，杨老师觉得奇怪，是不是你推得很重啊？"

　　"没，没有很重……"何彬彬带着哭腔说，并且还把动作做给我看，"就是这样……这样推一下，不重的！"

　　"那怎么回事呢？你们是不是一起玩什么？"

　　"嗯，一起玩丢纸球。后来，我说他赖，他就生气，我推他一下，他……他就捡起小石头丢我……"何彬彬委屈地看着我，额头上拧起了几道皱纹。

　　我有些清楚了，便带何彬彬进办公室，拿了一张椅子让他坐在陈山景的侧面。一看到何彬彬，陈山景顿时眼神一亮，好像在问，杨老师，你怎么知道是他呀？

　　"山景，是彬彬和你闹矛盾吧？"我明知故问。

　　陈山景点点头，脸上沮丧的表情淡去一些。

　　"杨老师现在有些了解了，你们这是一起玩时产生的一点小矛盾，这很正常呀！好在两个人都没有受伤，你们各自说说自己做不对了什么。"

　　何彬彬马上说："我……我不该推他。山景……我对不起……"

　　"山景，你呢？"

　　陈山景此时已经不哭了，但他却说不出什么来，沉默着。

　　"你是不是都对了？都是彬彬的错，是吗？"

　　陈山景垂下了眼帘，紧接着又激动了起来："他他……，那……我……"

　　还是讲不清，真是个情绪化的孩子。前后联系起来，事实上并没有什么很吃亏很委屈的严重事情困扰住陈山景，他之所以在这个中午表现出这么"严重"的姿态来，很大程度上是因为本身性格上的一种习气使然，是以自我为中心的"坏脾气"一次习惯性的发泄。在这类孩子的潜意识里，是受不得一点点别人言行上的"侵犯"，哪怕只是常态下同学之间玩耍时的磕磕碰碰。很多时候，他们明知理亏却嗔怨别人，一旦得理更是不饶人，"乐此不疲"地沉溺在自我编织的"迁怒他人"与"自我折磨"的迷网中，并将此作为行为的目的，扩大化持久化，而对旁人的劝解和帮助或视而不见，或毫不在意。因此，真的让陈山景具体说说自己受了哪些"欺负"，他反倒讲不出什么来了。因为本来就是鸡毛蒜皮的"小事"，没有什么"大问题"呀！陈山景的这个特点在独生子女身上居多，我曾经在一些文章里分析过，也算是老生常谈了，根本的原因自然是这些孩子大多数在家类似小皇帝小公主，一出生全家人就围着他们转，宠着他们，护着他们，顺着他们，特别是爷爷奶奶更是如此。一旦不合他们心，不遂他们意，就哭闹，甚至用"无理取闹"来实现自己的目的，反复运用，次次得逞，久而久之，势必在心里烙下"只要自己一哭闹，就能获得胜利"的错误念头。作为教师，我所要做的，就是把陈山景从中"解脱"出来，晓之以理，导之以行。

三

陈山景一激动，又不说话了。看他的表情，还是在"怨恨"何彬彬，而不是在反思自己。

"当时，还有哪位同学看见你们之间发生的事呢？"我问何彬彬。

"陈南，他有看到。"

"那你去叫一下陈南！"

何彬彬很快就叫来了陈南。

"陈南，杨老师叫你过来，是想听听你当时看到的情景，山景和彬彬当时怎么了？"

陈南说："我们在玩'丢纸球'，彬彬那时不知道说了山景什么话，山景好像很生气，彬彬就推了他一下，山景就发怒了，拿小石头扔彬彬，扔到他的脖子上掉进衣领里，彬彬连忙跑开了，山景还去追他……后来，山景不知怎么的就站在桥边哭，一直哭一直哭。午读开始了，他也不进教室，有几个老师叫他拉他，他都不理睬。"

"这么说来。山景和彬彬都有做不对的地方！刚才彬彬已经说了自己做不对的地方，还向山景说对不起了……不过，杨老师在想，假如山景的小石头扔伤了彬彬，比如不小心把他的眼睛扔坏了，或者捡的是大石块，把他扔得头破血流，那这次哭的就是彬彬，而不是山景了，而且还要立刻送到医院急救，你们双方的爸爸妈妈都要到学校里来，还要到医院里去……万一彬彬的头或眼睛伤得很重，都被扔坏了，那问题就更大了，麻烦就更多了……"我说着说着，下意识地伸出双手抚摸着他俩的脑袋，"幸好你们现在都没事呀！"

陈山景听了，脸上的表情顿时起了变化，之前的伤心委屈和暴躁愤怒早已被紧张与后怕"稀释"得没了踪影……

我趁热打铁，又问陈南："当时还有谁同你们一起玩的？"

"还有李水龙、陈益、张步顺。"

马上叫来了他们，一询问，每个人讲的情况和陈南差不多。我就问陈山景："他们讲的，是这样吗？要是有什么不同的，可以告诉杨老师哦！"

"嗯……"他用鼻音应了一声，低下头，拨弄着手指头。

我让那几位学生回教室之后，双手分别扶着陈山景和何彬彬的肩膀说："怎么样，现在没事了吧！互相说声对不起，握握手，行不？"

何彬彬立刻一边伸手一边说："山景，对不起……"

陈山景犹豫了一下，也伸出手来，轻声说："没……没关系，我……也对不起！"

"我也没关系！"何彬彬主动握住了陈山景的手，微笑着摇了摇。

"好呀，也让杨老师和你们一起握一握……"我用双掌一上一下轻轻地按住他俩的双手，看看何彬彬，又看看陈山景，笑着说，"不错，不错，你们的双手暖暖的，我已经感受到了你们俩互相道歉的'电流'了！"

他们不约而同地笑了。

"可以回教室上课了吗？"我问。

"可以！"何彬彬高兴地应道。

陈山景也随即直点头。脸上虽然还有淡淡的泪痕，但已经恢复常态，并且还泛出些许的喜色来。

"那好，你们一起回教室吧！"

他们俩手牵着手，肩并着肩，脚步轻快地跑出了办公室……

怎么让他开口

朋友看了《他为何哭个不停》之后问，这个陈山景平时怎么样，还有其他的教育故事吗？恰好近期翻看那几本《教育随记》，又找到了有关陈山景的三篇日记，但所记事情并不连贯，而且还分散在不同的时间段里。为了便于阅读，把它们整理在了一起，只是一时想不出恰当的标题，暂且根据第一部分的文意用"怎么让他开口"来统领全文。大家对照《他为何哭个不停》，可以更为深入地了解我们师生的所作所为以及由此引发的得与失。

一

二年级第一学期，有一节课让学生写课后的"我会写"，就是练写生字词。差不多有七八分钟了，快的学生已经写好去看课外书了，慢的也写了一半左右。我一个个地看过去，一边赞赏写得好的，一边指导写不大好的。走到第一组陈山景的身边，他悠哉地干坐着，语文书却没像其他学生那样翻开，而是合在一起撂在一边。

我边翻书边问："山景，你写完了是吗？让杨老师看一看哦。"

他既没应声，也没看我，只是缩着身往后靠了靠。一翻到那一页，出乎我的意料，竟是一片空白。在我的预想里，他可能是只写了一部分，甚至就几个字，现在这个结果让我惊讶。

我俯身低头看着他的脸蛋说："山景，怎么还没写一个字呀？快写哦！你动作慢，更要抓紧时间，写少点没关系，但要去写。现在开始写吧！"可是他的坐姿就这么的定格在那儿一动不动，似乎有什么问题，却又沉默不语。

"咦？为什么不动手呢？你把铅笔拿出来呀！"

他的脸有些红起来，显出羞涩的样子，依然一声不吭。

我想了想，猜测道："哦……你是不是没笔？"

他终于咧开了嘴似笑非笑，但没发出声音来，如同大人做了难堪的事后露出了尴尬的笑容来掩饰自己的难为情。他还是不说话，只是抬头默默地看了看我，脸蛋又红了一些，嘴巴不知不觉比原先张大了，红润的脸蛋被他悄然无声的笑绷得有些紧，显得更圆了，宛若一个颜色鲜艳、质地硬实的大苹果。眼睛眯成了两颗小而扁的星星，微微地眨一下眨一下。嘴里露出洁白的牙齿，呀，中间的两颗门牙像小白兔一样，看上去似乎比我的还大。门牙旁的两颗牙齿没了踪影，好像被门牙挤出了位置掉出了嘴巴，其实是正在换牙呢。

陈山景被我这样端详着，不自在地用手抹了一下脸，我回过神来，再问："是没笔吧！杨老师说得对不对？"他仍旧一言不发，倒是保持着刚才的那种微笑，伸着脖子左看一下右看一下。右边的叶希强目不斜视，旁若无人，只管自己写字。左边的徐佳佳马上迎着陈山景的目光，伸过头来看了看他，嘴里在轻声地向他说着什么。陈山景又探头探脑地朝两边的桌面看来看去，寻找着什么，这表明我的猜测是对的。

"山景，没有笔没关系呀！起先你就可以对杨老师说：'杨老师，我没笔，你借一支给我可以吗？'杨老师肯定帮你！"我边说边摸了摸背包，发现也没带铅笔，便对一旁的徐佳佳说："佳佳，你借一支给山景，好吗！"

"啊，山景你没笔呀，你怎么都不说哦？要不我早就借你了！"徐佳佳很快就拿出一支漂亮的铅笔递给陈山景，"杨老师，他就是这样的，老是不说话，一年级的老师说他是……是块不说话的石头。"陈山景接过笔，也朝徐佳佳笑了笑，就是没说话。

"记住哦，山景，下次你要是有什么需要帮助的，可以向杨老师，向徐佳佳，或者其他同学说。今天回家以后，跟爸爸妈妈讲一下，多买两三支铅笔，这样就好用了。每次做完作业，要整理一下桌面，不要把东西落在书包外面，忘了带来！"

陈山景似乎在点着头，手已经开始写起了字来。

不多久就下课了。我走出教室，在心里对自己说：山景，什么时候你能回答杨老师的话，甚至主动同杨老师说话、聊天，杨老师就更开心了。

我想，他会的，只是时间问题吧！

二

这学期，曾让学生两次"写话"，一次是围绕"杨老师，我想告诉你"来写，一节课时间，陈山景只写了一句话："杨老师，我的动作很慢，我想变得很快，这样我就不在（再）慢慢的了。"

另一次是临近期末时，写一写那次下雪的所见所感。虽然没有要求一定要写，但是大部分学生都有感而发，把下雪带来的快乐记了下来同我分享（见《孩子们的第一场雪》）。然而，陈山景没有写。我有意想让他"挤"几句出来，看看那天他做了什么，有哪些感受。另外，也是为了利用这个契机同他接触、交流，慢慢地改变他一直的沉默不语。

"山景，你怎么不写一下呢？杨老师很想看你写的'下雪'呀！"下课时，我走过他的座位说，"这几天你先想一想，杨老师等着哦，改天再找你聊。"

星期四那天，课间在楼梯口遇见他，我又问："想得怎么样了？这几天，杨老师也读了几个同学写下雪的给大家听，你是不是有些感觉了呢？"

陈山景翘起食指轻轻地挠着嘴唇，还是以前默笑的样子。

"你一定可以写出来的，"我故意加重了语气，"杨老师可以保证！"

"我……写，写不来……"不知不觉他竟开口说出了话来。

"没关系，要是试过了还是写不出来，也没事嘛！你继续想一想，有空时杨老师再找你。"

下午，我看到他在走廊上闲逛，正好我也没事，便把他叫到了办公室。

"现在我们都有空了，来，你试一下，不用写很多，就写写你在下雪那天看到了什么，还可以写听到的和想到的，两三句三四句都行……怎么样，就像造句一样，不辛苦的哦！"

陈山景"嗯"了一声，拿起笔，翻开本子开始写了。说实话，我在心里也有"预案"，每一次同他的接触，都尽可能地"察言观色"，假如我这么一次次地"催促"让他感到焦虑、烦躁、甚至有身心上某种程度的排斥，我就会停止我的做法，不再叫他写了。然而，陈山景坐在我的办公桌前神情平静。他边想边写，动作不紧不慢，似乎还有些自得其乐。

大概写了两三句话，上课铃声响了，我让他停下笔去上课。这一天，我不再叫他过来继续写了，因为要松紧有度，不能过多地"占用"他的课间。

星期五第一节课后，我说："山景，你昨天写得不错，现在过来接着写吧，杨老师在办公室等你哦。来之前，你也可以先在走廊上玩几分钟。"

"不用了杨老师，我撒完尿就去办公室。"

"好呀……"我摸了一下他的头，心中窃喜，这是他第一次主动说这么长的话。

不一会儿，陈山景小跑着进了办公室。我仍然叫他坐在我的椅子上写，可是办公桌比较高，他人矮，似坐非坐，屁股只能离开椅子微曲着双腿站着。昨天我没注意到，他就这么坚持着没说话。今天，他直接对我说了："杨老师，椅子你坐，我……我不坐，我要站着写……"他挪动了几步，立在办公桌一侧，靠着桌沿，双臂摆在桌面上，恰好适合他站着写字。他慢条斯理地写着，每个字都写得大大的，方方正正篆刻一般，横平竖直坚挺有力，这在班级里还是蛮有特色的，只是速度总是特别的慢。我曾多次在板书时为他做示范，教他运用一些笔画上的牵丝，把字写成行楷的模样，这样既能写好字，又能加快速度。有些学生没多久就学会了，但他学来学去还是老样子。我发现问题出在他的握笔姿势，竟然像拿毛笔一样抓着铅笔，笔杆不是自然地斜靠在虎口，而是直直地竖起，难怪字写得那么慢。我反复纠正他的动作，他还是改变不过来。这不能不让人警醒，在一年级时培养良好的习惯是多么的重要，孩童时期"先入为主"的心理有时候是牢不可破的！此刻，我暗自观察着陈山景写字，那架势如同练毛笔小楷一般，就觉得他煞是可爱……

"杨老师，chuāng 外的 chuāng 字我不会写……"陈山景缓缓抬头看着我，声音轻轻的。我马上把"窗"字写给他看。接下来一碰到不会写的字他就会问我，条件反射一般。真好，几番下来，我们之间渐渐有了默契。

　　我一开始还以为，他这次再写一两句就可以结束这个作文了，没想到他接着昨天的那句，又写了好几句。然后，侧着脑袋蹙起眉头继续想着……我看他想得有些辛苦，忙暗示道："山景，要是想不出来，写这么长也行。"

　　其实，他写了多少，写得好不好，并不是我关注的重点。我的目的是想通过以上的这种方式，构架师生交流的一个平台，相互了解，彼此熟悉，让孩子在同我反复的接触与自然的交谈中逐渐敞开心扉。如果只是为了获取学生的一篇"作文"，并把这当作最终目的，进行严厉的催逼与所谓的指导，以致引来学生身心的厌烦与对抗，这种本末倒置的"教育"，只会得不偿失，我是不会去做的。反观陈山景近期的变化，虽然不大，但从他一贯的"不言不语"到开始搭理我的话，乃至主动说话，哪怕每次就那么一两句两三句，我都深感欣慰。师生间的情感培养，使学生在心理上不疏远我，这才是我最先所要重视的。

　　陈山景吸了一下鼻子，正沉浸在思考中，片刻间又低下头来不紧不慢地往下写。过了一会儿就上课了。第二节课后，我并没要求他再过来写，他竟然又跑到办公室，站在老位置上继续写着。

　　"山景，你这么快就过来啦，"我又提示他，"你已经写得蛮长了，可以把它结束了哦！"

　　可是，他对我的"提示"心不在焉，反倒津津有味地又写了几句。我仔细看了看作文本，不禁有些惊讶，他已经写得比昨天多了一倍，而且看他那个姿态，还不想停笔，又接着往下写。我暗想，今天的陈山景好像换了个人似的，还真没料到他写着写着就对这篇作文生出了更多的兴趣来。那好呀，我就不打扰他继续写了，他想写多少，就让他写多少。我也很享受此刻这样的他带给我的欣喜。

　　第三节是音乐课，因为教室里的电教设备坏了还没修好，音乐老师让学生自学。陈山景再次跑到办公室写作义。

　　"杨老师，róng 化的 róng 字我写不来……我就要写完了。"

　　我把"融"字写给他抄。过了几分钟，他终于写完了，把作文本递给我，脸蛋红红的，显得很高兴。我对着他轻声读了下来：

下雪了

今天，我爸和我妈一起起床。他们起床后不久，我也起床了，我感觉很冷！后来，我爸去看窗外，很吃惊地大声喊起来，昨晚下雪了，昨晚下雪了。我一听到下雪，连忙也去看窗外，啊，真的下雪了！外面全是白色的，很亮很亮。我高兴极了，在楼上跑来跑去。后来，我下楼吃了饭，背着书包高高兴兴地上学去了。

到了学校，我看到学校里到处铺满了雪，好像很多白云掉下来盖在学校里一样，真漂亮啊！同学们有的在玩打雪仗，有的在玩堆雪人，我也和他们一起玩，玩得好开心！数学老师说下午放假半天，我们高兴得跳起来。回到家里我又玩雪，玩啊玩啊，时间过得很快。下午太阳露了出来，很多雪慢慢地融化了，好可惜呀，我真想以后都下雪！

今天我第一次看到了雪，真的好高兴啊！

"真不赖！你就写了将近两页哦！你可以回教室了，杨老师会仔细批阅的，到时再跟你交流。"

几天后，我把陈山景写《下雪了》的经过记录在了《教育随记》里，我再一次感受着如同陈山景看见雪一样的快乐心情，这不仅是因为他完成了一篇不错的作文，更是因为他面对我不再沉默不语，这是我们师生共同的收获，我不能不为之欢喜呀！

可能有人会问，经历了这次"写话"，会不会让陈山景就此喜欢上写作文呢？——事情并不是这么简单。我曾有过如下的切身体会：教师一次两次甚至多次的努力，如果有幸改变了学生的某些"问题"，让学生产生了某种"兴趣"，有些时候也仅仅是当时的那一次，并不能一劳永逸，更没法因此推断甚或判定学生在这方面将来就会如何如何。有些学生在成长中的一个特点就是时进时退，问题若隐若现。所以，我一直关注和用心体验的，是在教育生活中，师生每一个当下的每一次"碰撞"。我不会去奢望和遥想学生未来的什么，那不是我这个小学老师所能预测和把控的。

三

到了三年级，第一次批阅学生的作文。翻开陈山景的本子，他在目录上写着"1、我的课余生活"，可是正文那页却没有一个字。

我把他叫过来问："山景，你怎么没写呀？是不是速度比较慢，当时没时间完成呢？"

他嘴唇紧抿，一动不动，眼睛向上看了一下我又低垂眼帘。

"那……是不是写不来？"我蹲下身来问，"这些天杨老师时常把评为'精'的作文念给大家听，你就像他们那样写也可以的。不管长短，你先写出来。这样吧，今天是星期一，你说个时间，拿回去写，大概要什么时候可以交给杨老师呢？"

他眼睛又朝上看了一下，轻声说："星期三。"

我把作文本递给他："星期三的什么时候？上午，还是下午？"

他想了想，说："下午。"

"那好，记住哦！"

第一节课间，他就开始动手了，写的是《看电视》。第三节是我的课，有一半的时间让学生做自己的事，我在批改《课堂作业本》。

不知何时，陈山景悄无声息地走到我身边，不紧不慢地问："杨老师，看电 shì 的 shì 字怎么写？"我把"视"字写在黑板上，他抄了过去。过会儿，他再来问："杨老师，fáng 间的 fáng 字怎么写？"我也写给他抄。没多久，又来问："杨老师，yáo 控器的 yáo 字怎么写？qì 字我也写不来。"我仍然把这两个字端端正正地写在黑板上，只要他来问，我都会停下手中的作业批改，马上把字写给他看。这半节课，他写了近四行的内容，三番五次地来问了好几个字，包括"频道"的"频"字、还有"按"字等等。

　　我心里明白，陈山景之所以每次作业做得特别慢，有些题目干脆空着没做，而且对写作文也不怎么有兴趣，即便有了一些也保持不了多久，最主要的一个原因就是他对字词的掌握不牢固，好些常用的字词只会说不会写。其实，在一二年级就已经学过查字典，音序和部首两种查字法他都懂，但他偷懒贪玩，自己不愿意一个个地去查，一碰到不会写的字就那么磨蹭着，不急不躁，左看看右瞧瞧，弄弄手中的铅笔，动动口袋里拿出来的玩具。要是你反复催他："山景，快写呀！如果题目不会做，或者字不会写，你可以问问老师同学，也可以空着，先写后面的。等我们校对时，你再摘录过去。"他似乎也没听，一副毫不在意的样子。听一年级的老师说，那时候他就这样。到了二年级，我接这个班级后，有半个学期多，他一直延续着过去的习气。我只好一旦方便就直接陪着他做课堂作业本，让他有问题随时问我。一年下来我和他时常"上演"着上文所写的那一幕幕场景。

　　到了星期三下午，陈山景也没把作文本拿给我，我只好去问他了。

　　"山景，你的作文写好了没有呀？"

　　他低头沉默，眼神愣愣的，一看就知道他还没写完，更可能就没接着去写。

　　"你看，你星期一对杨老师说是今天下午拿过来的，杨老师已经把日期记在笔记本上了。"我打开《教育随记》一边指给他看，一边读了出来："陈山景，作文，星期三下午交。"他微微抬头，伸过脖子快速地瞄了一眼，脸上显出尴尬的表情，有些不好意思地低下头。

　　我安慰他："要是还没写完，那也没关系。你可以告诉杨老师，再延长时间呀。现在你去把作文本拿过来给杨老师看一下，我们再约个时间。"

　　他很快就拿来了作文本，如我所料，写到上次那里就停住了：

　　"每次我回到家，都要先打开书包拿出作业来写。作业写完了就上楼去，轻轻地开门，走进房间，我会马上打开电视，然后，在桌上找到遥控器，按到少儿频道，看到 6 点的时候再按到……"

我说："现在还没上课，你到老师的办公室接着写一些行不？"

他点了一下头。

"你就坐在杨老师的位置上写，你看，杨老师已经拿了一小叠本子把椅子垫高些了。"

他还没坐下就问："jiào 育频道的 jiào 字怎么写？"看来，这几天他是被这个不会写的字给"卡住"了，就停住不写，然后搁到一边去了。我把"教"字写在本子上，他坐了下来，认认真真地抄了过去。才过两三分钟，他又抬头问："吃 fàn 的 fàn 字呢？"我一笔一画地示范给他看。

这时上课了，我说："你带回家继续写，杨老师会等你的，不会写的字先空着。你再说个时间，这次什么时候可以交给杨老师呢？"

他低头想了几秒钟说："放假后，过来上课时给你。"我明白他说的"放假"是指七天的"十一"国庆节长假。

"行，那天是星期六，10 月 8 日，补星期四的课。杨老师把它记在本子上，你也要记住哦！"

"杨老师，我记住了……"他边说边点头。

七天假期转眼即逝。10 月 8 日早上，我想起了陈山景的作文，但这半天比较忙，我只是在下课离开教室前，经过他的座位时提了一下："山景，作文写完了吗？要是完成了，等一下你拿到办公室放在杨老师的桌头就可以了，今天杨老师比较忙哦！"然而，两节课过去了也不见他的动静。第三节我上完二年级（1）班的体育活动课就放学了。下午我又忙于另外一些杂事，只能等 10 月 9 日了。

第二天，我再次向陈山景提起作文的事，这次他马上把作文本拿了过来，似乎还有些兴奋，说话的音量也提高了："杨老师，我写完了，就是还有两个字不会写。"

"哪两个字呢？"

"天气 yù 报的 yù 字和关 dēng 的 dēng 字。"

他快速地翻开本子，我一看，那两个不会写的字他正照我之前的意思空在那儿。我告诉了他，他端端正正地填了上去。

我把作文轻声读了一遍，说："好！没有错别字，写得清楚明白，杨老师看懂了。就剩你这本作文还没改，杨老师要带在身边改。"说着，我把本子放进了提包里。

他露出了笑容，"杨老师，那我去玩嘞！"

"好的，去吧！"

前后延续了近二十天，不紧不松地督促，终于让陈山景完成了第一篇作文。两天后，当我对学生们说，这次给大家推荐陈山景的《看电视》时，陈山景不觉露出惊喜的神情，双手立刻收拢在桌面上，让下巴靠着，一副乖巧的模样，仔细地听着我的朗读：

看电视

每次我回到家，都要先打开书包拿出作业来写。作业写完了就上楼去，轻轻地开门，走进房间。我会马上打开电视，然后，在桌上找到遥控器，按到少儿频道，看到 6 点的时候再按到教育频道，这时，爸爸叫我下去吃饭。吃完饭我又上楼看电视了。看到 7 点半的时候，我说："爸爸，7 点半了！"爸爸听了立刻上来看天气预报。看完天气预报，爸爸去睡觉，我又在看电视看到 8 点多，妈妈叫我关了电视机，再关了电灯也去睡觉。

读完之后，我说："山景把自己看电视的事情真实地写了出来，好像就发生在每个人身上一样。因为大家都有看过电视，而且大部分同学都还蛮喜欢看的，所以，杨老师觉得山景这篇作文值得推荐！你们也谈谈自己的想法……"

易思青说："山景，你喜欢看少儿频道，我也喜欢！杨老师，你喜欢看什么频道呢？"

"我啊，看得比较多的是中央台的新闻、电影频道，还有关于自然动物的节目也比较喜欢，有时也看看动画片。"

陈和钦说："杨老师，我感觉山景有个好习惯，就是回家做好了作业再看电视。我跟他一样，这比先看电视再做作业要好！"

"可是，山景，你看电视看太久了，就不好了！"黄书文却唱起了反调来，"吃好了饭，要去外面玩一玩，不要一直看电视哦，会近视的！"

我接过话茬说："是啊，杨老师小时候也这样。一个人无聊时就容易一直看电视，后来找同伴去街上玩，玩得很高兴就不会老想着看电视了。你们还有什么其他的建议吗？"

黄书文接着说："一次就看一个台一个节目，我就是这样，看看动画城。看完了就不看了。"

陈益说："叫爸爸妈妈监督，最多就看一个小时，不要超过。看好了帮爸爸妈妈做家务活，扫扫地，擦擦桌子，也可以去街上买点东西。"

叶良奇说："我有时看看书，有时找女同学跳橡皮筋，玩游戏，这样比看电视有意思。"

"不错，杨老师赞成这些做法，就是找些其他事来代替看电视。山景以后可以试试。"

"嗯。"陈山景点了点下巴。

林小果说："山景，你在作文里说，到了七点半你就叫你爸爸来看天气预报，是约好的吗？你们两个人像朋友一样耶！"

"是爸爸叫我提醒他的，他每天要出门去干活，要看天气会不会下雨。"

"你这也是为家人做事，好样的！"我赞赏道，"杨老师给这篇作文写了两句评语：'只要努力，你的作文也写得挺不错！读你的作文，杨老师好像看到了你看电视的样子了。'刚才听了这几个同学的话，杨老师更是觉得这篇作文挺有意义的。我要为山景鼓掌，谢谢他的努力！"

我的掌声一响，大家也跟着鼓掌，陈山景的脸上写满了开心……

四

"杨老师好！"

如今的陈山景无论在学校，还是在街上，一遇见我就会主动打招呼，声音响亮，自自然然。我已经想不起他是从哪一天开始这样。同样的，在课堂上他也会举手参与师生的问答、上台板书，而最为"习惯"的，仍然是在看书或写作业时一碰到不懂的地方或不会写的字，总能来问我。这一切尽在潜移默化中水到渠成。如何让他开口，这已经不成问题了。

　　我还记得，三年级第二学期的一次作文，我没有按教材单元里的要求去布置，而是让大家写写同桌或者好朋友，也可以是家人。但是陈山景也没照我的意思去选题，那天他想了一会儿，离开座位，走到我身边说："杨老师，我不想写你说的那些，我要写我的玩具，可以吗？"

　　我说："可以呀，杨老师也想看看你的玩具。"

　　陈山景是这样写他的玩具的：

　　　　"杨老师，我很高兴，是因为我的玩具。当我玩它们时，它们就让我很开心！我的玩具有金龙币、斗龙机、卡布、变形圆盘、水舞、超星神。金龙币有五十多个，斗龙机有一部，卡布一个，变形圆盘有金刚、蝙蝠、螃蟹，水舞一个，超星神有五个。我很喜欢这些玩具。有时候，我也会把不想玩的玩具送给我的好朋友。"

　　这些玩具我一个都不懂，可陈山景也就点了个名，反倒让我好奇不已。批阅时我就想，要是把它们摆开来，肯定可以开个小型的玩具店了。当我把这段文字读给学生们听时，好些男生兴奋不已，七嘴八舌的，"哦，这个我玩过！""耶，那个我也有。"我当即让陈山景和他们说说怎么玩，顿时个个说得眉飞色舞，相互应和，好像开了一场"玩具讨论会"。

　　接着上面那一段，陈山景又写了一段，玩具升级成电脑了：

　　　　"有一天，我去姑姑家玩电脑，玩了'植物大战僵尸'。第一关，只有豌豆射手。第二关，有豌豆射手，还有向日葵。第三关我打到了晚上，到了池塘那关，有海蘑菇，还有蹦极僵尸。真是好玩极了！还有一天，我在玩'神奇小妖'，我的小妖是绿色的，里面有泥巴怪、田螺怪、骷髅牛。骷髅牛一见到我就冲过来，我一下子就打到20多关，我的小妖可以吞石头的。后来是表哥来玩游戏，游戏叫'英雄联盟'。表哥的人叫寂寞咕噜，血的颜色是绿色的。表哥对手的血是红色的。表哥紧张地和对手打来打去，最后还是表哥输了。过了一会儿，爸爸就叫我回家了。"

自然，这样的内容同样让这群孩子听得津津有味，陈山景更是翘首侧耳，眉开眼笑。然后，我让他们随意闲谈听后感想，彼此之间问问答答，大家聊得嘻嘻哈哈，真是一群好玩的孩子呀！此时的陈山景，在我眼里，和刚接班的那段时间判若两人，早已和大多数学生一样，于课堂内外，同我的接触融洽而自在。

以上情景，虽然平常无奇，但总让我记忆犹新。尤其是回想起我和陈山景一路走来的一些细节，我就觉得，每个孩子的心灵真是一面明亮的镜子，它能逐渐映照出一个老师是不是真的想打开它。当一个孩子喜欢找老师说话、聊天，有兴趣去接近老师时，这面心镜所折射出来的正是这个老师自己的所为所愿。我想，在陈山景的表情里，我看到的不正是自己的那份心意吗？

也就在刚才，四年级开学第二天的晨读前，我正在办公室即将结束这篇长文时，陈山景忽然闪现在门口，声音响响地向我打招呼："杨老师，我已经把那本书带过来了！"

那是前一天，我只是在课前顺便提了一下："暑假有买书的同学，如果愿意就把书带过来放在教室的书架上，让大家交换着看。"没想到今天他竟是第一个带书的人，而且还是一副按捺不住急着向我汇报的架势，看，他脸上欢喜飞扬。

"好啊，快进来，让杨老师看看你的书！"我仔细观赏着书的封面，由上而下缓缓地念道，"小学3—6年级适用，《小学生优秀作文之'磨尔宝贝写作文'》，福建少年儿童出版社。嘿，书皮这么好看，挺不错的书呀，哪买的？"

"在灵溪新华书店。放暑假的时候，爸爸买给我的。"

"多少钱一本呢？"

"十块钱。"他指着书后的定价栏，"杨老师你看书的后面，这里有写着呢！"

"是哦。你看了多少了？"

"我全看完了！"

"好看吗？"

"还可以，有些很好看，有些不怎么好看。"

我边聊边翻看目录，陈山景马上点菜谱一般指着好几个作文题目说："杨老师，这些文章都挺有意思耶！"

"好哇，杨老师也想看一看，书先放杨老师这儿，明后天再拿到教室的书架上，行不？"

"行，杨老师你慢慢看哦，多看几天也没关系的！"

此时此刻，明媚可爱的不仅仅是九月早晨的阳光，更多的是眼前的这个小男孩儿。抬头间，窗外的一方蓝天悠然入眼，我的心情似那鸟儿飞翔……

你欢喜，我也欢喜

二年级上学期的一节课外阅读，陈益指着书里的一个字问："杨老师，这是什么字？"

我仔细一看，不认识，这是一首古诗里的一个字，这首古诗我也没读过。我对陈益实话实说："这个字杨老师也不认识，杨老师还是第一次见到。前不久我们刚学了'部首查字法'，你先去试着查查字典。查到了也让杨老师学习一下。"

陈益连忙回到座位拿出字典翻找起来。过了一会儿，他还在动着字典，只是速度慢了下来。我说："你要是有什么困难，马上告诉杨老师，杨老师会帮助你把这个字查到的！"

陈益点点头，犹豫了一下继续翻着字典。又过了五六分钟，他还是没查到，双手捧着字典，动作却停在了那儿。

我问："能查到吗？"

他不好意思地摇摇头。

"那杨老师帮你。"我凑近他，一边说一边翻字典："这个字可以先查'工'字部，你看，在'部首目录'里应该找几画？"

陈益用手指比划着，"三画。"

"对，你再看，我们找到'工'字旁了，剩下的几画？"

他又比划了一下，很快报了出来："两画。"

紧接着我们就在 402 页中找到了这个"邛"字，"来，我们一起拼读：qióng，再来一遍……"

我们俩异口同声地读了两遍。

"你起先怎么查？"我有些好奇。

他说："我不是查'工'字旁，是查另一边耳朵旁。"

"那我们再试试，看耳朵旁能不能查到。耳朵旁几画？我们一起数数……"

他伸出食指跟着我在桌面上写着，突然笑了起来说："杨老师，是我搞错了，刚才我是用'耳'字来查，找来找去找不到这个字，原来'耳朵旁'要查这个'阝'耶！"

"难怪查不到这个字呀！"我也笑了，"现在你明白了，杨老师也明白了！"

"嗯，明白了！我再查一查……"这一次他一下子就找到了"邛"字，兴奋地喊起来："杨老师，你看你看，我查到了，查到了，也在 402 页呢！"

"不错，你查字典还是蛮快的嘛！只要方法对了，速度就快多了！……对了，给杨老师看一看你这本书。"

"给……"他很欢喜地把书递到我手里，又补充道，"杨老师，我以后要是碰到不认识的字，我要先自己查字典，查不到再去问你！"

"好啊！杨老师很愿意帮助你，做你的助手！"

我翻看着这本书，原来是少年版的《唐诗三百首》，装帧得挺精致，是从学校图书室借来的。陈益正在看的这首诗是唐朝孟郊的《古别离》，对于孟郊的诗，流传最广的自然是《游子吟》，至于这首《古别离》我倒是第一次读到，要不是陈益，还真不知道何时能遇见它。我轻声地读着：

　　欲别牵郎衣，
　　郎今到何处？
　　不恨归来迟，
　　莫向临邛去！

诗的后面有注释和说明，我仔细地看了两遍，感觉这首诗写得真不错。

"陈益，你看——"我指指诗后注释里的"邛"字说："这里也有注音呀！"

他抓抓头，猛然醒悟，腼腆地咧嘴笑着，"我……后面没看，刚才只看了上面。杨老师，我知道了，以后看书，不能只看一半，上面下面都要连起来看，前面看了后面也要看！"

"你说的是呀！这就叫'联系上下文'……"我轻轻地摸了一下他的圆脑袋，"今天杨老师也学到东西了，因为你这么一问，杨老师不仅学到了这个'邛'字，还认识了这首好诗！杨老师要谢谢你啊！"我握了握他的小手，他越发笑得开心了。

"我们再来看看这首诗后面的解释：'临邛'是个地名，在四川省。这首诗写的是男女离别之情……"他不知不觉跟着我一起读着，"……"

"杨老师杨老师，什么是男女离别之情？"陈益突然懵懵懂懂地问。

怎么向他解释呢？我想了想说："你现在才读二年级，这首古诗的有些意思不好讲清楚，杨老师给你举个例子吧，你就好理解了——比方说，你爸爸要去外地做生意，和你妈妈告别，虽然只是暂时的分开，最多也就一年半载的，但是你妈妈很舍不得，牵着你爸爸的衣服……更可能是紧紧地握住你爸爸的手，依依不舍地说了很多关心和牵挂的话，这就是'离别之情'。你想想，你妈妈会怎么说？"

"嗯……"陈益思考了一下，眯着双眼说，"会说你要早点回家，我和你儿子陈益会想你的！"

"对呀，那你会不会想念爸爸，也舍不得爸爸离开呢？"

"会！爸爸平时对我很好！他也会舍不得离开我和妈妈！"

"那就是了！爸爸和你之间就是'父子离别之情'！你爸妈之间就是'男女离别之情'，也可以说是'夫妻离别之情'！这首诗里的那位阿姨也差不多就这样对那位男的——就是她的丈夫说，你这次要去哪里做生意呀？什么时候才回来呢？在外面千万要注意身体，不要太累，要吃饱穿暖！要是很忙的话，迟些回家也是可以的，可一定要记得打电话回来呀……"

"杨老师，那时候是没有电话的！"

"哈哈，你说得对，古时候怎么会有电话？杨老师是和你打个比方……没电话那就写信吧，这位古代的'阿姨'就叮嘱她的丈夫，多写几封信回来……还有，还有呢，就是不要到处乱跑，不要去不该去的地方乱玩哦，更不要喝酒赌博跟人吵架等等！"

"嘻嘻，杨老师，我明白意思了！"陈益被我说得直乐，"我妈妈有时也是这样对我爸爸说的，我也有听见过！"

"嘿，那这首诗就更让杨老师感觉有意思了！虽然是古代人写的，离我们现在已经很久远了，可是讲的好像就是现代人的事，读起来仍然很亲切！杨老师要把它摘录在《教育随记》里，这本书先借杨老师一会儿，行不？"

"行！"陈益喜滋滋地靠近我身边，伸头伸脑，看着我抄完这首诗……

期末，陈益在《我要对杨老师说》里面写道："我有不懂的问题，就喜欢去问杨老师，因为杨老师也喜欢和我说话、聊天，他很有意思！……"

陈益说得没错，我感觉他也很有意思，或许这就是"欢喜心"催生"欢喜心"吧！我相信，很多时候，教育，也是一种感召。

一张让我想入非非的贺卡

一

晨读后，我刚走到教室门口，陈益就已经悄无声息地站在我的身边，"杨老师……"他叫了我一声，他的声音总是那么清亮。然后，右手递给我一样东西。

是一个大信封。我有些奇怪，一时没明白，问："这是……什么呢？"

"老师，这里面是贺卡，祝你元旦快乐！"

"你是提前送老师贺卡呀，谢谢你哦！要多少钱？"

"要两块钱。"

"下次想送杨老师东西，可别花钱呀！你自己动手做一张贺卡，无论怎么样的，杨老师都喜欢。要是在贺卡里再写上你想对杨老师说的话，那就更棒了！"

陈益点点头，眼睛亮亮的。我正要转身去办公室，他又把左手上的另一个信封递了过来。这次，我只愣了一下马上就明白："是让我带给王老师，对不？"

他咧嘴微微一笑。我也笑着说："杨老师建议你自己拿给王老师，当她亲自从你手上拿到礼物时，就会像杨老师一样，更开心了！"

他明白了，又是点头，眼神清澈……

二

到了办公室，我静静地坐下，仔细翻看这个淡黄色的信封。封面的边沿用铅笔写着大大的"送杨老师"四个字，旁边另有三个小字是"陈益送"。这几个字都比较端正，和他平时写的不大一样，平时的字常常像小孩子学走路老是要摔倒，总要我去一个个地扶它起来。

打开信封，一张闪闪发光的贺卡闯入我的眼帘：贺卡正面是一大片绿色的森林，披着雪白的棉袄，那是大雪纷飞的冬天。森林前面有漂亮的房子，一间是红色的，另一间是黄色的，还有一大幢是褐色的。前两间很温馨，窗户里透出暖暖的橘黄色的灯光，屋内肯定有人在吃着热腾腾的饭菜，听着悦耳的音乐，我想，是不是陈益也正坐在桌子边津津有味地吃着饺子、喝着可乐，笑嘻嘻地和爸爸妈妈说着在学校里发生的故事呢……房子外面有三个圣诞老人，穿着厚厚的红棉袄，戴着长尾巴的帽子，各自背着一个大袋子，里面不知道装了什么礼物。其中一个已经空着双手，乐呵呵地从陈益住的那间房子里兴冲冲地跑出来。这个可爱的老头子为什么这么高兴呢？是不是他特别喜欢陈益，偷偷地趁陈益熟睡，把那一整袋的礼物都送给陈益了呢？或者是他一进门就听到了陈益讲的学校里的那些故事吧，我猜，陈益肯定讲到我了，讲到我是怎样给二年级（3）班的小朋友上课，怎样给大家读日记让大家听得开怀大笑，现在就连这个圣诞老人也忍不住了，冲出房间朝他的两个同伴兴奋地喊着："喂，喂，你们两个快过来呀，这家的一个叫陈益的小朋友讲的故事很有趣哦，快过来听听，你们肯定也很喜欢的！"……这时，第一节上课的铃声响了，我才猛然醒悟过来，不觉暗自笑了，我真是一个喜欢想入非非的老师呀！

这节我没课，继续欣赏贺卡。我把贺卡的夹页一拉开，立刻变戏法般跳出一大幢剪出来的三维立体的房子。又有一个圣诞老人，开着红色的小汽车，载着一大盒正方形的蓝色包装的礼物，上面扎着黄丝带。门前有一个雪人，穿着墨绿色小马甲，戴着紫黑色大礼帽，鼻子又尖又红，嘴巴大大的，两边的嘴角向上翘，笑嘻嘻地叼着一只粉红色的大烟斗。脖子上绕着一条红绿黄三色相间的围巾，看上去特别显眼漂亮。雪人戴着橙红色的手套，张开双臂，好像知道我正在看着它，想拥抱我一下，欢迎我马上跑进这张贺卡里去。这个雪人肯定也是陈益堆出来的，肯定是他叫了张步顺、赵绪、黄班德几个经常一起玩的小伙伴在那次下雪天里堆出来的！真好啊，它竟然到现在都没有融化掉，真是一个不怕太阳晒的神奇雪人……当我的目光朝贺卡的上方看时，看到房顶上也有四五包各种颜色的礼物，开始以为是陈益爬到房顶放上去的，后来我才发现不是，而是一个圣诞老人乘着一架绿色小飞机投放的。真有意思，我越看越觉得这张贺卡想象力丰富，要是我也在这里面生活的话，一定要和陈益，还有那三四个圣诞老人，再叫上张步顺、赵绪、黄班德，还要叫上几个女同学，比如鲍小祥、黄书文、章思语、易思青等等，哦，对了，最好是全班的男女同学，还有朱老师，把我们的课堂也搬过去，一起在这张贺卡的美丽景色里堆雪人，打雪仗，滚雪球……跑啊跳呀，蹦啊闹呀，唱唱歌，跳跳舞，转转呼啦圈，玩玩老鹰捉小鸡……累了就一起聚到那几间房子里吃吃饭喝喝汤，多快活呀！

在贺卡的下方，我看到了一行铅笔字，以为是贺卡本身就有的，仔细一读，原来是陈益写给我的："杨老师，祝您圣诞节快乐！希望您以后也可以买像贺卡里这样的房子！祝您永远快乐！"

陈益呀，虽然杨老师用一辈子的工资也买不起这样的房子，但还是非常感谢你的心意！看着眼前这张两块钱的贺卡，杨老师已经感受到了淳朴的快乐！谢谢你，陈益，你的祝愿杨老师心领了！此刻，杨老师正在用心把你送的这份礼物转化成一个个词句和段落，记录在杨老师的《教育随记》里，当将来的某一天，当将来你长大了想起杨老师的那一天，当那时那刻的你回想起小学二年级里的这件事时，杨老师再为你献上这篇日记，让我们一起重新读读它，共同聊聊此时的种种情景。

而现在呢，现在的你，还有班级里的每个同学，都还只是读二年级的小朋友，八九岁的小小模样，人生才刚刚起步，学习和生活的这条小船也才慢慢地驶出港口，杨老师很高兴有缘为你们领航，愿你们快乐地迎风破浪！

　　杨老师写了这么长的日记，也不知道你们听得懂听不懂，要是你们听了之后有什么想说的，就站起来告诉大家吧，杨老师一定会认真地倾听！也祝大家元旦快乐，学习进步，玩得开心，每天都有喜欢的事可以做！

记于 2010 年 12 月 28 日，星期二，晴

三

　　2010 年 12 月 30 日，元旦放假前夕，抽空在班里读了上文。陈益听着听着，不知不觉就直起身来，神采飞扬。学生们听得更是津津有味。过后，提问的小手不时举起：

　　黄班德问："陈益，你的贺卡被杨老师写得这么漂亮，是哪儿买的？"

　　陈益说："就在街上，我家附近的那个店里。"

　　黄书文问："你另一张贺卡后来有送给王老师吗？"

　　陈益说："当然有，王老师真的很高兴呢！"

　　陈珊静问："杨老师，你是在下雪之前写的吗？"

　　我说："应该是下雪后一周左右吧，好像是平安夜的那天。"

　　徐佳佳问："杨老师，你的日记是什么题目？"

　　我说："嘿，这个问题先请大家猜猜，你们也可以帮我想一个！"

　　张欣说："一张漂亮的贺卡。"

　　吴靖说："这张贺卡真漂亮，或者一张让我难忘的贺卡。"

　　李天力说："陈益的贺卡。"

　　王茜茜说："我喜欢陈益的贺卡。"

　　周倩说："也可以是，陈益的贺卡，我喜欢。"

　　陈祖要说："元旦祝福。"

　　程思说："用日记'画'张贺卡。"

　　张学杰说："陈益的心愿。"

……

我说："你们的想法都不错，能扣着老师日记的内容取题目。老师取的题目是'一张让我想入非非的贺卡'，暂时用这个，改天要是把这件事写出来，说不定有人看了之后，会觉得你们当中的哪个题目更好呢！到时杨老师再改一改！"

当我正想结束这个话题上课文时，林小果突然问："杨老师，你日记里写的这张贺卡那么好看，那么有意思，你能拿出来让我们瞧瞧吗？"

"对呀！对呀！……"马上就有许多学生应和着，声音此起彼伏……

还真是个不错的心思，可我之前只惦记着带《教育随记》给学生读这篇日记，偏偏就忘记带贺卡了。获得大家支持的林小果一脸的神气，还调皮地笑着，似乎在说，杨老师，我的问题好不好呀，你看，大家都这么的赞成，我可要将你一军了。

"哈哈……"我忍不住也笑了，想了想说："嗯……林小果这个问题嘛……我考虑了一下……还是不拿出来为好啊，因为……因为我已经用文字把它'画'出来了，用嘴巴把'画'化成声音让大家都听到了，接下来嘛就要靠你们自己的功夫了——只要闭上眼睛就可以想象呀，多方便多自在！所以就……不拿给大家看了。"

"哎……"学生们异口同声地嘘气。

林小果却仍然站着，侧着脑袋，转着眼珠说："那……那我知道了，这张贺卡……肯定没那么好看，是杨老师编的才这么漂亮！"

话音刚落，教室里顿时一阵七嘴八舌的议论……陈益倒有些急了，连忙站了起来很认真地说："不……不是编的，杨老师写的贺卡，是我亲手拿过，亲眼看过的！就是那样子，就是杨老师写的那个样子，不信我带你们去店里看……"

我也被陈益说笑了，忙跨步上前握住他的手，一边上下摇着，一边做出感动涕零状："谢谢陈益！谢谢哦，在这关键的时刻，你能作证，真是个能为老师两肋插刀的'小朋友'啊！"然后转身指指林小果，换了个恼怒的神情："哼，狡猾的林小果，你是用激将法，我可不上你的当，你是想让杨老师忍不住了就拿出贺卡给大家看，杨老师偏偏就不拿！"

大家被我的表演逗得哄堂大笑，陈益兴奋地扭动着身子，林小果更是嘻嘻地笑弯了腰，可嘴里还是一个劲儿地喊着："我就不信，我就不信，除非杨老师把贺卡拿给大家看……陈益，你要是真的买了那张贺卡，难道还害怕大家看吗？你也应该叫杨老师拿出来才是呀！"

陈益不觉一愣，抓抓头，似乎明白了什么，用询问的眼神看着我说："杨老师……你可以拿给大家看呀，我不介意的……不然，林小果他们还怀疑我没送你这张贺卡呢……"

我又做出屈服认输的模样说："谢谢陈益，更谢谢林小果的意见！其实……杨老师刚才是故意这样说的，是想让大家先把杨老师写出来的这张'贺卡'多想象一些时间，等元旦过后一定拿给大家看……"

"不要等，不要等，要好几天呢，我等不及了，我……我们今天就想看，"这个林小果还真会趁热打铁，"大家说好不好？"底下又是一片赞同声，这次连陈益也直点头了。

"那好，下节课马上拿给大家看……不过，你们也要答应杨老师一个要求——从今以后，不要花钱去买什么东西送杨老师了，实在忍不住，就自己动手用废纸废料做点玩意儿，要么干脆用笔写些心里话，杨老师最喜欢！能做到吗？"

"能——做——到！"又一次整齐响亮的异口同声，洋溢着欢快的气氛。哈哈，意料之中的回答，条件反射式的集体回答，无关乎做到做不到，我心里在乎着的是——师生开心的笑就是照耀课堂的另一束阳光，踏实温暖，多多益善。

与一个女孩的偶然相遇

一

傍晚，五点多。我一手拿伞，一手提电饭煲，在灵宜公路旁，等候去龙港的乡镇中巴车。雨丝若隐若现，才那么几分钟，雨突然大了起来，噼噼啪啪地倾盆而下，我连忙撑开了伞。

公路对面，一个初中生模样的女孩也在等车。此处没有候车亭，而且公交车也不定时，没个准还要等上很久。女孩无处躲雨，只好把外套校服脱下，双手举起遮在头上。雨点像小豆子一般直撒落在她的身上，她似乎茫然无措，竟然一动不动地呆立在那儿。

这倒让我急了，连忙举了举雨伞，朝她喊道："小姑娘，快过来，我们一起撑！"

她愣着，见我微笑的样子，便朝我慢慢地移动着脚步。

"走快些呀，你可以跑过来嘛，雨这么大，你衣服会湿透的！"

她终于快走了几步，紧接着就跑近我，缩进了我的伞下。伞不大，我尽量向她那边多伸一些，左手提着的电饭煲就被雨打湿了盖子，也顾不了这些，等上了公交车再好好擦一擦。

"你在哪儿读书？"

"灵江小学。"她声音轻柔，不紧不慢。

"啊，你是小学生？我还以你读初一或初二呢，看你……这么高！"

"嗯，读五年级（1）班。"她神情有些自豪，"很多人也都觉得我是初中生呢！"

"你在等公交车吧？家住县城灵溪吗？"

"是呀，我家在灵溪三街的路口，公交车就经过那里。"

"那你乘的方向和我相反。怎么到现在才回去？"

"体育老师让我放学后留下来训练，过些时候我要代表学校参加学区的体育比赛，所以回家就迟了。"

"原来这样，你看都超过五点半了，回灵溪的公交车可能已经休息，雨还这么大，你只能打的回家了。有打的的钱吗？"

她皱了皱眉头说："可是我只有一块钱，刚好乘公交车，学生只需一块钱。中午本来有五块的，四块是吃午餐用了。我……还是再等等公交车……"

"老师送你十块钱，你打的回家吧！你看，天渐渐地暗下来了。"

我从钱包里抽出十块钱塞到她手里，她手指停在空中不动。

"你……你也是老师？"她睁大了眼睛，好奇地问。

"没事，拿去吧，不然你可回不了家哦。"我又解释道，"我也是灵江小学的老师，你见过吗？我知道你五年（1）班的班主任，是周情老师，对不对？"

"对对……"她高兴地连声应道，目光闪动着，为我的"助人为乐"飘浮出"欣赏"我的光芒来。她辨认一般盯着我看了会儿，有些遗憾地说："我……我没见过你……老师，你姓什么呢？"

"姓杨，杨树的杨。"我再次把十块钱往她手心塞，"快，把钱握牢。要是你觉得不好意思，那就当借吧，明天还给我就是了呀！"她犹豫了一下，终于把钱握住了。

雨还在下，没有变小的迹象。

"走，我们到公路对面去，这样才好拦住去灵溪的出租车。老师等一下再回这边等车。"我们慢慢地走到了公路那一边，雨又大起来了，我的左肩沾满了雨水，好在外衣不透水，只是裤腿和鞋面都湿了，阵阵凉意直透小腿和脚尖，这不算什么，我心里倒是担心女孩被雨打湿，又把伞朝她那边移了一些。

我转头看了看身后说："来，我们稍微靠后，站到公路边的树下去！"女孩很配合地随着我的脚步，一起移到了那棵不怎么起眼的松树下。松树撑开的枝叶也像一把稍大的伞，遮在我们的小伞上，雨马上变小了。

"老师……会不会……有雷呀？"女孩突然不安起来，"要是……要是打雷，可不能站在树下啊！"

我语气轻松地说："不会的，打雷在夏天比较多，现在已经是秋天，差不多进入初冬了，不大会有雷了。"

听我这么一解释，她不觉点点头。片刻间又低头，似乎想到了什么，猛然抬头说："还有……还有春天也会有雷，那是春雷！"

"哈哈，也是哦！不过，春雷很温柔，不像夏雷那么凶。"

"嘻嘻，老师你把它们说得像人一样！"

公路上车来车往，可是一直就不见出租车路过，也不见公交车出现。

"老师，你去哪里呀？"

"我去龙港，也不知道去龙港的末班车过去了没有呢！"

"你家住龙港啊？"她有些惊讶，"到灵江小学，蛮远的！"

"老师的老家就在这里，上班时间我一般住这边。龙港有个套间，近段时间是妈妈住那边，我有时去陪她。"

"老师，起先有趟去龙港的车，已经过去了。我班有个同学家就住那个方向，她也是乘这条线路的车。"

"这么说来老师是错过了，也好，要是还有一趟，还能等上半个多小时，去龙港的班车间隔差不多就要这么长时间，那老师就可以陪你等到出租车了。"

她又默默地点了点头。

"奇怪，今天的出租车好像故意同我们作对呀！"我笑着调侃道，"难道今天又是什么节日吗？连出租车都忙得不见了踪影！"

"老师，你知道吗？昨天我们这里就有好几辆公交车被人包去了呢！"她目不转睛地望着公路的远处，忽然恍然大悟地说："老师，等不到出租车，我也可以坐从金乡去灵溪的乡镇中巴车呀！"

"对哦，还是你聪明，你看我就没想到。那我们随机应变，等到什么车就乘什么车好了！"

"嗯……"她一脸的兴奋，"坐金乡的中巴车还便宜些呢，只要四块钱就够了！"

说曹操曹操就到，我们正聊着呢，从不远处的桥上就冒出了一辆金乡中巴车来，她高兴地朝它直招手。

"好啊，总算来了，你就乘它吧！"

车很快到了眼前，她还使劲地摇着手。车一停下，她连忙跑出伞下，边跑边回头大声问："老师，你教几年几班？"

"三年级（3）班。"

"我明天去找你！"

声音刚落，中巴车倏地消失在雨帘之中……

那雨声，似乎成了我此刻心中的某个背景音乐，欢畅悦耳……我静静地站着，心头卸下了一份担心，升起了一份快乐。过了一会儿，我也等到了去龙港的末班车。在车上，我不禁想着，人和人不经意间的相遇，实在是一种缘分，就像今天的等车，我要由衷地感谢这位开朗率真的小女孩，因为她的出现，让我有了这次助人为乐的机会，虽然我所做的"好事"微不足道，但是它赐给我内心的美妙感触却是真切而恒久，与其说是我帮助小女孩解决了困境，不如说是她帮助我体验了一次心灵的愉悦。平时常在课堂上"教育"学生要做好事，其实，做好事唯有身体力行，才能切实体会到其中的乐趣，才能谈得上影响学生，否则难说不会成了纸上谈兵，道德说教，而学生听后更可能漠然置之，甚至阳奉阴违了。

二

第二天早上第二节课后，我回办公室，一眼就看见女孩在门口等着我。

"杨老师，还你钱！"她微笑着，声音轻柔，有些腼腆。

"嘿，是你呀……"

"妈妈说，早上马上把十块钱还给你，还要谢谢你！我已经带钱过来了。"

不知怎么的，我总感觉，对于这件事，应该是我谢她才是，理由呢，自然是前文讲过的，是她让我有缘做了一件小小的"好事"。

"没关系呀，不用还……"

"啊……"她正低头伸手在裤兜里掏钱，听我这么一说，不觉停住了手，慢慢抬头，迷惑地看着我，"不行的，杨老师，我不能拿你的钱……"

我想了想，只好说："那……不用还我十块钱，六块就够了。车费四块，就当杨老师替你出。"

"杨老师，你帮了我，我都不知道怎么谢你呢，还要让你替我出车费，我……"她显得有些局促不安，"我……不能……"她把掏出的十块钱递给我，是折叠在一起的两张五元。

"这样吧，杨老师就拿五块，如果你真的是在感谢杨老师，就听杨老师的话！"我从她手中抽出了一张，"难得我们昨天这么凑巧碰在一起，不仅聊了有趣的话，还互相认识了，杨老师也挺开心！这五块钱虽然很少，算是杨老师的一点点心意吧，送给你了，你自己决定怎么用它！你放心收下，杨老师可不会无缘无故地胡乱送你钱，你明白不？"

她似懂非懂，犹豫着没动。我再次恳切地说："打个比方，你就当杨老师是你刚认识的一位陌生的叔叔，他给你一份五块钱的见面礼物——怎么样，你能拒绝他这份小小的心意吗？"

"嘻嘻……"这一下她笑了，终于收回了那五块钱："谢谢杨老师！"

我们正交谈着呢，身边不知不觉围过来好几个我班的学生，七嘴八舌地问：

"杨老师，你们在说什么呢？"

"她干吗给你钱呀？"

"她是不是你的亲戚？"

……

"暂时保密！"我卖着关子，笑道，"以后告诉你们！"

这时上课铃声响了，围观的学生呼啦啦地一下子都跑进了教室。

"杨老师，那我回教室上课去了……"女孩边走边向我摇摇手，"杨老师再见！"

"等等，"我忙问，"你叫什么名字，现在能告诉我吧？"

楼梯口传来她响亮的声音："李楠……"

三

过了几天，午读时，我对学生说："现在杨老师要为大家读一篇日记，是上个星期的事，题目叫《与一个女孩的偶然相遇》。听了这个题目，有什么想说的吗？"

易思青说："杨老师，女孩是谁呢？"

张步顺说："你们是在哪儿遇到的？说了哪些话？后来怎么样？"

陈益说："女孩多大？和我们一样大吗？"

叶良奇说："会不会就是我们班级的女同学？"

梁信燕说："这篇日记写了什么事情？我想，这件事肯定是让杨老师很难忘的！"

……

这些疑问，更让大家对这篇日记充满了好奇。当我开始朗读时，个个聚精会神，时刻准备着从我的声音里揪出"谜底"来。

当我读到"'你在哪儿读书？''灵江小学。'……"，教室里顿时如同平静的水面激起了圈圈涟漪，好多学生面露惊喜：

"啊，原来也是我们学校的耶！"

"有意思！"

"是哪一个班级的呢？"

"杨老师，她叫什么名字？"

我伸出食指放嘴边做了个"嘘"的动作，轻声说："答案就在朗读中……""水面"立刻又恢复了平静，然而，我能感觉到水下有股力量在蓄积着。

我继续读着："……读五年级（1）班……体育老师让我放学后留下来训练，过些时候我要代表学校参加学区的体育比赛，所以回家就迟了……"

"我知道了！我知道是谁了！"黄书文情不自禁地喊起来："这个女孩是五年级（1）班的李楠！肯定是她！杨老师，我说得对不对？"

"我也觉得就是她！她真的比较高……"梁信燕也兴奋地问，"杨老师，是不是她呀？"

"五年级（1）班几十个人，你们怎么知道她就是李楠？"一下子就被猜中，倒轮到我好奇了，"理由呢？"

黄书文解释说："因为五年级（1）班只有李楠被体育老师选去训练呢！她是班长，还是学校的大队长，我和她一起开过好几次会，比较熟，应该就是她！"

呀，还是大队长啊！这还真出乎我的意料。可能有人会觉得奇怪，我这个当老师的怎么会不认识学校的"大队长"呢？说来惭愧，一则近几年我没当班主任，基本上无需同这些"校干"接触，对他们少了关注；二则我们学校除了让这些"校干"打打卫生分和数数做眼保健操的人数，晨会时走走台步升升国旗之外，很少提供更好的机会让他们在广大师生面前"显山露水"地展现各自风姿，对他们缺乏个性化的展示和宣传，如此一来，自然造成像我这类老师的"孤陋寡闻"，搞不清楚哪位是哪位了。

"我和李楠还一起打过分，给每个班级的卫生打分，她是组长。我也知道她有参加体育老师组织的训练队，但我不大清楚她们班级是不是只有她一个人参加！"梁信燕补充道，"杨老师，你快点接着读吧，我很想听后来又怎么样了？"

"真的是她吗？那我也认识，"陈怡静忍不住也开口了，"杨老师你写的好像放电影一样，很有意思！"

"杨老师，你快接着读呀！快读呀！"好多学生都耐不住性子了，此起彼伏地催促。

我默笑，心里暗暗地乐着，欣喜从我的目光中荡漾开来，如同欣赏一处宜人的风景，我静静地环视了一下全班学生，又继续往下读。此时此刻，我手中的这本《教育随记》已成了一块磁铁，紧紧地吸引着每个学生。随着情节的发展，学生时不时地被日记里描摹的某些对话、神情和动作惹得直笑。正如陈怡静所说的，我也似乎觉得他们不仅仅在听，更是在看，看到了这部"电影"播放的一幕幕场景，而我和那个女孩就是其中的两个"主角"……

读完日记的第"一"部分，大家意犹未尽，何彬彬马上就问："杨老师，第二天这个女孩有没有过来找你，还钱给你呀？”

"我想起来了！想起来了！她有来找杨老师还钱，"张步顺一副恍然大悟的神情，激动地说，"上个星期，好像是星期五……对，就是星期五早上，我在杨老师的办公室前就看到她，她手里拿着钱，还有陈益、赵绪也有看到！当时杨老师和她说的话，我们都听不明白，不知道怎么回事，现在知道了，就是这个女孩，她……李，李楠来还钱的！杨老师，是不是这样呀？"

"原来是这样，我也想起来了！"

"步顺说得对，我觉得就是这样的！"

陈益和赵绪情不自禁地喊起来。

鲍小祥和王彤两个女生也应和着："我们也有看到……"

这几个学生为自己是见证人而沾沾自喜，左右转着脑袋同身旁的同学叽叽喳喳着。

"哈哈，那就让我接着读日记的第'二'部分，看看是不是这样？"

我刚读了开头的两三行，张步顺就好像猜中了谜语一般，很自得地翘着下巴对同桌说："你看，我说对了嘛，就是这样子的！"而随后我和女孩关于"还钱"的对话更是紧紧地吸引住了大家，他们脸上表情丰富多彩，有好奇、有惊讶、有羡慕、有赞叹，还有的忍不住在窃窃私语……等到我念出了最后两个字"李楠"时，黄书文、梁信燕她们更是欢呼起来："猜对啰！猜对啰！真的是李楠！"

《与一个女孩的偶然相遇》的第'二'部分也读好了。谁有什么想法，现在可以告诉大家了！"

"杨老师，你帮助女孩坐车回家，做了件好事，为什么你在日记里说也要谢谢她呢？"陈怡静边问边想了想，又重复了一下自己的意思，"女孩谢谢你是应该的，你却要谢谢她，我不大明白，为什么呢？"

"就是呀，我觉得杨老师很奇怪，和别人不一样！"梁信燕也深有同感。

其实，这个问题的答案我在日记里也有写出来，就在第"一"部分的结尾那段，是我内心的独白，文字成人化，原本是写给大人看的，朗读时也照样读给学生们听，三年级的小孩子不一定能听懂我的意思。我本想把那段文字再给大家读一读，解释解释，然后和这群小孩子一起讨论讨论。但是，马上就有学生替我说话了：

易思青说："杨老师帮助女孩回家，使女孩不被雨打，她快乐地回到了家，杨老师也感到很快乐。如果杨老师没碰到这个女孩需要帮助，杨老师就不会有这次的快乐，所以，杨老师要谢谢女孩。"

陈南说："杨老师能写出这篇长长的日记，现在还读给我们听，让我们听得津津有味，就是因为杨老师遇见了这个女孩。杨老师和我们都很喜欢很高兴！所以杨老师要感谢女孩，我们也应该感谢她呀！"

王彤说："我还觉得杨老师有些谦虚，不会因为做了一件好事就沾沾自喜，所以他才会去谢谢被帮助的人，这样别人就更加感动了！不像有些人帮助别人，就以为自己了不起，心里老想着别人能来感谢他。"

"嘿，说得有道理呀！"我一边赞叹道，一边分别走近他们，一本正经地仔细瞧了瞧他们的眼睛。他们被我看得好生迷惑，陈南还下意识地伸手摸摸自己的脸颊，以为脸上粘了什么东西。

"杨老师，怎么了？"

"是不是我脸……脏了？"

"干吗这样看着我呀？"

我说："杨老师的心思都被你们三位看透啦！你们是不是戴了隐形的透视眼镜啊？"他们恍然大悟，哈哈直笑，大家也被我们刚才的情景逗笑了……

"杨老师，我也有感想要告诉同学们，"陈和钦胸有成竹地说，"你在日记里说这是'助人为乐'，帮助别人自己觉得快乐，是真的！我可以举个例子，有一次，我的同桌思语忘记带语文书了，我分她看，她说谢谢我，我心里就有高兴的感觉。"一旁的章思语目光里含着笑意看看陈和钦，又看看我，好像在说："嗯，杨老师，就是这样，陈和钦说得没错！"

"杨老师，我也要学你的样子，也谢谢章思语！"陈和钦有时就是这么有意思，他转头举起手掌放在前额，对章思语敬了个军礼，说，"谢谢你让我可以'助人为乐'！"

章思语一愣，顷刻间竟也条件反射一般回答道："不……不用谢，这是我应该做的！"

两人的对话乍一听有悖常理，然而，在此刻的情境里反倒显出了风趣与可爱来，惹得大家又是一阵哄堂欢笑……

陈和钦的例子也引来了其他学生的共鸣，周妍说："我也有做过帮助别人的事，那次课间朱老师忙着改作业本，说办公室里的饮水机没开水了，叫我帮她去楼下的办公室倒一些。我很快就倒来开水，朱老师高兴地说谢谢我，我也高兴地说不用谢。我心里很开心！"

黄书文说："杨老师，我会把自己家里看过的好看的书借给想看的同学看，他们看得津津有味，我也感觉舒服！这也是'助人为乐'吗？"

我说："你和周妍都是在帮助别人呀！你呢，让有些同学不用花钱去买就能看到喜欢的书，你们都能获得快乐，当然是'助人为乐'！"

"杨老师杨老师，我也有例子！"鲍小祥似乎担心我马上会结束了这个话题，慌忙起立，配合着手势急急切切地说，"有一天我在回家的路上看见一只流浪狗，它肚子很饿在找东西吃。正好我买了'鸡柳'，就送给它吃了。我觉得它很可爱就摸了摸它。第二天我告诉了王彤，我们就一同去看那只狗，我们又买'鸡柳'吃了一半再给它吃。第三天王彤又告诉李小意，我们就三个人一起去看狗……杨老师，那几天我们感觉很开心都是因为这只狗，它好像也很开心，看见我们就直摇尾巴呢！"

"小祥说得是耶！"平时看上去比较腼腆的李小意忍不住也开口了，"我很喜欢看它欢天喜地地吃我们的东西！"

"我们三个人去看它时特别热闹，轮流对它说话，它就向我们汪汪叫，摇头摆尾很高兴！"王彤满脸的兴奋，看她说话的神情，好像这只狗就在眼前，"有好几次，我一个人路过那里时也买东西给它吃呢！可是……可是后来，这只狗不知道哪里去了，再也没看到它的影子了。"

"你们这是对动物有爱心啊！这可是'助狗为乐'哦，同样让杨老师赞叹！要是这只狗会说话，肯定会感谢你们三位；要是它认识字的话，也可能想着给你们写封感谢信，交给杨老师读给全班同学听呢！"

"哈哈……"大家听了又笑了。

"我也有帮助过动物……是一只蜻蜓！"章晓不等大家静下来，就迫不及待地套用我的话说，"我是助……'助蜻蜓为乐'！那是夏天，一只蜻蜓不知怎么的闯入我的房间，这里飞那里飞，四处乱撞，我就把房间的几个窗户都打开来，它才飞了出去！"

"好哇，章晓，你这可是'放生'呀——放蜻蜓一条生路！不然它就会困死在房间里了！"我向章晓竖起大拇指，"杨老师欣赏爱护动物的孩子！"

这样的聊天轻松自在，聊着聊着，不知不觉午读就剩七八分钟了。后排的陈怡静意犹未尽地又站起来说："杨老师，我又有感想了，跟起先不一样！很简单就一句话：我也想像你这样——"她停顿了一下，拉长了声音，"写——日——记！"

"行啊，还有谁和陈怡静有一样的想法？杨老师也想听一听，你们觉得写日记有什么好处呢？"

周妍说："我也想写，因为可以记下有意思的事情，而且不会忘记了。我读幼儿园和一年级时有些事都忘记了，那时我不会记日记，脑袋瓜里只记住一点点。"

易思青说："多记几篇日记，就可以一起拿给好朋友看，让他们轮流着慢慢看，这样就不用我的嘴巴一直讲啊讲啊！我还要记一些爸爸妈妈的事，读给他们听，让他们也说说感想！"

吴福鑫说："杨老师，我也要写日记，我很想有一天你也能把我写的日记读给同学们听。像今天一样，我就很喜欢听！"

黄书文说："我也喜欢写日记，我要把难忘的事情记下来，什么时候都可以拿出来看，长大了还可以看，多有意思！我还想把一些同学和朋友记到日记里，读给他们听！"

　　李小意说："杨老师，记日记的好处都被他们几个人说光了，我只想说：我也有些想写！"

　　"还有谁想说的吗？"我等待了片刻，不见动静，便接着说："那好，这节午读就要下课了，杨老师要对打算记日记的同学提一个要求！那就是——记日记，想记就记，不想记就不记，现在不记以后看情况再记都可以，可不能逼着自己一定要记哦！如果哪位同学把记日记当成了负担，那杨老师反而为你感到不开心了！只要愿意，你们也别忘记把日记拿给杨老师看，让杨老师也分享分享你的'成果'，说不定哪篇日记就被杨老师选中读给大家听了，还可能打成文档存在杨老师的电脑或博客里做纪念呢！"

　　话刚说完，恰好下课的铃声也响了。我故意又问了最后一句："听杨老师读日记，开心不开心？"

　　"开——心——！"大家异口同声，兴高采烈地拖着长音。

　　"杨老师也开心——下课！"

　　与一个女孩的偶然相遇，就这样，一波三折地又在我和学生之间"生发"出多姿多彩的对话来，我们彼此分享"听"与"说"的愉悦，在"偶然"中演绎心灵上的一次"必然"的触动！作为老师，我愿意努力，尽可能地让快乐贯通课堂内外，为孩子们的童年增添更多一些值得回忆的色彩。每天感受孩子们交织在课堂之内的欢声笑语，捕捉他们闪烁在教室之外的欢呼雀跃，这是我一直的心愿。

附　记

　　在这学期（三年级第一学期）剩下的日子里，陆陆续续地就有学生把日记拿给我看，我非常愿意做他们的第一读者。我们既交流日记里的文段语句，也自由自在地谈心聊天，有时也随机地做些指导与点拨，在潜移默化中影响他们写的能力。到了期末，从中我也收集了一部分日记，有的摘录在《教育随记》里，有的打成文档存在电脑中，有的贴在我的博客上，也有一些原本就是不错的"作文"，便投给校刊《新禾》和《温州都市报》的"新苗"版发表了。当然，凡是被选中的日记我都会向大家推荐，我喜欢读，学生也很喜欢听。不过，要是学生不愿意公开的，我就为他们保守秘密。

在此附上学生的一些篇章，做个纪念：

跳孔雀舞的小男生

作者：陈怡静

我们班有一个会跳舞的小男生，叫陈和钦。他跳起舞来就会扭屁股，而且扭得很厉害，左一下右一下的，让我们看了哈哈大笑。他还喜欢跳孔雀舞，张开双臂，好像扇着翅膀想飞上天去。有时候，他跳着跳着，就抬起一只脚搁在自己的桌子上给我们看，脸蛋上带着得意的笑容，好像在说，你们看，我像不像一只孔雀呀？

我总觉得他有些奇怪，因为他老喜欢跳女生的舞蹈。他还有一个舞伴，就是我班最小的男生陈山景。陈和钦好几次跳孔雀舞的时候，就去找陈山景一起跳，说两只孔雀跳比一只好看。可是陈山景好像不大情愿。

有一次我偷偷地问陈山景："你是不是有些害怕他呢？"

陈山景说："我是有些害怕……"

我又问："他跳舞跳得不错呀，你不喜欢做他的舞伴吗？"

"孔雀舞是女生跳的舞蹈，"陈山景抓抓脑袋说，"我……我不好意思跳……不想跳！"

"那你怎么每次还是和他一起跳呢？"我有些好奇了。

"他……他很有力，都是把我硬拉过去跳的呀！"陈山景皱起眉头，委屈地说。

我和陈山景正谈着呢，陈和钦不知什么时候已经看到了陈山景，他远远地朝我们跑过来，边跑边喊："陈山景——陈美女，快过来一起跳孔雀舞，今天我又想出了好几个新动作哦！"

我听了忍不住笑出声来："哈哈，陈山景，快去快去，让我也欣赏一下你们的新舞姿呀！"

陈和钦，一个活泼可爱的小男生，你让同学们每天都能在教室里听到欢声笑语，我欣赏你！

皮　皮

作者：黄书文

舅舅来我家做客，带来一只小狗。黑黑的眼睛，白白的身体，头圆圆的，像一个画上五官的小皮球，耳朵是黄色的，尾巴短短的，可爱极了。我对它说："你的脑袋这么像一个小皮球，那就叫你皮皮吧！"它好像听懂了，不停地朝我摇尾巴。

没过几天，皮皮就跟我熟了，我发现它很聪明。有一天，我在看电视，后来不想看了就出去玩，刚出家门突然想起电视还没关掉，连忙回到房间，竟然看到皮皮正跳到桌面，伸出前腿去按了电视机的电源按钮，这真让我惊讶！还有一次，我在洗手，皮皮在一旁也照着我的样子，不一会儿就学会了开关水龙头，还开了关，关了开，兴奋地玩起水来，就像一个调皮捣蛋的小男孩。特别让我难忘的是，那天下午，我不小心把一本算术簿给弄丢了，急得我都掉出了眼泪，皮皮居然变戏法似的把它捡了回来，叫我又惊又喜啊！

后来，舅舅要回家了，我很想留下皮皮，但我不好意思开口，因为我知道皮皮是舅舅心爱的宠物，我不想让舅舅为难。我只能依依不舍地看着舅舅带走了皮皮。

那段日子，皮皮给我带来许多快乐，我总感觉它也是一个人似的。我盼望着有一天能去舅舅家看它，把这篇写它的作文读给它听。

周妍日记两则

作者：周妍

我要这样写作文

杨老师叫我写篇作文，我想到哪儿就写到哪儿。

我先想到的是我家的那只小猫，它的名字是我取的，叫小乖。别人说它很调皮，可是我感觉它很乖。那天它不小心打碎了花瓶，就缩起身子，好像在向我说对不起，我就对它说没关系。

我喜欢吃苹果、西瓜、梨子，还有桃子和桔子，我最不喜欢吃的水果是香蕉，因为我总感觉香蕉很甜，我不喜欢很甜的东西，还有一个原因是我看到有些香蕉放久了，皮黑黑的，就觉得恶心。我喜欢看的电视节目有《奇思妙想》和《喜羊羊》，别看它有些幼稚，其实很有趣。

我的玩具有布娃娃和小熊，还有小白兔。我的布娃娃嘴巴笑起来可好看了，嘴角往上翘；小熊全身都是金色的毛，眼睛看上去好像在思考；小白兔全身的毛是白的，它真像一位公主，很美丽。它们三个是好朋友，不吵架。我和它们在一起，觉得很快乐，我是它们会说话的大朋友，每一次都是它们在听我说个不停，也不知道听懂了没有。

现在，我喜欢听《苦荼》《荷塘月色》《爱的供养》三首歌，我不喜欢让我听不懂的歌。我也不喜欢看"阿诺·施瓦辛格"的电视，因为他演得很恐怖。还有，我近来也不大喜欢看《喜羊羊和灰太狼之羊羊运动会》，因为它演完了又演，很烦……

我还可以写很多，但是我不喜欢写得太长，所以就不接着写了——我就是这样一个小女孩，像我的这篇作文，我怎么想就怎么写，自由自在。

杨老师，这些天你去哪儿了呢

杨老师，这些天你去哪儿了呢？

听说你妈妈生病了，你带她去看病，真的吗？你妈妈好些了吗？

我好想你啊，杨老师，你现在在哪儿呀？

杨老师，你什么时候回来给我们上课呢？你再不回来，我们都要疯了，个个无精打采。你再不回来，说不定语文课都成数学课了，那我们在语文课里的欢声笑语都没有了，我知道，我们班的同学都不想语文课的时候都上数学课。

回来吧，杨老师！你快回来吧，我们都好想你啊！想你上课的样子，想你常常逗得大家哈哈大笑的样子。我们每天都在学校等你，等你快快回来，等你把以往的欢声笑语再带回来。

杨老师，你一定要记得，我们都在学校里等你……

临时的"弟弟"

作者：章学杰

今天，妈妈的同事王阿姨来我家玩，她带来她的孩子，名叫江龙雷。

江龙雷比我小点，可机灵了，老是跑来跑去，这里瞧瞧那里动动。妈妈带王阿姨去街上办些事，家里就剩下我和他了。妈妈临走前嘱咐我要招待好这个临时的"弟弟"，其实我也很乐意和他一起玩。

不一会儿，他说要玩东西，我马上把自己的各种玩具搬出来。可是，他只看了几眼，动了几下就不想玩了。他说要玩电脑，我连忙打开电脑让他上网，他一下打开QQ，一下玩游戏，没几下又改变想法说要和我玩捉迷藏。他藏我找，他居然躲在衣柜里，让我找了老半天也没找到，最后还是他自己憋得慌跑了出来……中午，他又不吃饭，在津津有味地看着电视。我在楼下大声地喊了好几次："龙雷，下来吃饭呀！"他假装没听到。等我吃好了，他才慢腾腾地下楼，直嚷肚子饿……

下午，我带龙雷去同条街上的一个同学家玩纸卡，我问龙雷："你会玩这个纸卡吗？"他胸有成竹地回答："我会玩，这怎么不会？很简单嘛！"可是，一玩起来，我就发现他其实不会玩，我想教教他，他却说："这个纸卡不好玩，不好玩，我不玩了！"

我说："那你等我玩一会儿一起回去！"

他点着头说："没问题，我就在一旁看看书。"

但是，我才玩几分钟的纸卡，就不见了他的踪影，我急忙四处找，照着原路一直找到家也没看到他的影子。我有些慌了，正想打电话给妈妈，他竟然从我家的楼上慢悠悠地走了下来，让我虚惊了一场，我还以为他迷路走丢了呢！

傍晚，我妈妈和王阿姨总算回来了，王阿姨带龙雷回家了，我终于舒了一口气。我想，做一个临时的"哥哥"，还真不容易啊！

难忘的两件事

作者：吴福鑫

做 饭

暑假，有一天，爸妈外出有事，没人做饭，我就想自己做。

我先洗米，然后把米倒进锅里，放些水，再打开电饭煲煮起来。我不放心，就坐在一旁等着，眼睛盯着它看，等啊等……竟然等了将近一个小时，电饭煲才"嘟——"的一声响，自动报告饭已经煮熟了。这时侯，我的眼睛也看累了，肚子也饿了，我就喊在楼上写作业的姐姐："开饭啦，姐姐，你快下来吃饭！看我煮得怎么样……"

姐姐一边吃一边点着头说："不错耶，只是稍微软了点，第一次煮成这样，也不简单了！"听了姐姐的表扬，我有些高兴，忍不住多吃了一些饭。

我们刚吃完饭，爸妈就回来了，妈妈问姐姐："饭是你煮的吧？"

"我在忙着写作业呢，"姐姐指了指我说，"是福鑫做的！"

我连忙点头："是我做的！是我做的！"

妈妈摸了摸我的头，笑着说："嘿，看来，你平时有注意观察妈妈煮饭哦！"

"那是呀，杨老师经常提醒我们，要多观察，多思考呢！"

种 豆

国庆节放假，有一天早上，姐姐拿了几颗豆急急忙忙地跑到不远处的沙地，好像是把这种豆种到沙地里。

第二天早上，我也拿了几颗那样的豆，也跑到那边把它种到沙地里。我给它浇水，每天去看它，我发现豆发芽了，豆苗一天比一天长得高了，从一厘米长到五厘米。不久，我的豆苗就和我姐的豆苗长得一样高，我特别高兴！可是，天气却一天比一天冷了，豆苗好像被冻伤了，我急忙找来一个塑料袋给它穿上衣服……后来，我的豆苗还是慢慢地枯萎，最后死了。

我很伤心！我就学杨老师的样子，把这件事记下来，纪念我的这些消失了的豆。日记写好后，我的心情也变得好了一些。

那晚睡得真舒服

作者：易思晴

去年有一天，妈妈对我说："思晴，今天是灵溪集市交流会，我们去玩！你快去洗个澡，换一套新衣服。"我好奇地问："干吗要换衣服呀？有些麻烦哦！""灵溪这几天很热闹，街上人很多，我的女儿穿漂亮点，不是很好吗？"妈妈笑着说。

我很快就洗好了澡，然后，坐爸爸的电动车去灵溪。我发现爸爸开车速度比平时快，风吹在脸上有些冷，但我心里暖暖的。

灵溪的各条街张灯结彩，人来人往，好像过春节一样。我对妈妈说："我想先去'天客隆超市'逛一逛。""可以！"妈妈很爽快地答应。一进超市，我也学着大人的样子，推着架有篮子的推车，四处走来走去，我买了喜欢吃的奥利奥饼干和香肠，我在电视里看过它们的广告。在超市里，我玩得无忧无虑，这里看看，那里动动，还买了好几样新颖有趣的玩具……

过了一会儿，爸爸说："我们去玩碰碰车吧！""好呀！好呀！"我迫不及待地喊起来，没想到爸爸和我想到一块儿去了，我特别高兴。可是，第一家碰碰车没电了，爸爸不怕辛苦，又在街上找来找去，带我们去另一个地方玩。

"爸爸，我要玩'人飞天'！"

"行！"爸爸一口答应，"不过，你要注意安全！坐端正，用手好好抓牢前面的把手！"这时，有人帮我扎好了安全带，爸爸妈妈分别坐在我的两边护着我。转了好几圈，速度由慢变快，又由快变慢，我既紧张又兴奋，被转得晕头转向，下来时，头还有些晕，走起路来，脚好像踩在棉花上，轻飘飘的。

后来，我们还去了人民公园和水景公园，都挺好玩的。虽然晚上回到家时有些累，但是让我睡得很舒服。妈妈说我梦里还在笑呢！

我喜欢苍南图书馆

作者：吴靖

有一天上课，杨老师向大家介绍了苍南图书馆，我听了很想去看看。星期六，爸爸妈妈就带我去了，我非常高兴。

图书馆建得高大雄伟。里面人来人往，很热闹。好多家长带着孩子过来看书或者借书。各式各样的书很多，一排排，整整齐齐。我最喜欢看故事书，书里的故事都十分精彩，那天，我看了《十个太阳》《守株待兔》《金斧头》……

我记得最清楚的一篇是《亡羊补牢》，是讲一个牧羊人的故事：一天早晨，他发现少了一只羊，仔细一查，原来羊圈破了个窟窿，夜间狼钻进来把羊叼走了一只。邻居劝他赶快把羊圈修一修，但是那个人不肯接受劝告，说羊已经丢了，还修羊圈干什么？第二天早上，他发现羊又少了一只。原来，狼又从窟窿钻进来，叼走了一只羊。他很后悔自己没听从邻居的劝告，便赶快堵上窟窿，修好了羊圈。从此，狼再也不能钻进羊圈叼羊了。我从这个故事里读懂了一个道理，那就是如果发现自己犯了错误时，要马上改正。

我喜欢苍南图书馆，这里环境很好，我想每个星期都去看书。

孩子们的第一场雪

孩子　让我年轻的孩子
会长成大人的孩子
我愿意一一收藏
你们那五颜六色的童年

另一种温暖

清晨醒来，听见妈妈惊喜地说："昨夜下雪了，很大呀！你看，地上都是雪！"

我连忙起床，拉开窗帘向外望去，白茫茫的一大片，整个天地真的是"银装素裹"！好多年没见过雪了，都想不起来之前是哪一年下过的。久违的雪啊！

记得去年也特别冷，我第一次去买了一件羽绒服，穿在身上的确保暖，可去年就是没下雪。现在终于下雪了，我反倒不穿羽绒服了，因为心里有一股兴奋充溢全身——雪呀，给我带来了另一种温暖。

一到学校，就看见学生个个喜气洋洋，好像过春节一般。路过中学部的教学楼前，已经读初一的陈亦静正在专心致志地揉捏着一个小雪球，双掌翻来覆去地摆弄。就这么一个简单动作，她也能乐此不疲做个不停，而且目不斜视地盯着手中的小雪球，如同和一个好友的久别重逢，她满脸微笑，似乎也想把雪球看得笑起来。我想象着笑起来的雪球，在陈亦静的手中梦幻似的开成了一朵大大的雪花……

"亦静，玩雪开心吧！是不是一直就没见过真的雪呀？"从她身边经过时，我情不自禁地问。

"是啊，杨老师好，我太高兴了！"陈亦静喜滋滋地说，"能看见真的雪，还可以玩，我真的好高兴哦！以前只在电视和书里看过呢！杨老师，你也喜欢下雪吗？"

"喜欢！和你一样的喜欢！"

小学这边，操场上好多学生在玩雪，奔来跑去，追逐玩闹，堆雪人打雪仗，欢声笑语此起彼伏……

晨读铃声响了，我依然让学生留在操场上玩雪。二年级的小孩子从出生到现在，才第一次看见真的雪，他们都兴奋不已，玩起雪来生龙活虎，全身心地投入，衣服沾湿了，手脚冻僵了，也毫不在意。

在楼梯口，遇见小女生陈瑾，她有些想哭，伸着红肿的双手，紧张地对我说："杨老师，我……我的手捏雪捏太久冻僵了，十根指头不……不能动了！"

我连忙握住她的小手，"别怕，我们上楼去，用饮水机里的热水帮你泡泡，暖暖。"

学校原本要求每个班级照常上课，可是，坐在教室里的每个学生心猿意马，老师根本上不了课，而且学生越坐越冷，越来越烦躁，有些还不由自主地站起身来摇来晃去，真可谓"坐立不安"呐……最终领导研究决定不上课，通过广播通知上午半天大家看雪、玩雪，自由活动，但要注意安全。下午放假半天。

师生们都乐开了怀，整个校园顿时沸腾起来。同办公室的易老师说："还是你好，直接就让学生留在操场上玩了，也不用跑上来在教室里干坐了好一会儿又跑下去！有时太听话，还真不是好事！"

我说："整个天地就是课堂呀，这样难得的雪景，不正是很出色的语文课吗？而且可遇不可求！"

易老师默笑道："我明白你的意思！"

雪中之旅，我们的"合奏曲"

我也下楼去，融入雪景之中，游走于学生之间。

"杨老师，杨老师，你来尝一尝，我的雪糕很好吃，免费的哦！"李如意一看见我就喜形于色，双手摇摆着两个雪块向我打招呼。

花坛边的小道上，苗正堂在悠哉地散步。此刻既没下雪也没落雨，他故意撑起了伞，还是一把红色的，而他又刚好穿红色的外套，一眼看去，分外显眼。

"正堂，你现在就是雪地里长出来的一株会走路的红蘑菇！"

"嘻嘻……"他听了就笑，脸膛红润红润的。

陈足尧跑了过来，一只手高举一个被捏成椭圆形的小雪球，叫唤着："杨老师，我卖鸡蛋啰，我卖鸡蛋啰！你要买吗杨老师？便宜点给你！"

"哈哈，你想吃雪糕吗？你可以用你的鸡蛋去换李如意的雪糕啊！"我转头找李如意，发现她不知什么时候已经和章思语、鲍小祥蹲在花坛边，小脑袋聚在一处窃窃私语地讨论着什么，远远望去，就像盛开在雪地上的三朵颜色各异的大花，"足尧你看，如意在那边呢！你快过去哦，也不知道她的雪糕被她自己吃了没有！"

"杨老师，我们的冰激凌才好吃！"陈和钦和吴福鑫也向我们跑过来，各自拿着一大一小的雪块，雪块被他们捏成长长的形状，一头圆一头尖。

"你们看，我捏的是乒乓球，白色的！"张步顺潇洒地张开双臂，戴着黑手套的手掌里握住一个圆溜溜的小雪球。他突然把"乒乓球"抛向了陈足尧的上空，"足尧，接球！"陈足尧一时没反应过来，"乒乓球"直掉到他的头上，碎成雪粒散落开来，有些粘在头发上好像抹上了一粒粒珍珠，这个时候陈足尧才缩着脖子跳开原地，惹得大家哈哈大笑。

"哼！步顺，我让你吃我的'鸡蛋'！"回过神来的陈足尧立刻把手中的"鸡蛋"朝张步顺扔去，张步顺撒腿就跑。两个人你追我赶，在操场那边一圈又一圈地绕，倒成了跑步比赛了……

"我请你们吃我做的棉花糖……"这一边，易思青慢悠悠地走近我们，眯着眼睛，笑嘻嘻地把一大团毫无规则的雪块递到我眼前，"杨老师，你先尝一尝，你尝一尝看甜不甜？还有谁要咬一口，把嘴巴伸过来，别客气呀！"

我笑了，"你们一个个都挺会想象的嘛！不是玩的就是吃。思青，杨老师不喜欢吃甜的，还是你自己多吃点吧，你可别对自己客气哦！"

"不客气，不客气，"易思青做了个"咬"的动作，吞咽了一下，自言自语，"好吃，很甜！很甜！"平时文文静静的易思青此刻竟也活泼风趣起来，真是情境改变人呐！

随后，这几个学生簇拥着我绕着综合楼的那条小径一路走去，我们一边看雪景，一边闲聊。

"你们看，远处的三峰山，白茫茫的……"大家顺着我手指的方向望去，"怎么样？"

陈和钦说："真美！干干净净的白！"

"干干净净的白，和钦这话说得有意思！这就是'一尘不染'啊！一点灰尘都没沾染，非常干净，能明白吧！"他们直点头，也难怪，此时此刻有景象有语境，是理解语句的最佳时机。

陈和钦马上造了个句子："我把桌子擦得一尘不染。"

易思青指了指环绕综合楼的湖面说："大家看，下过雪的湖水真清啊，也是一尘不染的！"

"我起先捏一个雪球，雪流出来的水把我的手洗得一尘不染！"苗正堂边说边做动作。

"不错！你把雪球当肥皂了！就是太冰了，小心冻僵了手哦！"

"不会不会，我的手不怕冷！"苗正堂举起一只手掌，快速地一张一握活动着十指，"杨老师，你看，你看……"

吴福鑫说："三峰山白茫茫的，一尘不染，它已经变成了一座美丽的'雪山'，我就叫它'三峰雪山'。雪不要融化了就好啰！"

"福鑫说得好哇！杨老师有办法，"我拿出手机把"三峰雪山"拍了下来，递给他们看，"怎么样，'三峰雪山'再也不会融化了！杨老师突然想到了一句话，你们听听，看能不能懂它的意思——青山原不老，为雪白头。"

易思青说："我有些听懂，这句话是说青山像一个人，雪落在他的头上，他头发都白了，好像也老了。原来它是不会老的。杨老师我说得对不对？"

"对，说得蛮不错！"

陈和钦说："青山本来是年轻人，因为下雪了，把他的头发染白了，看上去像满头白发的老人家。青山就有些烦恼了！"

不知何时，身后又跟过来几个学生，鲍小祥挤到我身边冷不丁地插话了："杨老师杨老师，等太阳出来一照，白雪慢慢融化，青山的白头发就会越来越少，它又变得年轻起来了！"

"雪融化了，就好像青山脱去了白棉袄一样，变得轻轻松松的！"章思语也跟着说。

"你们几个人说得很生动哦！是呀，太阳能帮青山变年轻，也能帮你们长高呢！冬天你们可要多晒晒太阳，很暖和的。到时就不会因为怕冷把自己穿成胖子一样了。穿得刚刚好，轻轻松松多好，是吧，思语？"

"是是……嘻嘻……"章思语一说就笑，"杨老师，我常常在外面这里玩那里玩呢，就不怎么冷了！"

"怪不得……"我伸出手掌按了按她的脑袋，眯眼做出目测的姿态，"你……你又比上个星期长高啦！再过几个星期你就高过杨老师了！"

"不可能，不可能，哪有那么快啊！"章思语直摇头。

吴福鑫靠过身来，站在章思语旁边，上看下看比了一下身高，认真地说："杨老师，她好像没长高，跟原来一样。"

"杨老师是故意这样说的，我听出来了！"陈和钦有些得意，"这是幽默！幽默，你们知道吗？"

有几个人点头有几个人摇头……

"我也知道，杨老师是在开玩笑，幽默就是开玩笑，让我们高兴！"易思青很赞同陈和钦的话，"章思语要是长得那么快，就变成卡通人了！"

陈和钦说："那是动画片，里面的人想高就高，想矮就矮！"

吴福鑫也来了兴致："我喜欢看动画片！《猫和老鼠》特别有意思，每次我都看得哈哈大笑！"

章思语接过话，掰着指头数着："我看过《喜羊羊和灰太狼》《大力水手》，还有《奥特曼》……"

"我也喜欢动画片！"鲍小祥突然问我，"杨老师，你喜欢吗？"

"一直喜欢！杨老师小时候的电视是黑白的，也看得津津有味呢，印象特别深刻的动画片是《绿野仙踪》，知道吗，里面讲一个小姑娘和稻草人、铁皮人、狮子……"

"哦，知道知道，这本书我有看过，很有意思！"

"小姑娘叫多萝茜，善良可爱，还很勇敢！"

"稻草人是没有脑子的，铁皮人是没有心脏的，那只狮子特别胆小！"

"故事很好看！"

……

这群小孩子你一言我一语，又是一阵子的眉飞色舞。不知不觉我们就绕到了综合楼的背后，绿草坪早已变成了白地毯，花坛里的月季傲然开放，好几朵挣脱了雪花的覆盖，静穆地挺立在寒冷中，远远望去，白里透红，愈加鲜艳耀眼，精神抖擞。花坛周边，几棵树木的枝叶上开满了晶莹透亮的"梨花"，宛若人工冰雕。

小路边的一棵松树下，有三个小男生正弯腰蹲着，一边交头接耳，一边对着树下的一块大石头拍拍打打，揉揉捏捏。仔细一看，原来是我班的陈南、古启涛和黄鑫。

我问："你们在干吗呢？给石头化妆吗？"

陈南说："杨老师好！我们在做石头。用雪来做，你们看，像不像？"

"很像！你不说，杨老师刚才还以为就是一块白色的大石头呢！"

古启涛说："在路边的树下摆一块大石头，风景就更好！"

黄鑫说："就像灵溪水景公园里的石头一样，又好看，又可以给人坐。"

陈和钦打趣道："可是，一坐下去，屁股都湿了，石头却变小了！吓人一大跳！"大家都听笑起来。

"我们是想象嘛，又不是真的！"陈南连忙辩解。

"哈哈，和钦说的是幽默话，他在逗大家乐！"我摸摸陈南的脑袋说，"不错的想象，杨老师支持你们！杨老师还有个建议，就是在这块石头上刻几个字，大家想一想，刻什么字比较好？"

大家顿时来了兴趣：

易思青说："我是雪石头。"

我说："有意思，这块石头特别白，与众不同。"

陈和钦说："只能看，不能坐！"

我说："行，无论石头是真是假，都在提醒看风景的人别坐在它的脑袋上。如果就是真石头呢？"

古启涛说："那就刻：我是真石头。"

我说："也有意思，好像石头在自我介绍。"

吴福鑫说："我要刻'您请坐'。"

陈和钦说："要是我来刻，一个'坐'字就够了。"

我说："不错，给走路走累了的人休息休息。可以采用和钦的建议，单个'坐'字更加简练。"

鲍小祥说："旁边就是综合楼的教室，不能影响上课，我想刻'安静'两个字！"

陈南说："也可以只刻一个'静'字！我更想刻'爱护花草'！"

黄鑫说："我要比你多刻两个字，'爱护花草树木'。"

李如意说："我就刻'爱护石头'。"

陈和钦说："我要去掉一个'护'字，'爱石头'也很通！杨老师你点评一下，我们几个取得怎么样？"

"小祥的想法挺好！这里不是操场，应该'静'些比较合适。陈南的建议我也赞成，理由和一个'坐'字一样，更加简练。陈南的'爱护花草'和黄鑫、如意说的也值得考虑。和钦，你的'爱石头'嘛，一看，还真有些幽默在里面，这块石头提醒大家说：'喂，你们可要爱我石头哦！'……"大家听笑了，我想了想，又问道："那从'爱石头'当中只选一个字来刻，哪个比较好？"

陈南说："'头'字肯定不行，刻在上面大家看不懂什么意思。'石'和'爱'字可以。"

"只能选一个，"我问，"哪个更好？"

吴福鑫说："'石'字，说明它是石头。"

陈和钦说："不要刻'石'字，因为大家一看都知道是石头啊！还是刻'爱'字好，有意思在里面，就是'爱护'的意思，就是起先讲的爱护花草树木。"

"我知道杨老师肯定也会选'爱'字，对不对？杨老师希望我们要有爱心，爱护这里的风景。"易思青见我点头，接着说，"我还想……刻'欢迎光临'或者'欢迎再来'四个字！"

我说："这样刻也适合，我们学校就像一个公园！"

吴福鑫说："杨老师，如果要刻字，字最好少些，还要写得好看。我觉得用书法的字最好。"

"有道理，杨老师赞同你的想法！"

吴福鑫说："找书法家写。"

陈和钦说："也可以到书法书里找，找王羲之的字最好看！杨老师，这是你上课时说的耶！"

陈南说："在电脑上也能找到这些字。"

……

大家七嘴八舌，聊得不亦乐乎。等我们绕回到综合楼前面时，已临近上午放学时间，或许开心的时光总是过得飞快，我和这些孩子刚刚经历的一次师生同乐的雪中之旅，就这么的成了回忆，好在以上文字所叙述的情景，有些已经同步地被我用手机定格成了一张张照片。对我来说，当老师同样有着平常人的酸甜苦辣，然而，多数的乐趣正是来自孩子们的举手投足与童心童语，每每此刻就如同看见了小时候的那个自己。

后来，我到教室里发现一向活泼好动的叶烨竟然端坐在位置上订正作业本。

"你怎么不出去玩，静静地坐着不冷吗？杨老师可没要求你这么认真哦！"

"杨老师，是我自己想做作业！我早就出去玩够了，身体都热起来，一点也不冷了！现在我就想做作业。"

我不禁看着叶烨默默地微笑。

"杨老师，你……干吗看着我笑呀！"叶烨摸着戴在头上的连衣帽子，他疑心帽子上有什么问题。

"你平时老是坐不住，要每个老师时不时地提醒，你看现在……杨老师欣赏你这一次的变化！"

他高兴地摆动着手中的铅笔，也笑了……

课堂内的又一场雪

几天后，我把那天拍的照片存入电脑，每张都取了标题，在一节课上用多媒体上投影给全班学生看，我们师生似乎又经历了一场雪，教室里，欢声笑语纷纷扬扬，孩子们欢天喜地述说着各自的经历和感受。倾听和表达，都是那么的有滋有味……

以下选录的文字，有的是当场发言的学生根据自己讲的记下来，有的是学生后来主动写成日记交给我批阅的。错别字和拼音我都改过来了。孩子们人生中的第一场雪，留给他们的是怎样的一番记忆呢？不妨让我们也来读一读，即便才读二年级的他们写得或许简单而平淡：

梁信燕《下雪好开心》：

那天早上，爸爸起床拉开窗帘布，惊喜地喊："啊，下雪啦！下雪啦！"我迫不及待地跑过去一看，真的呀，高兴极了！爸爸忍不住又对我说："下雪，真是太美了！"

到了学校，很多同学都在玩雪，我急忙跑到教室，里面没有一个人，我把书包一放就冲下楼去玩了。后来，我的好朋友陈秦怡来了，我就和她一起堆了个雪人，可是被别人不小心碰坏了。我们又重新堆，陈和钦和吴福鑫也来帮忙，很快又堆出了一个大大的雪人，我们用小石头和树叶给它装上眼睛、鼻子和嘴巴，看上去就像小丑，很有意思。

后来，朱老师说下午没有上课，同学们听了开心死了。回到家里，我和爸爸妈妈就跑到顶楼的平台上玩雪，爸爸堆了个雪人说是王子，我和妈妈在王子旁边打雪仗，妈妈扔我，我扔妈妈，扔来扔去把王子的脸给扔坏了，爸爸笑着说："我的王子被你们毁容了！"我和妈妈听了哈哈大笑。

这一天，我真开心啊！

赵旭：

我到了教室，把书包往凳子上一放就急冲冲地跑出去，差点摔倒，还好我刹车刹住了。我到操场上玩打雪仗，扔来扔去。雪很冷，我的手都快冰起来了，但是我感觉身体却发热了。这是我第一次玩雪，好开心啊！

李子青《我爱下雪天》：

早上起床，我一打开窗户，眼前突然一亮，房子上、街道上、马路上、树上，到处都是白茫茫的，我惊喜地叫起来："哇，下雪了！下雪了！终于看见雪了！"因为我从来都没有看见过雪啊！到了学校，很多同学在堆雪人，我连忙跑过去一起堆，我双手不停地捧起雪堆呀堆呀，终于把雪人堆了起来，看它歪歪扭扭的，我们也高兴极了！我爱下雪天，要是想下雪就下雪，像空调一样多好啊！

吴靖：

我中午在家玩堆雪人，堆好了，我就打雪仗，不是跟别人打，是打我刚才堆出来的那个雪人，我随便朝它怎么扔雪球，它都不还手，不一会儿它就被我打破了，散在地上。我又堆了一个，再和它打雪仗，还是它输。

周妍《下雪啦，我真开心》：

　　我真的看见雪了，这是我第一次看见雪！好像是上个星期吧，有一天中午我跳绳跳好了回教室，看见杨老师在走廊上看书，就找他聊天，我问雪有味道吗，杨老师说没味道。雪真的像杨老师说的没有味道吗？我想，杨老师会不会故意说假话呢？今天我就去偷偷地吃了一口，才知道杨老师说的是真的。然后我也去玩雪了，我专门堆雪球，当皮球踢，踢破了又堆一个再踢，玩得可开心了！我刚想再玩下去，晨读的铃声响了，我依依不舍地向教室跑去，在楼梯口，杨老师对我们说，想玩雪的就继续玩，不用进教室。大家高兴极了，又飞快地跑回操场，像小鸟一样飞起来。后来，杨老师和朱老师也下来跟大家一起看雪玩雪呢，我们玩得像一个个雪人，真开心！

黄书文：

　　我和妈妈一起起床，妈妈拉开窗帘一看大叫起来："哇！好白好多的雪啊！"我连忙去开门看，啊，房前房后都是雪！妈妈开电动车送我上学，我看到公路两边堆满了雪，田野里都盖满了雪，真的像棉被，远处的山变成雪山了，好美啊！

　　学校里到处是玩雪的人，有的在打雪仗，有的在堆雪人，我这个玩一下，那个玩一下，玩得好高兴呀！

　　下午，我在家门口堆雪人，妈妈看到了也来帮忙。雪像棉花糖一样软，比棉花糖还要白。我和妈妈堆了好一会儿，只堆了一个小雪人，我们俩手都冻僵了，可心里还是非常开心，妈妈一直笑呵呵的，我也是满脸的笑，这是我第一次堆雪人！等二天，太阳出来了，雪慢慢地融化了。我心里好想念它啊！

易思青《哇，我看到雪了》：

我起床穿好衣服，心里想，怎么这么冷呀？透过窗户的一角看天空，咦，外面怎么这么白白亮亮的呀？我连忙打开窗户一看，哇，原来下雪了啊！太高兴了，我最喜欢下雪了！

一到学校我就和同学去玩雪了。然后，我看见杨老师了，他顺着湖边小路在散步，还和几个同学聊天，边走边拍照。我也跟了过去，请大家吃我手中的"棉花糖"，我们有说有笑，杨老师给好几个同学拍照，给吴福鑫拍好了以后，也给我拍。后来，我又和王彤、鲍小祥堆雪人。下午没有上课，我又去玩雪了。真是快活的一天啊！

陈瑾：

早上我还没起床，就听到伯母在楼下喊："下雪了！下雪了！"我急忙拉开窗帘看，雪亮晶晶的，雪好美呀！我赶紧穿上衣服跑到楼下玩雪了。我仔细看雪，好像棉花，又好像白云。中午，我又和姐姐一起玩打雪仗，还和妈妈堆雪人，妈妈也像个小孩子，和我又说又笑，我们玩得可开心了。

我真喜欢有雪的冬天，我还想让今年的冬天再下一次雪！

陈益：

我到学校一看，操场上人好多啊，很多人都在打雪仗，跑来跑去，抓起雪块扔来扔去，大喊大叫，哈哈大笑。有的在堆雪人，几个人围在一起忙来忙去，好热闹啊！我到教室一看，居然连那几个不出去的女生都出去玩了。我急忙放下书包就跑出去玩打雪仗，连老师也出来玩了，还照相呢！中午到家以后，姐姐堆了许多雪，我也来帮忙。后来张步顺和我的另一个好朋友也来一起玩了，我们用双手抓了好多雪，还用双脚来扫雪，堆了两个不大不小的雪人，但是，看来看去都不怎么像人。我们心里特别高兴，就觉得这两个雪人真好看！

好想每天都是下雪天啊！

古启涛：

星期四早上，我一打开门就看到白茫茫的一大片，我刚开始"吓"了一跳，马上就笑着喊起来："啊，是雪，是下雪了！"当时，我在想学校里会不会没雪呢？

去学校的路上都是雪，到了学校，也都是雪，学校更加漂亮了！我和同学玩了起来，还堆了雪人。后来老师说下午不用读书，大家都欢呼起来。今天是我扫地，我扫得非常快，心里一直想着玩雪。一回到家，我又堆了一个美丽的小雪人呢！

章学杰：

我第一次看见雪，很开心！雪下得很大，屋顶上有白茫茫的雪，还有草地上也有白茫茫的雪，都处都是白茫茫的雪。我和章学仁在玩打雪仗，我打中了他，他也打中了我，一点都不疼。然后，我们又堆雪人，我们玩得都忘记吃饭了，肚子也不知道饿呢！

叶良奇：

是我打开窗户先看到雪的，我高兴地说："妈妈，我看到雪啦！"妈妈问真的吗，就跑到我身边朝窗户外一看，惊喜地说："啊，是真的啊！"

后来，我在学校玩雪，我做了一个大圆球，被调皮的男同学砸了，我又重新做了一个，歪歪扭扭的，这次可没被人给砸了，给我自己滚了一下，就变圆了。

插曲：童心里的诗意

其间，黄书文很好奇地问我："杨老师，你小时候也玩过雪吗？你也说给我们听一听！"

我说："玩过啊，那时候下雪比较常见，杨老师也很喜欢呐！和同伴在街上、田野里、小河边、房前房后、楼上楼下到处跑来跑去，大喊大叫，这里玩玩那里瞧瞧。跟你们一样，堆雪人啊扔雪球啊，堆了一个又一个，互相把雪扔得满身都是。我们还拿雪来捏出各种东西。使劲地把树枝上的雪摇落下来。在雪地上小心翼翼地踩出一个个脚印，就像一只只小船，又把它们踢得乱七八糟。把雪装在瓶子里埋在地下过几天又挖出来。用雪洗脸让它慢慢融化冻得脸蛋红彤彤的。有一次还好奇地尝过雪呢，很冰很冰，却没啥味道又把它吐出来。玩得手指麻了，衣服鞋子湿了，都忘了吃饭也毫不在乎……"学生们听得很出神，安安静静的，似乎他们已经穿越了时空，跟小时候的我一起又一次经历着我所描述的一幕幕情景。

"以前，杨老师还教过一篇写雪的课文《瑞雪》，内容基本上都忘记了，但是还能背出里面的一句谚语——'今冬麦盖三层被，来年枕着馒头睡'。"我一边背，一边板书，当学生看到黑板上出现一个个字时，才从我的话中回过神来。我把意思解释了一下问："杨老师为什么单单能记住这句呢？"

易思青说："因为它读起来很好听，好记！"

陈怡静说："这句话写得好，说雪像厚厚的被子，好像童话故事。还有……用馒头当枕头睡，写得特别有趣。做梦的时候就可以梦见自己吃馒头了……"

陈秦怡说："它和古诗一样，每一句都是七个字，而且就两句，很整齐很好背！"

"你们说得是啊，特别是秦怡提到的和古诗差不多，杨老师也很喜欢古诗，背过以后就不容易忘记，因为它朗朗上口，很有节奏。想想看，有没有背过跟'雪'有关的古诗呢？"

"有，一年级的时候语文老师教我们背过《江雪》：千山……"黄书文刚念出前面两个字，大家就异口同声地背诵起来：

"千山鸟飞绝，

万径人踪灭。

孤舟蓑笠翁，

独钓寒江雪。"

我说："这首诗里的雪下得非常大！大在哪儿呢？"

陈秦怡说："雪很大，很冷，山上都看不到鸟儿飞出来了。"

陈山景说："地面上也看不到人了，雪太大了，大家都躲在家里、躲在被窝里过冬呢！"

陈益说："江面上都有雪，冻成冰了。"

"杨老师，我还会背《梅花》，这首诗里面也有一个'雪'字……"苗正堂一说，大家又跟他一起背得趣味盎然，如同齐唱一首欢乐的歌：

"墙角数枝梅，

凌寒独自开。

遥知不是雪，

为有暗香来。"

我说："好诗呀！寒冷的冬天，应该也下雪了，雪中的梅花更显得美丽！诗里说白色的梅花远远看去很容易被人当成了什么呢？"

梁信燕说："当成雪了，雪和梅花都是白色的。"

"说得对！那诗人说自己不用走近看，就能区分梅花和雪，怎么区分？"

黄书文说："我知道，梅花能散发出淡淡的清香来，雪没有气味！"

陈和钦说："最后一句'为有暗香来'就是书文说的意思。"

"嘿，蛮厉害的！"我赞叹。

黄书文说："一年级的时候，语文老师发给我们一本薄薄的书，里面有几十首古诗，让同学们读读背背，我也背了一些，可是我只会背，不大明白意思。现在看课外书《唐诗三百首》，看到背过的古诗后面都有解释，我就有些懂了。"

陈和钦说："有些古诗我反复读反复读就会背了，等到背熟了，发现也有一点懂了，后来我长大了一些又懂了一点。到了二年级学到的字词越来越多，再去读再去背，原来不懂的诗句，不知不觉也懂得多了起来。"

"书文、和钦说得实实在在，真好！杨老师也深有同感呐！你们的亲身经历，很值得大人们来倾听，来了解！"这两个学生的感想让我既欣慰又感慨，是呀，教育上的有些原理我们不去讲它，其实也自然而然地存在于孩子们的生活与学习之中，只要教师能顺应、遵循和守护它，师生皆能受益。我又鼓励大家，"学语文就是这样，多读、多背、多看课外书、多问老师都是好方法好习惯！"

后来，大家还想起了刘长卿的《逢雪宿芙蓉山主人》：

"日暮苍山远，

天寒白屋贫。

柴门闻犬吠，

风雪夜归人。"

背诵之后，大家又是一番轻松而畅快的随问随答，恍然觉得这节课时间过得飞速，每个人的脸上写满了喜悦和眷恋……正因为经历了真正的下雪天，经历了师生之间的"同一场雪"，孩子们无论是讲起看雪玩雪的经历，还是背起这些古诗来，同样的声情并茂中，却有着不一样的欢喜。我看在眼里喜在心上，我知道这种欢喜的因缘与力量来自哪里。童心孕育诗意，这使我不禁想起了曾经写过的一首小诗《写给孩子》，此刻，也许最能抒发我的心绪：

你们说

风关在门外它会着凉

雨落在地上它会摔伤

你们说

天上有你们的欢歌笑语

地上有你们的蓝天白云

你们想摘朵彩云

心儿就会随燕子飞上天去

你们想拉住清风

脚步就会与风儿追逐到底

你们是快乐的小鸟

在童年的天空自由飞翔

叽叽喳喳地鸣叫

留住我的春天

你们是试航的小船

在绿色的课堂乘风破浪

琅琅书声掀动涛声阵阵

绽开笑脸激起浪花朵朵

你们是草的萌芽花的绽放

夏夜里与我对视的星光灿烂

清澈的童心如春雨飘洒

滋润日子　绿化我的心田

孩子　让我年轻的孩子

会长成大人的孩子

我愿意——收藏

你们那五颜六色的童年

女生周妍的"笑与泪"

"有喜有忧，有笑有泪，有花有果，有香有色，既须劳动，又长见识，这就是养花的乐趣。"老舍先生在《养花》中的这句感慨，大概有不少人耳熟能详。我想，教育何尝不是这样呢？一个老师对孩子成长的关注，不也有类似之处吗？

——题记

一

教二年级两个多月了。

上个星期五，全校统一组织期中考试。考完语文后，我在办公室翻看试卷，这时来了三个女生，她们喊了报告，就挤在我的身后笑嘻嘻地却不说话。

"你们……有事吗？"我回头看她们害羞的样子问道，"怎么不说话一直笑呀？"

终于，其中一个塞给我一张对折的纸条说："杨老师，这是周妍写给你的，她让我们拿给你。"我正想问周妍怎么不自己拿呢，她们却一溜烟跑出了办公室。

中午回家有了空闲，把那张纸条展开来看，上面是周妍清秀整齐的铅笔字：

我的真心话

杨老师，谢谢你这两个月来对我们班的陪 yù（培育），这是我的真心话，也对朱老师说的，你一定要读给朱老师听呀！如果你没有读给朱老师听，你就读给同学们听。如果你有读给朱老师听的话，我就把我的中队委给你当，可是，你 bié（别）看它只是中队委，它也能管人的。记住不要小看只是中队委哦！对了，这篇作文可以不可以呢？不可以的话，我可以 chóng（重）写。杨老师生活快乐！

我轻声读着读着，就被这段文字给惹笑了。周妍还把文末"生活快乐"四个字做了装饰，笔画勾勒成空心的，旁边还画了个"爱心"图。

这个星期一，我把纸条拿给朱老师看，朱老师一边读，一边直笑："这个周妍有些调皮天真，还有些鬼机灵的！你看她的字，写得比同龄人老练多了，有一种味道，就像初中生或者某个老师写的一样。这篇小作文也写得挺有意思！"

"是呀，刚接触这个班级才改了几次作业，我就发现周妍的字写得与众不同，既端正又流畅，笔画有轻有重，运笔速度有快有慢，挺有节奏。纸条上这段文字的排列也整齐美观，瞧上去还蛮有章法。看来，她有写字方面的天赋，适合练书法！可惜我们学校没有开设书法课，要是有的话她就能发挥这个长处，更好地展示出来了！"

当晚，我一回家，就用校讯通给周妍的爸爸发了条短信，把周妍字写得好这个优点告诉了他，并请他表扬自己的女儿。

第二天课前，我问："谁昨天晚上被爸爸妈妈表扬了？"

很多学生你看看我，我看看你，都在迷惑中，没人应答我的问题……片刻间，周妍微笑着举起手来，目光炯炯有神地望着我，急切地说："杨老师，我有，我爸爸表扬我了！我很高兴，谢谢杨老师！"

"好啊，你爸爸按照杨老师的意思去做，杨老师也感到高兴！你真棒，继续努力哦！"我朝周妍点着头，"也谢谢你爸爸，你回家记得把杨老师的感谢带给你爸爸！"周妍也点点头，脸上笑意盈盈。我和她的对话，如同打哑语一般，默契而神秘，全班学生迷惑不解，个个满头雾水。

"杨老师，你和周妍在说什么呀？"

"听不懂！很奇怪耶……周妍，你爸爸表扬你什么呢？"

"杨老师，你告诉我们吧，怎么回事呢？"

……

我把事情的前因后果说了一遍，大家恍然大悟。然后，我读了周妍的那篇《我的真心话》。

梁信燕听后说："周妍的真心话让我感动！"

我说："我也感动！谢谢你的感想！"

郭小唐有些激动，不等起立便脱口而出，却只有两个字："期待！"

我问："你是说这篇作文里有周妍的期待，还是听了之后你有期待？你期待什么呢？"

郭小唐腼腆地含笑沉默着。倒是同桌易思青替他说话了："杨老师，我知道小唐的意思，他是期待你什么时候也能写写他，他不好意思说。小唐，对不？"

郭小唐看看她，又看看我，点了一下头，依然默笑。

"好啊，小唐，杨老师也期待哪一天写到你！其实，班级里的每一个同学，在和杨老师接触的过程中，都有可能被杨老师写进《教育随笔》里。杨老师会选择难忘的事情记下来，我们一起努力哦！"

陈南随即问："杨老师，那周妍给你写真心话的这件事，你会不会写？"

"会！"我语气肯定，"而且啊，她还是这件事的主角！整篇文章写她为主，就像电影里的主要演员一样！"

周妍高兴地左顾右盼。

"还有哦……刚才，信燕、小唐说了自己的感想，思青和陈南也参与其中，和这件事有关联的人大都会被写进去，就是配角——配合周妍这个主角的！"

"嘻嘻，我们是配角！配角！"被提到名字的这几个学生喜出望外。

"嘿嘿，我也是配角！我也被杨老师写到啰！"郭小唐更是朝周妍又点头又摆手。

二

已经是冬天了，天气渐渐地寒冷起来。

中午，晒着暖洋洋的太阳，我站在二楼的走廊上靠着护栏看书。

"杨老师，你在这里看书呀？我刚才在楼下跳绳，跳了身体暖暖的呢！"周妍从楼梯口上来时，向我打招呼。

我微笑，朝她点头。

周妍快步跑到我身边，仰着头，金色的阳光笼罩她的脸蛋，笑容愈加的灿烂。她双手不停地在绕着手中的绳子，滔滔不绝地对我说着话。我忙把视线从书页上移开，合上书，静静地听着。

"杨老师，我在老家很想看雪，妈妈说老家天气比较寒冷，以前有下过雪的。老家的雪还没下，后来我就回来了，好可惜哦！我们这边雪都看不到，老是不下雪，我都读二年级了也没看见过。我在电视里看见过好多次的雪，那多美呀！我很喜欢看到下雪，很想玩雪，还想……还想尝尝雪的味道，看它是咸的呢，是甜的呢，还是……没味道呢？"

"哦，你老家在哪儿呢？在外省吗？"

她歪了歪头，想了想，嘿嘿地笑，眼睛眯成两道缝，"我也不知道在哪儿。"

"你刚才说雪的味道，杨老师觉得雪应该是没味道的。"

"杨老师，你怎么知道呀？你有尝过吗？"

"是的，是小时候玩雪时尝过。现在雪很难看到了，杨老师小时候下雪比较常见，后来，越长大，雪却越不下了，特别是这些年，基本上没看到过下雪呀，可能是地球环境变了，温度变高了！"说到这儿，我转了个话题问她，"你还有弟弟吧？"

"嗯，有，只比我小一点，也读二年级，在二年级（1）班。我还有个大姐姐，二十岁左右，不过，她读了高中后就没读了，去打工了。"

"你家有三个孩子呀，那你爸爸妈妈负担也不小啊！三个孩子读书，如果都读到大学，要蛮多钱的。"我有些感慨，不觉间竟对这个才八九岁的小孩子说起这些"大人"的话来，想想，不禁摇了摇头，暗自笑了。

周妍似懂非懂地注视着我，眼睛大大的，清澈明亮。看她眼神，似乎对我刚才的话并没在意，倒是突然想到了其他的什么，也就在她一动不动地凝神看我的片刻之间，她又问我了：

"杨老师，别人说如果眼睛没近视，戴近视眼镜会头晕的，可我戴了我们班黄书文的眼镜，没有感觉头晕呀，怎么回事呢？"

原来她是无意中被我鼻梁上的眼镜给吸引了。小孩子就是这么的有意思，他们的注意力很容易随时转移着。我想了想说："可能是黄书文的眼镜度数比较低，刚近视大概只有100度吧，所以给你戴没感觉。还有嘛……就是你戴上她的眼镜后，是不是没走动？站着不动可能感觉不到晕，要是走走路，说不定就会晕了。"

我边说边把眼镜拿下来，递给周妍，"你试试杨老师的这副眼镜，看怎么样？"

她接过眼镜朝鼻梁上一放，眼镜有些大，她皱起了鼻子还是往下滑，连忙用双手捏住眼镜的两只腿儿，抬头看看天，又低头看看地："杨老师，戴你的眼镜，我的头也没晕呀！"

"是吗，你马上走几步，走几步再向远处看一看！"

周妍转过身，在走廊上来回走了几步，左看右看上看下看，突然惊喜地叫了起来："杨老师杨老师！现在有晕了，有晕了！你看我走路都不稳了，轻飘飘的！"

"就是嘛，杨老师的这副眼镜度数可不小哦，一只300度，另一只350度呢！"

周妍似乎把我的眼镜当玩具了，做游戏一般，还想戴着它再走几趟，我倒担心伤了她的眼睛，提醒道："你眼睛好好的，可不能戴杨老师的这种眼镜，会伤到眼睛的。戴了头晕，就是这个原因呀！你看杨老师，没戴眼镜都看不清你了！"

她一听，急忙拿下眼镜还给了我："给，杨老师你快戴上哦！"

"终于又可以看清楚你啦！"我戴上眼镜，有意打量着周妍，问道："你喜欢穿什么颜色的衣服呢？像今天这件粉红色的，杨老师觉得你穿上它特别好看！"

"嗯，我喜欢粉红色、红色，还有蓝色、黄色也喜欢。有时候我也喜欢穿校服，夏天，我更喜欢穿裙子。"

"平时有看课外书吗？喜欢看什么书呢？"

"有时有看，童话故事书、讲动物的书、写天上星星的书……让我好奇的书，我都喜欢看。杨老师你喜欢什么颜色，喜欢看什么书呢？"

"不说穿衣服的话，很多颜色杨老师都喜欢，像你说的红、蓝、黄，还有绿的、白的、黑的等等。杨老师以前学过画画，只要颜色搭配得好，就会画得更好看。看书嘛，和你的想法差不多，让杨老师好奇的书，有机会都想去翻一翻。要是有人推荐自己喜欢看的书，杨老师也愿意看看。你看，杨老师刚才在看这本书……就是朋友推荐的。"

"什么书呢？"周妍好奇地伸着脖子，往我手上瞧。

我把封面给她看，她慢慢地读了出来："三……重（zhòng）……门。"

"中间那个字是多音字，在这里不读 zhòng，而是读 chóng，重重叠叠的重，三重（chóng）门。"她跟着我又念了一遍。

"杨老师，书里写什么呀？好看吗？"

"这本书是上海的一个高中生写的，他的名字叫韩寒。朋友说一个高中生能写出这样一本书挺不错，就推荐给杨老师看一看。才看了十几页，挺幽默的。书里写了什么呢，等你长大了，也读高中了，自己去找过来看就明白了。"

"哦，要等到读高中？还有……还有好多年啊！"

"那你就快点长大吧！"

"可是我快不起来。"

"不过，要是你喜欢，什么时候看得懂就什么时候看。"

"说不定再读几年书我就看得懂了，不用等高中，初中也可以。"

"有可能！"

我们俩一问一答正聊得投入呢，突然第一节上课铃声响了，几个学生上楼来刚好路过，急急忙忙地拉着周妍向教室跑去。

"刚才，我和杨老师讲了好多好多话呢！"周妍得意地说，又回头喊着："杨老师，我们下次再聊……"

后来，我在批改第 24 课《日记两则》的课堂作业本时，发现最后一道选做题"写一则日记"，周妍不但做了，而且记的正是她找我聊天的事。全班订正这一课时，我就把她的这则日记读给学生们听。随着时间的流逝，那堂课订正的其他题目都没什么印象了，倒是周妍的这则日记让很多学生记忆犹新：

12 月 8 日　星期三　天气晴

今天，我在走廊上和杨老师 liáo（聊）天，我们说了很多话，有说下雪，有说 dài（戴）眼镜，有说穿衣服，还有说看什么书的，反正就是说了很多事情。杨老师还把眼镜给我戴，我高兴的（地）dài（戴）起来，我走来走去就头 yūn（晕）了。杨老师说小时候玩过雪，雪很好玩，我也好想玩，可是我到现在都没看见过雪，不知道这个冬天会不会下雪。这几天有些冷起来，我真想再冷一些，再冷一些，越冷越好，说不定就会下雪了，那就太好了。今天真快乐！我想再和杨老师 liáo（聊）天。

对孩子感兴趣，于我而言，也没什么特别之处，同孩子说话、听孩子说话，就是最好的开始，并尽可能让它习以为常。

三

早上第一节课，学生预习课文。

过了七八分钟，第二组最后一排的李子良说："杨老师，杨老师，叶强说……"

此时，很多学生都在用心地拼读生字词，有的已经在自由地读课文了，远远的，李子良坐在位置上说了什么，我听不清楚。

我看了看他，又侧着耳朵做出倾听的样子，大声问："子良，你说什么呢？老师听不清楚，你有问题，直接到老师的身边说吧！"

子良立刻跑到我的跟前，指指下面对我说："老师，赵理刚才发现前桌地上有十块钱，他叫前面的鲍阳阳捡起来，她没听到……"

我说："哦，那你去捡起来吧！"

这时，叶强已经拿着钱递给我了。

全班学生都看到叶强手中举着的那十块钱。这倒是给认领添了一点麻烦，因为按常规招领时公布的信息是不能暴露钱的准确数目的，不然，很容易被人冒领。不过，我想，这些从一年级刚升上来的孩子才七八岁，至多九岁，应该是单纯和诚实的，从刚才"捡钱"的这一幕就能看出来。

"大家静一静！"我问，"谁掉钱了？"

没人反应，学生们只是静静地看着我。

我又强调了一次："谁掉钱了呀？自已检查一下，谁掉了？"

还是没人上来认领，有些学生好像还沉浸在预习中，对我的话没感觉。其实，当时我如果让每个人各自翻找一下自己的口袋，可能就有人发现自己掉钱了，不过，我心里是这样想的，等下课了，掉钱的学生自然会来找我的，不急，继续上课，免得时间不够。于是，我把钱放进了口袋，开始和大家交流预习的情况。

课后，有几个学生的《课堂作业》需要当面订正，我让他们先去洗手间，再来办公室。

我刚坐下，周妍急冲冲地跑来，一旁跟着黄书文。

"老师，那十块钱是我掉的！"周妍说。黄书文朝我点点头，也说："老师，是她掉的。"

"以后要小心，把钱放好。幸好掉在教室里，万一在学校外掉了，可能就没人替你捡回来哦！"

"谢谢老师！"周妍不好意思地笑了笑，接过钱放进了裤兜里，便和黄书文转身离去。

这时，几个订正作业的学生陆续进了办公室，在我的指导下各自开始订正作业本，我让他们哪里有空位就坐哪里。

林福童就站在我身边订正，他慢吞吞地说："杨老师，那十块钱是我掉了。"说完，目光从作业本上抬了起来，一副懵懵懂懂的样子，看着我。他说话速度总是不紧不慢，表情也是平平淡淡的，如同无风的湖面，不起涟漪。

"啊，你……也掉了十块钱？"我惊讶地说，"那怎么还这么慢腾腾的呢？看你好像一点也不着急，起先在课堂上老师都问了两二次了，你都没反应呀！下课了，你也不急，到现在才说……刚才，周妍也说掉了十块钱，已经过来要去了，真是凑巧。你先订正好作业，等一下老师同你去教室再找找，再问问！"

林福童听了我的话，也没再说什么话，无声无息地继续改着作业本。

过了一会儿，林福童就那样站在原地，一手抓着铅笔，一手捏着橡皮擦，一动不动地靠在桌旁，泥塑一般。我一看，他瘪着嘴巴，眼泪挂在肉嘟嘟的脸上，慢慢地朝下滴落，微微抽动着。他在无声地哭泣。

我猛然回过神来，他心里可能正惦记着那十块钱呢。我正要放下手中的事，同林福童回教室去找去问，一个怀疑下意识地冒出来，愈来愈强烈：会不会是周妍冒领了福童的钱？一个因掉钱而直掉眼泪，一个来领钱时表情却似乎没有掉钱的那种焦虑和难过，好像那钱并不是她的。

恰好这时班主任朱老师进了办公室，我跟她说了这件事，朱老师顿时警觉起来，拧着眉头说："我先去问问周妍！"

片刻，朱老师回到办公室，有些生气："这个周妍，鬼鬼的，我问她，你真的掉了十块钱？她很平静地说是的。我说林福童也掉了十块钱，正在杨老师那里哭呢！她马上说，'老师，那要不把我这十块给林福童。'我听她这么说，又找不出她说假话的证据，只好说不用了，我拿十块先给林福童好了！"

我心里一动："她说把钱给林福童？"

朱老师点点头，沉默地看着我。

我分析道："对小孩子来说，十块钱也不是小数目，如果真的掉了，应该是很伤心的，像林福童这样才是合乎情理的，现在周妍竟能慷慨平静地说把钱让给林福童，这在很大程度上说明钱不是她的，而且她可能觉得你来问她，是在怀疑她说了假话，似乎心虚了，连忙想用'让钱'来避开你的怀疑，反倒让你很明显地看出了她之前的'认领'是冒领的。孩子毕竟是孩子，守不住了便主动撤退，看似'小聪明'，实质也是一种单纯的表现。换种说法，她还没有像某些初中生、高中生或者成人那样的，心灵的本质被世俗的恶习和生存的恶境污染与伤害得更透彻。否则，就会想方设法地狡辩，破罐破摔地对抗到底。"

朱老师有些恼怒，声音大了起来，激动地说："这个周妍，老是沉默不语，打的都是肚子里的官司，你看她那种眼神，听你说话眼睛睁得大大地盯着你看，紧紧地抿着嘴，过一会儿眨一下眼皮，那冷冷的目光里裹着的都是她满腹的心思，这哪像是一个八九岁的女孩子呀？整个儿就是一个成年人的神情和心机嘛，这么早熟。这学期我刚接这班才几个星期呀，她就做出这样的事来。我就不喜欢她这样复杂的表情与言行，才八九岁的小不点儿，就这么善于说谎，胆子这么大……我都有些讨厌她了！"

朱老师说着说着，压低声音："这跟她的家境和生活环境有关啊，做父母的只管自己挣钱，又重男轻女，对孩子也不花心思教养……唉，不说了，我又没有证据证明那钱不是她掉的，现在也只能自己掏腰包给林福童了，你看他可怜的样子，那可是他中午吃饭的钱呐！这个林福童，家里人也真是的，干嘛一次就拿十块钱给孩子呢，这么多，四五块就够了嘛！"

我说："也只能暂且这样了。等一下，我再单独找周妍了解了解，我会考虑怎么说的……"

不知何时，二（2）班的班主任易老师进了办公室，听到我们的谈话，忙说："你们班的这个周妍，她弟弟不正在我班吗？我把他叫来问问，看他们的父母今天给了他们多少钱吃午饭。等他来了，你们不要注意我在问他，就当和我是没关系的。"

过了一会儿，易老师就把周妍的弟弟叫到了办公室。

易老师问："你爸妈今天给你和姐姐多少钱吃饭呀？"

"我五块，姐姐三块。"

"平时呢？"易老师又问。

"一般都是这些，有时两个人都五块。"

"那……有没有给过十块的，一个人。"

"没有。"他语气肯定，还摇了摇头。

"好了，你回教室吧。"易老师想了想，又补充了一句，"注意钱要放好，不要随便吃零食，午饭要吃饱哦！"

周妍的弟弟走后，易老师下意识地看了看我和朱老师，脸上似乎写着一句话："你班的周妍真的说谎了！"

朱老师顿时怒形于色，声音像铁锤敲钉："我马上去把她叫来，看她还能怎么说！"

易老师提醒道："你就说自己刚才打过电话给她爸爸，她爸爸说并没有给她十块钱，这样就更有说服力了！"

"嗯，是的，我就这样说！"朱老师忙转身，加快脚步出了办公室。

片刻，朱老师和周妍一前一后地走进来。朱老师一副胸有成竹的神情，盯着周妍，缓缓地说："周妍，我刚才打电话给你爸爸了，他说吃饭的钱只给你几块，并不是十块。"

周妍立马愣在那里，原本睁着眼睛盯着朱老师看的，一下子就垂下眼皮，好像那双目光受了寒，缩回到了眼眶里躲藏了起来。她一动不动地呆立在朱老师的身边，紧紧地抿着嘴巴，一言不发。

"你说话！那十块钱真的是你的吗？"朱老师语气冷冷的。

周妍依然毫无反应。

"怎么了？你不是说你掉了十块钱吗？"朱老师逼视着周妍，"刚才我还打了电话给林福童的爸爸，他说是拿了十块钱给福童的！"

但周妍始终保持那个站立的姿势，沉默不语。

"你……你说话呀！"朱老师有些急了。

我连忙放下手中的事，站起身来，靠近她们，说："周妍，你知道吗，当时林福童说自己掉了十块钱，老师说不急，等等帮他问问、找找，但是林福童根本就没心思订正课堂作业本，他忍不住掉出了眼泪，还不敢哭出声来，只是默默地在心里哭着，老师当时差点还冤枉他呢——老师这样想：那十块钱是周妍掉的，我刚刚还给她，没想到你林福童也这么凑巧，也说掉了十块钱，是不是说假话呀！周妍，你不妨想一想，一个人真的掉了钱，而且对他来说又是不小的数目，更何况还是中午吃饭的钱，他能不伤心落泪吗？可是，杨老师竟然差点认为他是说谎的，而你呢？你并没有真掉了十块钱，老师倒是一开始就相信你了，真的，当时你一过来说是你掉的，老师想都没想，就把钱还给你了。为什么？你能明白吗？因为自从教这个班级，自从接触了你，老师对你一直就是很信任的，老师没有把你朝'不好'的方向去想，可是你……不过，在老师的心里，即便你做了不对的事，老师也会原谅你！老师知道，每个成人都是从小孩子过来的，包括我和朱老师也一样，我们都曾经有过做错事的时候，但只要知错就改，我们同样是好样的！"

周妍脸上抽搐着，眼泪泉涌般直往外冒，沾满了两个脸蛋，她一直闭着眼。她无声地哭了。

我又说："你现在哭了，林福童也哭了，你再想一想，你们的哭，是一样吗？杨老师在想，假如朱老师也没有去了解情况，杨老师也没有问到并找到林福童的那十块钱，那林福童内心的伤痛又会怎样呢？还有你，拿着并不是自己的那十块钱，眼睁睁地看着林福童流泪痛苦，然后去把钱花了，你能安心吗？今后你会不会时常想起这件事呢？"

周妍撇着嘴，耸着双肩呜咽着，她终于抬起手臂去擦眼泪，眼泪还是流个不停……朱老师拿出餐巾纸，把周妍脸上的泪水擦了又擦，然后说："周妍，你看，杨老师都说了自己的想法，你也要说说自己的想法呀，不能一直就这么不说话，有错就说出来，道个歉！"朱老师一边说一边低下头，凑近周妍的脸，等着她开口说话。

但周妍还是老样子，除了流泪，没有一句话。几分钟过去了，朱老师有些等不住了，声音又大了起来："知道错了吧？那你要说出来呀！说出来就是个好孩子！老师喜欢好孩子！"

周妍仍然什么也没说。朱老师不耐烦地看了看我，显得无可奈何。我接过朱老师的话说："周妍，朱老师和我之所以这样和你说了这么多话，并不是要让你倒霉，更不是要让你的事叫你家人和全班的同学都知道……其实，起先朱老师打电话给你爸爸，也根本就没提到你'冒领'钱的事，而只是问问你爸给了你多少钱吃饭，够不够吃饭，你爸爸是不会知道你这事的！另外，朱老师和我也肯定不会把这件事再告诉任何一个人。何况，你这事也算不上什么严重的问题，根本不需要自己给自己这么多的压力。朱老师和杨老师只是想把事情了解清楚，帮助你和林福童都能开心起来。之前，杨老师不是已经说过了吗，每个人小时候多多少少都想过或做过错事，这是很正常的，不要觉得不好意思，更不要觉得负罪，只要认识到自己的错，以后吸取教训，不再去做，就是很好的进步和改变……对了，那十块钱你放在哪儿了呢，你拿给朱老师，让她还给林福童，朱老师会说钱是另外一个同学捡到的。"

说实在的，事后记录此事，回想起以上所说的这些话，我自己都怀疑自己，我说的都是实在话吗？

听了我的话，周妍的表情逐渐舒展开来。她从裤兜里掏出那十块钱，递给朱老师。朱老师很开心，温和地说："老师等会儿就还给林福童，就按杨老师说的，我一定不提起你来，只说钱是其他人找到的。你也回教室去上课吧！对了，你把眼泪擦干净走，开心些，这样同学们就不会看出你被老师批评了。你也放心，老师绝对不会再说这件事了！"

朱老师一边说，一边又递给周妍餐巾纸，还顺手将她的头发和衣服理了一下。周妍认真地把脸上的泪痕擦得干干净净，转身走出办公室。

第二节下课后，朱老师去教室叫来林福童，把钱塞到他手里说："你的十块钱被另一个同学捡到了，他让老师还给你。以后要小心哦！"

"谢谢老师！谢谢那个同学！"林福童咧嘴笑了起来，又问："那个同学是谁呀？"

朱老师想了想说，"这个同学让老师不要说他的名字，因为他想当个做好事不留名的人！老师已经答应他了，说话要算数的！"

我摸摸林福童的头说："朱老师会把你的谢谢带给那个同学的，他一定会很高兴的！"

林福童离开后，朱老师突然想起了什么，若有所思地问："周妍当时和黄书文一起过来向你认领十块钱，你说……会不会黄书文也是说假话，配合周妍呢？我们要不要私下里再找黄书文过来问问，了解了解……？"

我沉思着，朱老师犹豫了一下又说："……当然，也可能是黄书文不知情，是周妍对她怎么说她就怎么听，周妍叫她陪自己一起去你这儿帮忙做个证明，单纯的她就跟着过来了。如果是这样……那就不用再找她问话了。"

"假设书文现在已经被我们叫过来了，你打算怎么问她呢？会问出怎么样的结果呢？这对这两个孩子来说，是利大于弊吗？"我一边问，一边也在心里预演着假设出来的情景。

朱老师考虑了一会儿，默笑道："我明白了，这样的'问话'并不是什么教育，不管哪种可能，还是不问为好！"

"是呀，其实，你说的两种可能，我倒是偏向于后者。退一步讲，就算是她们的'合谋'，也非我们成人世界里的那种念头和心理。现在周妍的事情已经水落石出，我们还是不宜又节外生枝，何况我们已经对周妍承诺不再对其他人提及此事。总之，不再找书文问话，对这两个孩子都有好处。"

"十块钱"的风波暂且就这样过去了。但我还是有些担心这件事会在周妍心里留下阴影。当天下午，周妍就主动来到办公室，问我她的那篇写雪的作文批改了没有。第二天早上，我还看到她当值日班长，工作起来和以前没有什么两样，而且第一节课间，她在走廊上遇见我，还表情平和地问我：

"杨老师，我的作文改到了吗？"

"还没，大概再过一两天吧！"

"那你能不能提早改我的作文呀？我很想你快些看到我写的《下雪啦，我真开心》！"

"好的，晚上我就去看，让你的开心也让老师开心开心！"

她嘻嘻地笑出声来："老师，你说话真有意思，好像绕口令一样耶！"

看来，我的担心是多余的。

四

晚上，专门翻看周妍的作文本。说起来也真是有缘，12日8月那天她找我聊天，聊到有关下雪的事，没想到才过了七八天，也就是 12 月 16 日，真的就下起了雪来。好像这场雪是特意为我们俩下似的。因此，便有了周妍的这则日记《下雪啦，我真开心》，后来，我把它收录在那篇教育叙事《孩子们的第一场雪》里了。

《下雪啦，我真开心》，我看了一遍就很喜欢，接着又读了一遍。批阅后马上摘录到《教育随记》里。第二天课间，我把周妍叫到了办公室。

"周妍，你知道杨老师这次找你来干吗呢？"

"……我……想不出来，……"她摇摇头，迷惑着，突然间双眉一扬，语气激动了起来，"我想到了，我想到了，是不是……讲我作文的事呀？杨老师，我昨晚还梦见你在看我的作文！"

"嘿，被你说中啦，你这是'日有所思，夜有所梦'哦！能听懂这句话的意思吗？"

"是说我白天想什么东西，晚上就做什么梦，对吗？"

"聪明，就这个意思！昨晚杨老师一回家就看了你的《下雪啦，我真开心》，感觉很好！你写得比那天在课堂上说感想时还要好！杨老师已经批改了，并抄到了日记本里了。现在读给你听一听——"我拿出《教育随记》，翻到那一页读了起来：

　　"我真的看见雪了，这是我第一次看见雪！好像是上个星期吧，有一天中午我跳绳跳好了回教室，看见杨老师在走廊上看书，就找他聊天，我问雪有味道吗，杨老师说没味道。雪真的像杨老师说的没有味道吗？我想，杨老师会不会故意说假话呢？今天我就去偷偷地吃了一口，才知道杨老师说的是真的。然后我也去玩雪了，我专门堆雪球，当皮球踢，踢破了又堆一个再踢，玩得可开心了！我刚想再玩下去，晨读的铃声响了，我依依不舍地向教室跑去，在楼梯口，杨老师对我们说，想玩雪的就继续玩，不用进教室。大家高兴极了，又飞快地跑回操场，像小鸟一样飞起来。后来，杨老师和朱老师也下来跟大家一起看雪玩雪呢，我们玩得像一个个雪人，真开心！"

　　周妍双手支起下巴，靠在我的桌边，笑眯眯地侧耳倾听。等我读好了，她还沉浸在日记的情境中……

　　"你写得生动活泼，杨老师喜欢读，感觉读起来有滋味！怎么样，杨老师有没有读错了字呀？"

　　我的问话让周妍回过神来："没读错，杨老师你读得很好听耶！我听着听着，脑子里就又出现那天下雪的景色。杨老师，你知道吗，我写的时候又想了想，还加了好几句进去。就变成现在这么长了。"

　　"对呀，写作文就像你这样，可以慢慢地加长，多思考，多修改……杨老师现在有个心愿，不知道你能不能帮忙实现？"

　　"什么心愿呢？"

　　"刚才是杨老师读给你听，现在你也读一读给杨老师听，可以吧？"

　　"行！"周妍爽快地答应。

　　"好，就用你自己的作文本读。杨老师《教育随记》的字你不好认。"我把作文本还给周妍。

　　"啊，这篇作文也是'A+'耶！谢谢杨老师！"当她翻到《下雪啦，我真开心》时，眼神瞬间一亮，很惊喜，又指着文后一大段的红字说，"杨老师，你给我写了这么长的评语呀，好多字哦！"

　　"是的，这段话是杨老师读你作文的感想！这篇作文不但评为'A+'，而且还要'精品推荐'，改天杨老师会再读给同学们听的！杨老师已经把作文中的错别字都改过来了，还有你用拼音代的字，也替你写出来了。你先看一看，熟悉一下。"

　　"嗯……"周妍仔细地看了一遍，又看了一遍，嘴唇微微地动着，她在认真地默读。

　　"杨老师，我可以开始读给你听了。"有了前面的准备，她读得既流畅，又有感情。紧接着，她就往下看评语了，我在一旁顺着她的目光读给她听，她不知不觉也跟读起来：

　　　　"这既是一篇精彩的日记，也是一篇出色的作文，杨老师很喜

欢，读了之后，还有些激动呢！欣赏你把我们的聊天、你的内心想
法和你玩雪的情景都写出来了。杨老师特别喜欢'今天我就去偷偷
地吃了一口''像小鸟一样飞起来'和'我们玩得像一个个雪人'
这三句，还有'依依不舍'这个成语！看到雪，杨老师和你一样开
心，现在又能读到你的这篇文章，更开心了，谢谢你！"

周妍既读又听，喜滋滋的神情越发的可爱。

"能明白评语的意思吗？"

"能……杨老师，你是在表扬我！"她抹了一下额前的刘海，抬头，
目光里涌动着笑的涟漪，"谢谢杨老师！"

五

一有机会，我就给全班学生读《教育随记》，写的都是发生在他们身
上或身边的真实故事，有些学生听多了也写起日记来，周妍就是其中一
个。

二年级第二学期，开学不久的一天，周妍兴致勃勃地来到办公室对
我说："杨老师，你有空看看我的日记吗？"

"可以，现在就可以看。"

她马上把手中的"方格"本子递给我："我写在这里面……"

我一页页地翻看，每一页一篇，竟有十一篇，最短的就一两句话，长
的也不过两三段。周妍写得很随意，多数没写时间和天气情况，内容蛮杂
的，看上去跨度也比较大。我有些好奇，问："这些日记什么时候写的？"

"有去年写的，也有前不久写的，最近也写了一点。"周妍实话实说，
"我想写了就写，有时好久没想起来就没写。"

"不错呀，你写得自由自在，轻轻松松。而且前后都有半年多了，这
个小小的本子你还能保存着，杨老师觉得这也是一种耐心！也谢谢你拿
给我看，让我分享你的故事！"我拉过身边的一张椅子让周妍坐下，"你
稍等，让杨老师再看一遍，好了就同你谈谈想法。"

看了一会儿，我心里有了一个主意，"本子先放杨老师这儿，晚上杨老师也要把这些日记抄到《教育随记》里保存起来。明天再找你聊聊。"

第二天晨读时，我翻开《教育随记》本里抄了周妍日记的那一页，对学生们说："现在给大家读一个同学的日记。这个日记呀，很短，又很长。读之前，有什么想问的吗？"

易思青说："是哪个同学写的？"

"暂时保密，听了说不定就知道了。"

黄书文说："这个日记怎么'很短又很长'呢？我不懂，好像很矛盾。杨老师，你现在能告诉我们吗？"

"你问得好，杨老师就是等着有人问这个。因为这个同学写了好多篇，有的就一两句话，所以'很短'；杨老师把这么多篇的日记标上序号1、2、3、4、5……集合在一起暂时取了一个简单的大标题叫《××同学日记选》，就变成了一篇长长的文章，有一千多字呢，所以就'很长'了。"

"哦，原来这样，很特别哦！我还是第一次遇到这样的文章。杨老师，那你快读给我们听吧！"

大家很好奇，个个翘首以待。我便开始读了下来：

××同学日记选

1

杨老师，我想告诉你，今天下午，我在田里捡稻穗，这是我第一次捡稻穗，我边捡边玩，在田里跑过来跑过去，田野像操场，比操场好玩。虽然才捡了十几根，可是我感觉很高兴！

2

这个星期，我读了《爷爷一定有办法》，我很喜欢这本书，我知道了既要相信自己，也要相信别人才行。

3

前天晚上，是我姐姐的生日。我不仅吃了蛋糕，还唱了"生日歌"呢！然后，我和弟弟，还有姐姐一起玩猜谜语。我妈妈说："都八点了，还不睡觉！"我真的不想睡觉。可是妈妈瞪起眼睛来，姐姐和弟弟连忙跑去睡觉，没办法我也只好去睡觉了。在床上躺了好一会儿才睡过去。一个夜晚就这样过去了。

4

那次杨老师问我暑假都在干什么，我说暑假的时候就想好好睡一觉。杨老师，你知道吗，我每次在家里不是玩就是洗碗！可是，玩的时间只有一点点，我还记得一年级的那个暑假就有"一堆"的作业，让我不能休息，不能"玩"，很不自由。不过，只要把暑假作业都做完了，我就能玩了。但是，只要没有做好又跑去玩的话会被老妈批的。不过被批还好，要是被批的工具是衣架的话那我就"死定"了。我最希望这样的暑假可以不用过。我问同学们，你们要这样的暑假吗？你们的暑假是怎么过呢？

5

傍晚，我在写作文的时候，我看见表妹也在写数字，她今年才五岁。她照着书里的样子写啊写啊，写了一大堆的1、2、3、4、5、6……有的大有的小，有的粗有的细，还歪来扭去的，越看越不像数字，表妹好像是用铅笔在画画，我忍不住笑了，可是表妹一直写得津津有味，我感觉她很快活。我想，我小时候不知道是不是也这样子呢？可是我想不起来了。

6

今天，妈妈要去灵溪了，她没告诉我去干什么事，我想是去买衣服吧！我很想跟妈妈去，可是妈妈不让我跟，要我呆在家里跟爸爸在一起。我想，妈妈会不会很晚回来呢？

我在家里看看电视，做做作业，还找爸爸说了几次话……终于到了中午了，但是妈妈没回来。我等呀等呀，都过了中午了，妈妈还是没回来。我心里就有些焦急，妈妈怎么还不回来呢？爸爸煮好了饭叫我去吃饭，我肚子也真饿了，就去吃饭了。

以前妈妈在家时我没想她，今天妈妈不在家，我却一直在想她！妈妈，你早点回家啊！

7

昨天，我去姑姑家吃饭。菜很好，我吃得很饱。然后，我坐着表哥的车回家，可是我不会坐车，一闻到汽油味，就慢慢地想吐了。我到家后，很想吐却吐不出来，就用手指头伸到嘴巴里了，还是吐不出来。我又难受又生气，我使劲弄，仍然吐不出来。我就不管它，跑出去玩了。刚开始还有难受，玩了一会儿，后来也不想吐了，我很高兴！

我要记住，以后吃饭不能吃太饱，不然很难受的。

8

星期六，我要去豆豆家玩了。豆豆家离我家比较远，我必须坐爸爸的电动车去，可是爸爸说要到中午才去。我只好等呀等，真想早点儿就到中午，要是有个特别的遥控器，朝天上的太阳按一下，太阳一下子就移到天空的中间，马上变成了中午那该多好啊！这是不可能的，我对自己说，要有耐心才行！我就去找事情做，看一下书，又看一下电视，还到外面逛了好一会儿，很快就到了中午，爸爸说我们可以走了，我好高兴哦！

9

今天，我发现了拼图刚刚好拼成一个正方形，我很好奇。可是我这个拼图是同学的，她向我要，我就还给她了。我想什么时候自己也买一个才好。

10

好几天都是阴天，今天早上，我终于看到了太阳，很灿烂，好像天空笑了起来。可是，我还是冷啊，手指都冻僵了，有些痛！今年冬天为什么这么冷呢？我就双手抱着热水袋，手指渐渐地活过来了，也不痛了，暖暖的真舒服！我还跳来跳去，跳了好一会儿脚也不冷了。

11

> 杨老师，你过年过得快乐吗？快乐的话在下课时你就笑一下，
> 杨老师，我想对你说，新年快乐！杨老师，笑一下。

"都读好了，你们有什么想说的？"话音刚落，易思青还是问："杨老师，这是谁写的呀，我听不出来，文章里好像也没有写明是谁写的！"

"是哦，看来杨老师只能公布谜底了！她是……"我停了停，正要报出周妍的名字。

梁信燕连忙说："杨老师等一等，我来猜猜……是不是黄书文？她作文写得就不错！"

"不是我，不是我……"黄书文直摇头。

"还有谁想猜的，继续说。要是猜对了，就请这个同学站起来亮个相，没猜对的就不用。"

陈和钦问："那是陈秦怡？"

陈秦怡坐着没动。

郭小唐问："叶良奇？"

叶良奇也没动。

何彬彬说："我感觉是易思青！"

大家笑了，易思青说："我刚才不正在问杨老师吗，我自己都不知道，怎么会是我啊！"

"我……我忘记了……"何彬彬猛然醒悟，挠挠脑袋，不好意思地说，"我就觉得你的作文也写得比较好，还很长。"

"是不是陈南，或者鲍小祥呀？"陈益边说边想，又报出了两个名字，"周妍？吴福鑫？"那三个随即摇头，连声说"不是我"，只有周妍不见动静，她红光满面，前后左右悄悄地看了看，又低头想着什么，似乎有些羞涩。有些学生已经看出了端倪，不禁喊道："是周妍，是周妍！"

"猜对了，我们欢迎周妍起立亮相，接受大家的采访……"在我的带

领下，学生们"异手同声"地鼓掌，周妍站了起来，神采飞扬。

"你们有什么听后感的，或者要问什么，就直接对周妍说吧！现在是周妍的'记者招待会'！"

易思青说："我觉得周妍的日记丰富多彩。周妍看过的《爷爷一定有办法》，我也有看过，那个爷爷很有趣！今天我还学到了写作文的一个方法，就是把几篇短的合在一起，标上序号，就变成长的了。"

林福童说："周妍，你喜欢在田野跑来跑去，我也喜欢。我还在田里打跟斗、摔跤呢！不好的就是……就是把衣服都玩脏了，回家就被妈妈打屁股了！"

黄书文说："我的暑假和周妍不大一样。妈妈说暑假你想干吗就干吗，就是别忘了写每天的作业。我打算去游泳、骑车、去游乐园玩……我还要去吃肯德基，逛超市。这就是我的暑假，由我自己做主，我喜欢！"

陈益问："周妍，杨老师把你的日记读给大家听，你有什么感想呢？"

"很高兴，心里有幸福的感觉！"

张步顺问："那你还会继续写日记吗？"

周妍说："会……但是，我要看心情，想写就写，不想写就先放着，等以后再写！"

张步顺说："我觉得你要多写些，因为我喜欢听你的作文！"

"谢谢！"

……

这节课，周妍和同学之间有问有答，有说有笑，俨然成了班级里的"小明星"，教室里谈笑风生，其乐融融。课后，周妍塞给我一张小纸条，上面写着："杨老师，谢谢你！你把我的日记都合在一起读给同学们听，让我很惊喜！"

六

有一天下午放学后，我在办公室看书。不知何时，周妍出现在门口，但她并不走进来，只是站立在那儿向我招呼道："杨老师好！……杨老师，我有个问题想问你，现在……有空吗？"

"有空，你进来说吧！"我把书放进了抽屉里。

她马上跑到我桌边问："杨老师，你小时候也和弟弟吵过架呀？"

"怎么突然问这个呢？你知道我有个弟弟？"

"是你自己告诉我的！"

"什么时候？在哪？"

"有……就在这里！"周妍边说边从书包里抽出了作文本，翻开来递给我，"杨老师你忘记啦？你看……"

我拿过作文本一看，顿时想起来了，上次批阅她的作文《伤心的事》，我曾在文后写了这样的评语：

> "周妍，杨老师理解你的伤心。弟弟还不大懂事，他欺负你打你，也是小孩子的玩玩闹闹，有一天他长成大男孩，就会关心、保护你了。他现在才九岁吧，杨老师时常看到他跟着你，依恋你，需要你照顾，这说明你是个好姐姐！你不用内疚，没事的。杨老师小时候还同弟弟吵过好几次架呢，现在回忆起来反倒感觉挺美好的！"

"杨老师，我没骗你吧，这可是你留下的证据哦！"

"哈哈，是的是的，你没骗杨老师，杨老师也同样没骗你，你问的那句话当然是真的！"

"那你小时候和弟弟吵架，会难受吗？有哭过吗？"

"会的。不过没放在心上，吵了过后很快就忘记了，我们又和好如初。要说哭了没有，倒是弟弟掉的眼泪比我多，因为吵架打架我比他有力气，爸爸妈妈有时批我真不乖，哥哥不像哥哥。其实呢，那时还小不懂事嘛！后来慢慢长大了就不会了，再也没吵过架了……那你呢，作文里写的伤心事，你现在还伤心吗？"

"早就不伤心了！和你说的差不多，当时很难受，越想越伤心，过了一夜就不伤心了，第二天，弟弟又找我一起上学，我们还是有说有笑。"周妍说着说着就嘿嘿地笑起来，"杨老师，你小时候也会调皮玩闹呀？跟现在都不像耶！"

我也笑了："那是，每个人都是会变化的嘛！你觉得自己有没有变化呀，跟过去比？"

"有，比一年级时高，还重了好多，有些衣服和鞋子都变小了，不能穿了！我弟弟只小我一岁多，现在比我还高了呢！"

"哈哈，是呀，杨老师喜欢你和弟弟有这样的变化，这是很好的变化！"

"杨老师，那你有这样的变化吗？有比去年高了重了吗？"

"你看呢？"

"好像……没有，我没看出你有变化。"

"要是杨老师穿上高跟鞋就长高了，打肿脸充胖子，就变重了！"我开着玩笑，周妍听了哈哈直笑。我又说："杨老师的变化不在这些地方，会在哪里呢？你帮杨老师慢慢观察，要是发现了，别忘了过来告诉杨老师哦！"

周妍眯着双眼点着头，脸上的笑还在荡漾，忽然睫毛闪了一下，睁开眼睛说："我发现杨老师今年喜欢背着一个包来上课，你让我们自学或看课外书时，也从包里拿出书来，陪我们一起看！杨老师你越来越喜欢看书了，对不对？……这学期你还喜欢在课前读同学们的日记和作文，读你的文章，很多都是写我们的，我很喜欢听！"周妍抬起下巴，侧着脑袋，斜睨着天花板，"还有……还有就是你常常到中学那边的'塑料操场'上跑步，以前没有那个操场，你是在小学的湖边散步。"

"嘿嘿，观察得很仔细，挺会留意的嘛，你说的这几样都对了！"

我们正聊着，周妍的弟弟突然跑了进来催道："姐，我们先走吧，人姐已经在校门口等着接我们回家呢！"

"哦……杨老师，那我先走了。再见，杨老师！"周妍走到门口，回头向我摇着手，她总是这么的有礼貌。

之前批阅周妍的这篇《伤心的事》时，就已经将它摘录到《教育随记》里了。在我看来，这篇日记展示了小孩子处于儿童期的特殊心理和情绪，以成人的目光来审视，似乎有些特别，大家不妨也看一看，或许和我有不一样的感触：

伤心的事

今天晚上，弟弟到我房间来，他说要在我房间睡觉，我心里不愿意，我就说："不要在我这里睡觉！"我弟说："要嘛要嘛，就一次……"

"不行！我要睡了，你也过去睡吧！"

我弟还是不想离开，又说："就给我睡一次，我喜欢在你的房间睡，就这一次，行不？"

我仍然冷冷地拒绝他："不行就是不行！快过去睡觉吧，我要关门了！"

我弟有些想哭了，他还在坚持着："姐，就一次就一次嘛！"

我生气地说："一次怎么可能！你答应了不再打我还打我，不再骂我还骂我。那我也可以不答应！"

这时，我弟的眼睛里流出了眼泪，我也一样。我弟默默地离开了，而我还在哭，那是因为我很伤心，心里很内疚。后来，我就去睡觉了。希望明天是个快乐的一天。

七

三年级开学初，学校要出校刊《新禾》，主编谢老师向我约稿，让我推荐一些学生的作文。我马上想到了周妍，就交代她也写一篇。

周妍问："杨老师，我能不能像你上次那样，把几篇短的日记连成一篇作文呢？我暑假里已经写了一些日记，我去拿给你看。"

她跑回教室拿来日记本，我一一翻看了一遍，每篇日记都不长，只有一两段。内容主要是写家里的小猫、喜欢吃的水果、喜欢看的电视节目、喜欢的玩具和喜欢听的音乐等。写得轻松随意，潇洒率真，给人无所拘束的感觉。

我说："这几篇日记可以合在一起！"

"那要不要标上序号 1、2、3……呢？"

我想了想说："这次可以不用。你看，每篇日记写的都是你喜欢的事物，合在一起挺合适的，只要把前后衔接的词句连贯起来，再加上一个开头和结尾，读起来通顺，就是一篇很有意思的作文了！"

"题目取什么好呢？"

"你自己喜欢，先想一想，到时候我们再交流，如果不合适，杨老师会帮你的。"

"好哦，那我现在就去把它们合在一起，好了再拿给你看。"

第二天，周妍把"合成"的作文交给了我，我看后感觉不错。

"杨老师，我想了两个题目，一个是《我喜欢》，还有一个是《我要这样写作文》，你帮我选一个吧！"

我说："《我要这样写作文》这个题目不常见，能让人好奇，更有吸引力，就用这个，怎么样？"

"可以可以。"

接着，我让周妍把作文读给我听，边读边修改。好了之后又读一遍，还是边读边修改。最后完稿时，是我读一遍给她听：

我要这样写作文

杨老师叫我写篇作文，我想到哪儿就写到哪儿。

我先想到的是我家的那只小猫，它的名字是我取的，叫小乖。别人说它很调皮，可是我感觉它很乖。那天它不小心打碎了花瓶，就缩起身子，好像在向我说对不起，我就对它说没关系。

我喜欢吃苹果、西瓜、梨子，还有桃子和桔子，我最不喜欢吃的水果是香蕉，因为我总感觉香蕉很甜，我不喜欢很甜的东西，还有一个原因是我看到有些香蕉放久了，皮黑黑的，就觉得恶心。我喜欢看的电视节目有《奇思妙想》和《喜羊羊》，别看它有些幼稚，其实很有趣。

我的玩具有布娃娃和小熊，还有小白兔。我的布娃娃嘴巴笑起来可好看了，嘴角往上翘；小熊全身都是金色的毛，眼睛看上去好像在思考；小白兔全身的毛是白的，它真像一位公主，很美丽。它们三个是好朋友，不吵架。我和它们在一起，觉得很快乐，我是它们会说话的大朋友，每一次都是它们在听我说个不停，也不知道听懂了没有。

现在，我喜欢听《苦茶》《荷塘月色》《爱的供养》三首歌，我不喜欢让我听不懂的歌。我也不喜欢看"阿诺·施瓦辛格"的电视，因为他演得很恐怖。还有，我近来也不大喜欢看《喜羊羊和灰太狼之羊羊运动会》，因为它演完了又演，很烦……

我还可以写很多，但是我不喜欢写得太长，所以就不接着写了——我就是这样一个小女孩，像我的这篇作文，我怎么想就怎么写，自由自在。

周妍笑盈盈地倾听着我的朗读，快乐萦绕彼此的心田。我常常觉得，这就是课堂之外师生之间生活化的"听说读写"，让我和周妍在日常接触中逐渐成了交心的朋友……

最终周妍刊登在《新禾》上的作文有两篇，除了《我要这样写作文》，还有一篇是《杨老师，这些天你去哪儿了呢》，情绪的基调与前者迥然相异。我几次读它，几次被感动。她是这样写的：

杨老师，这些天你去哪儿了呢？

听说你妈妈生病了，你带她去看病，真的吗？你妈妈好些了吗？

我好想你啊，杨老师，你现在在哪儿呀？

　　　　杨老师，你什么时候回来给我们上课呢？你再不回来，我们都要疯了，个个无精打采。你再不回来，说不定语文课都成数学课了，那我们在语文课里的欢声笑语都没有了，我知道，我们班的同学都不想在语文课的时候都上数学课。

　　　　回来吧，杨老师！你快回来吧，我们都好想你啊！想你上课的样子，想你常常逗得大家哈哈大笑的样子。我们每天都在学校等你，等你快快回来，等你把以往的欢声笑语再带回来。

　　　　杨老师，你一定要记得，我们都在学校里等你⋯⋯

　　回想起来，那是在这学期临近期中时，我母亲突然生了重病，匆忙间我带她去上海住院治疗，请了半个月假。等我回来时，已是期中考之后了，那天一回到学校，好多学生向我飞奔而来，如同进入游乐场一般，叽叽喳喳地簇拥在办公室里问这问那，兴奋和牵挂洋溢在每个人的脸上⋯⋯之后，在批阅新的一篇作文时，便读到了周妍的这则日记，我马上摘录在《教育随记》里，并推荐给了谢老师。

　　期末，当周妍拿到《新禾》时，她惊喜地跑来告诉我："杨老师杨老师，我本来只有一篇，这里面却印了两篇耶，好奇怪哦！"

　　"另一篇是杨老师后来直接推荐给谢老师了，当时没有告诉你。"

　　"哦⋯⋯原来这样啊，"周妍边说边抹了一下额前的刘海，似乎有些羞涩，"谢谢杨老师的推荐⋯⋯我很开心！"

　　"杨老师也要谢谢你，这篇作文你写得很有感情，杨老师读了好几遍，特别感动！"

　　"嗯，杨老师你那两个星期不在学校，我老是想起你，想着想着就想写日记，那天晚上写着写着心里就不那么难受了，第二天又想着早点拿给你看，等啊等啊你终于回来了，刚好你要我们写篇作文，我就把这篇日记抄了进去⋯⋯可是后来你又去上海了，听周老师说你妈妈还要继续住院治疗⋯⋯"周妍滔滔不绝地讲着，忽的停了停，问道，"你妈妈现在好些了吗？"

"好些了，谢谢你呀！为了照顾妈妈，杨老师耽误你们的功课了！不过，来我们班代课的老师说，你们挺懂事的，好多同学都能自学呢！杨老师听了很开心，欣赏你们！"

"谢谢杨老师，祝你妈妈早日康复！"周妍一副小大人的神情与口吻，在我眼里反倒显得越发的纯真与可爱了。

第二天上午，我去二年（2）班上体育活动课时，该班班主任春萍老师对我说："这期《新禾》，你们班级的七八篇作文挺有特色，写得自然纯朴又真实动人，特别是那个叫周妍的学生，两篇作文都写得很好……怎么说呢，反正看起来和其他班级学生的作文不大一样。"

我想，假如真的像春萍老师赞赏的这样，大概跟我对作文教学的观念有关吧！我一直觉得，学生先要有落到实处的生活与情感，而后才谈得上有朴实真切的作文与表达。

八

三年级下学期，周妍写了一篇《这就是我》，以自述的角度"剖析"了自己，字里行间可以看出，她兴趣广泛、性情活泼而真率，读来不乏趣味。如果再把前文《我要这样写作文》联系起来看，周妍更是让自己的"模样"，跃然纸上：

> 大家好，我就是这篇文章的小作者。我喜欢画画、唱歌、跳舞、弹钢琴、写毛笔字，可是我根本不会写毛笔字，不过我还是喜欢写毛笔字。
>
> 我喜欢吃的是，除了以前在《我要这样写作文》里写过的苹果、西瓜、梨子、桃子和桔子外，还有葡萄、石榴、火龙果、雪莲果、青枣、柿子、水蜜桃、菠萝、杨桃、西红柿、草莓，等等。
>
> 我的脾气有些暴躁，但是我的性格很开朗，只是你们有些人看不到而已，班级里还有几个男生叫我"母老虎"和"公老虎"，我的同桌吴靖叫我"暴力女"，他每次叫我这个称号的时候，我都叫

他"小老鼠",就这样我们总是吵来吵去,最后都是我赢。

姐姐说我是狮子座,我就听信了姐姐的话,有一天当我终于查到了自己是水瓶座的时候,我并没有生气,我知道如果别人不知道的话不应该去责备别人。

这就是我,我就是这样的小女生。不写了,妈妈叫我去吃饭呢,明天见,祝你们睡个好觉。拜拜!

那天,周妍摆出一副深思熟虑的样子对我说,"杨老师,这次作文我要写你。二年级时有一节课的情景我还记得呢,很有意思哦!杨老师,你还记得吗?"

"是吗?可是,一年多来我们一起上了那么多节课,你说的到底是哪一节呢?"我迷惑地摇着头,"你要先写出来给杨老师看了才知道呀!"

"对哦……"她被自己的问题给惹笑了,拍了一下脑门,"杨老师,等我写好了给你看,你也可以读给同学们听,看他们记不记得!"

"好啊,我等着,一言为定!"

于是,便有了下面这篇题为《"哈!哈!哈!"》的作文,要不是她写出来,我还真想不起具体的细节,只隐约记得那节课我们师生都很高兴,笑声时不时地充溢着教室。细读之后,往事如同洗相片一般逐渐呈现在脑海。当我将此文读给全班学生听时,好多学生记忆犹新:

这已经是二年级的事了。那一天杨老师在上课,上的是第3课《笋芽儿》,杨老师边读课文边做动作,杨老师做的动作可好笑了,当读到"笋芽儿终于长出来"的时候,刚好走到第一排张步顺的身旁,杨老师就伸出手掌托起张步顺的下巴,慢慢地把张步顺的头往上抬,张步顺的整个身子也就跟着站了起来,就像笋芽儿冒出地面长高了一样,顿时全班同学哄堂大笑。接着,杨老师读到那个……哎呀,具体的句子我忘记了,不过我还记得杨老师又做了个动作,就是把一本书轻轻地放到张步顺的头上,张步顺配合着杨老师的动作，小心翼翼地顶着，脖子一动不动，生怕书给掉下来。这时全班同学笑得更厉害了。张步顺眯起了小眼睛，好像有些害羞，脸蛋红红的，两个嘴角上翘笑嘻嘻的……

后来，大家做课堂作业本时，章学杰坐在位置上扭来扭去，歪着背，好像老人家的背驼了一样，杨老师正好走到他后面，就抬起膝盖顶了一下章学杰的屁股，章学杰就叫了起来："哎呀，是谁敢踢我屁股啊？"

杨老师说："是我，怎么着？"

章学杰回头一看，说："没怎么着……"

杨老师又说："坐好，不要驼背！"

"哦！"章学杰立刻挺起胸膛把背竖了起来。

大家又哈哈大笑，这节课就一直这样欢声笑语下去，这是我最难忘的一节课。

九

这学期上班则教学，下班则在家照顾妈妈，生活简单而重复，反倒让我感觉日子过得特别快，一转眼就到了期末。三年级临近结束，而我记录周妍的这篇长文也将随之收尾。回想和周妍相处的这两年，虽然她和我之间发生的故事不多也显零散，但是有幸能为她搜集并记录了这么多文字，我深感欣慰和知足。

写周妍的文章我原本只在去年整理了一篇，也就是本文的第"三"部分，题为《"十块钱"风波》，然而此文满是周妍的"眼泪"，如果让它单独出现在读者的面前，那实在不是一个"立体"的周妍，何况时常浮现在我心里的却是周妍更多的"欢笑"，而这些"欢笑"的故事就那么静静地躺在那几本《教育随记》里，我怎么也不忍心让它一直"沉默"下去，因此，暑假里要整理这个班级的书稿时，我立刻把周妍的这些"欢笑"一一串联了起来。

放暑假前，周妍把这学期的最后一篇话题作文《好老师》交给了我，透过周妍的视角我看到了自己在她眼中的模样，我愿意做这样的"好老师"，"好"得师生都能因此而乐：

> 杨老师是个非常非常搞笑的人，他经常把他觉得好笑的事告诉我们，我们经常听了一直笑，有时笑到杨老师叫停后我们才停下来。我们班的老师都很好，但是，他们都有一个坏毛病，除了杨老师以外，就是把分数看得很重要。要是杨老师的话，就不会把分数看得那么重要，所以我们班就不会不喜欢语文课，比如陈秦怡、易思青、黄书文、梁信燕、叶良奇等等都很喜欢语文课，我也是。说到好老师，那当然是杨老师。杨老师在我心中像我"母亲"一样，在同学们的心中也是他们的"母亲"。
>
> 期末快到了，我想对杨老师说：谢谢你，杨老师！谢谢你对我对我们班的教育，我代表我们班谢谢你，在这我祝你暑假快乐！

你的眼睛眨呀眨

> 孩子，你准备好了吗？教育，已经不是你的"乐园"，而是你的"围城"。谁会为你攻城而入？又有谁会带你破城而出？

一

上周四，郭小唐没来上课，同桌说他已经向班主任朱老师请假了，好像是身体不舒服。

今天上午，郭小唐又请假，不过下午就过来了。

"小唐，早上你是感冒去打针吗？"

"不是，是去看眼睛。"

我突然想起，昨天他时不时地眨眼睛，我曾对他说："你眼睛是不是有东西掉进去了？可能有什么炎症吧，所以老是控制不住地眨着，你回家后去看看医生哦！"当时，郭小唐也没应声，只是默默看着我，轻轻地点了点头。

在办公室，我向朱老师提起郭小唐老是眨眼的事。朱老师说："他奶奶告诉我，医生说是心里紧张焦虑了，眼睛的什么神经出了问题，所以才反复眨眼。"停了一会儿，朱老师忍不住又说："小唐那个奶奶呐，真是麻烦，总说自己的小唐怎么怎么了，一边宠爱得不得了，一边老问他学习怎么样，说小唐是不是坐的那个位置不好，能不能换个地方。这次他数学只考了五十几分，又说怎么退步这么快啦，去年不会这么差啦……唉，这个老太婆真是啰唆，又很会挑三挑四，鸡蛋里挑骨头，对自己孙子那个关心程度啊，让我总感觉过于自私自利了。整天遇见我就唠叨，我孙子怎么怎么了，真难缠！好像就她孙子是孙子，别人的孙子就不是孙子了！"

朱老师连珠炮似的话里充满了火药味，"怨"屋及乌，对郭小唐奶奶有意见，不知不觉也反射到了郭小唐的身上："这个郭小唐呢，看他也怪怪的，不批评他，还能笑着脸，大声讲话。这学期听课有时不认真，要是批他几句，就整个的沉默成了哑巴，脸上毫无表情，眼睛直愣愣地看你，嘴巴无意识地一张一张，就像缺水的鱼儿翕动着嘴……"

朱老师的表述让我不知道该怎么同她搭话了，此刻静静地倾听是最好的选择。郭小唐的父母在外做生意，把儿子交代给奶奶看管。奶奶对孙子的宠爱也是人之常情，何况她只是一个不识字的农村老妇人，言行举止有不当之处也无可厚非。我觉得，朱老师对她的埋怨，有些过于强求这个老人家了。

其实，在街上或者上班的途中，我有时也会遇见郭小唐的奶奶，她对我也总是问："小唐现在学习成绩怎么样，上课怎么样？"

我说："成绩还不错！上课也会主动举手，回答问题也蛮好！"

实际上，刚教这个班级才两个多月，有些孩子是看不出有多大变化的，只要没有什么影响孩子身心健康的问题出现，就不必过于为孩子的成绩和上课担心，适时适当地问一两次还有些意义，一旦三番五次地重复，难怪引来朱老师的反感了。不过，我觉得郭小唐的奶奶之所以一而再再而三地问这些，可能是不知道怎么同老师交流，只会用这种类似无话找话的方式同老师打招呼而已，如同农村习俗见面问"您吃了没有"一样。另外，家长知道一直以来很多老师都会进行单元考试，他们时不时地问孩子的学习怎么样，就是问孩子每个单元考得怎么样，多少分，他们中的多数人以为，读书就是为了这个，也就看这个。可是，我每教完一个单元并没有像其他老师那样忙着考试，所以无从提供孩子的分数，但我可以告诉他们，有关孩子的性情心理、性格内外向、好坏习惯、书面和口头表达如何、待人接物、有无朋友、书写优劣、喜好什么等等。

联系以上种种情况，我在想，郭小唐这次眼睛出问题，压力很可能就是来自数学的单元考试，他只考了五十几分，朱老师大概动了气，训斥了他。另一个压力自然是来自家庭，五十几分怎么向奶奶和父母交代？他奶奶也曾直言不讳，说他妈妈一直紧盯着他的考试分数，责骂是难免的了，那他心里的紧张、焦虑定然超过了承受力，最终就表现在眼部神经上了，那频繁而又不由自主的"眨眼"，实质上是孩子潜意识里的一种自我防卫和无声倾诉：我难过，我担心，我害怕……

不管现实怎么样，要是每个教师都能取消单元测试，就算只是当练习做而不批改出分数来，相对而言，孩子也会轻松些自由些，而郭小唐"眨眼"的导火线就可能不会被点燃，他奶奶同朱老师之间的"麻烦"也会随之减少。从朱老师的话中，我倒觉得她自己也有焦虑，而且有一部分正是源自于她所重视的单元考试。时不时地进行这类考试，无论是过程，还是结果，都会让多数老师和学生既疲累，又烦躁，可有些老师仍然孜孜不倦地坚持，这不由让我想起下面这件事来，虽然和郭小唐无涉，但是，和什么有关，相信大家看了之后定能心知肚明。

二

那天傍晚，已放学多时。我在办公室上网，管理"苍南教育智客网"。二年级另一班的班主任蔡老师还在批改"小作文"。

过了一会儿，蔡老师突然停下手来，叹气道："哎呀，我累死了！

什么时候才能够解脱哦！"这话她又重复了两遍，紧接着将背往后一靠，整个身子瘫在椅子上，垂下手臂，耷拉着脑袋，显得疲惫不堪。

"怎么啦，蔡老师？"

"唉，你看……你看我改学生的作文，改都改不完呐！还有其他的，什么《课堂作业本》《同步教与练》《新名典——词语采撷》，还有听写本、田字格……哎呀，每天改完了要做，做完了又要改，真像几座大山一样，搞得我手忙脚乱，好好喘口气的时间都没有啊，苦哦！"

"你现在就让学生定期写作文啦？作文批阅不是从三年级才开始吗？"

"我……我是想早点把学生的基础打好啊！再说，其他班级不也这样呀……"

"不怕拔苗助长？"

"这个……应该没那么严重吧！……我是想让学生多学些多做些，就是忙不过来啊，看你轻轻松松的，可以看自己的书，还有时间常常写教育叙事，你是怎么做的？"

"要听实话吗？"

"当然啰！"

"实话实说，我可是懒人一个，只改个《课堂作业本》。学校暗中统一订的《同步教与练》我是不改的，就让学生放家里，想做的就做，自己去订正后面的答案，实在不懂的可以来问我，要是不想做的，就不用做。还有你和二班的易老师另外让每个学生买的《新名典——词语采撷》，我同样没要求，也是随家长和学生自己的意愿去决定……其他的像听写本、练写生字的方格、田字本等，我也是在刚接这个班级时自己'操刀'过渡一下，然后就尽量让学生自己动手，自己校对，养成自我检查并订正的习惯，这既减轻了我的工作量，又有利于学生能力的培养。何况学校不也在响应上级年年出台的'减负'政策吗，明文规定教师在这方面可以自己定夺，我自然是按规定办事呀！至于你此刻所苦恼的'改作文'，我的看法是，一二年级让学生养成喜欢读课外书的兴趣和习惯，比早早地开始写作文更为重要啊！每个班级总会有些学生起步慢些，基础差些，像我班的林小果，一年级学得很不好，好像也写不出多少字来，有些作业也做不来，但是他挺喜欢看绘图本书籍，我就顺其所好，让他多看，等他再长大些，自然会有所变化。毕竟才读二年级，要是让这类学生也提早写作文，等于赶鸭子上架，他们不讨厌语文才怪呢，而我们更是在自寻烦恼。假如学校支持的话，我倒觉得对他们完全可以推迟到五六年级时再考虑写作文，效果肯定比'拔苗助长'要好得多！"

蔡老师苦笑道："也是呀！我就是自己给自己找麻烦，找苦吃啊！"

"是吧！如果自己能放下，那就轻松多了！你会放下吗？"

"……"蔡老师欲言又止，缓缓地摇了摇头。

"是的，你是不敢放下，我可以理解。从一年级开始，你就已经让学生做这么多练习和作业，并要求自己都要去改，学生才有现在这样的成绩和分数，一旦要你不再这样做，你心里就会紧张、害怕学生的成绩会差了，分数会低了，因为你重视的就是这个呀！我接这个班级后对此无所谓，不苛求，而且在一年级原班主任陈老师的基础上做了很多减法。陈老师教语文当初和你的做法相似，要求学生做的作业多，自己也疲于奔命地改。我和你们不同，我不是用心于让学生做啊做，自己改啊改，在意和看重的不是学生的成绩和分数，自然在这方面就没什么负担，能够坦然接受学生这个样子就还是这个样子，事实上他们也差不到哪里去。正因为没在考试和分数上较劲，反倒让很多任课老师觉得我班的孩子聪明活泼、思维活跃有创造性，之前你不也这样对我说吗？所以，我也就不会被你们这些以增加作业量的方法所累。你大概已经被自己的做法控制了，师生都'疲惫'地跋涉在起跑线上，拿是拿起来了，而且还拿了很多，但是你不再放下，更不敢放下，因为你的教育观念和目的决定了你放不下……不好意思呀，我又在说教了，要是说得不对，也请原谅！"

"你分析得对哦，就是这个样子！那……那我怎么才能解脱啊？"

"嘿，你这不是明知故问嘛！你当前的这些超负荷活儿是自己给自己设置的，周而复始的压力也是自找的。如果一个教师想真正地解脱，可不能等待和依靠外在的诸如上级教育部门、学校领导的文件和命令，而是应该靠自己，从观念入手，勤学习，多思考，敢实践，一旦我们的思想和心智被唤醒，被打开，就能勇气十足又轻松自如地放下该放的和想放的，根本就不会像你现在这样自我矛盾、自我折磨了！从你的感叹和表情上，很明显地就能看到你是被内外的压力捆绑在师生共同制造的作业堆里难以自拔，苦了自己，累了学生。就算这样做对考试和提高分数有一些好处，那也只是暂时的，也不过是没有长远意义的机械劳作，更是一种'偏执'与'病态'的教育。你一边勤勤恳恳义无反顾地在明处做着这事，一边却要垂头丧气深恶痛疾地暗中'控诉'它，不正说明了这点吗？"

蔡老师无言以对，低头默默地在想着什么。片刻后，她抬起头说："谢谢你同我说了这么多的真心话，事实的确这样！虽然在同一个学校同一个办公室，你比我自由自在多了，不仅仅是教育教学，更是你的思想。"她用手拍了拍桌上的那叠作文本，无可奈何地慨叹道，"……今天只能先改这些了，我要回去带孩子了！整天忙忙碌碌，一想起到学校来，我头都大了！辛苦啊！"

<h2 style="text-align:center">三</h2>

过了些日子，我问郭小唐：

"你的眼睛好些了吗？上次你说去看医生了，有吃药吗，效果怎么样？"

"医生说是抽动症，吃药好像有点效果，好像又没用，就是还有眨……"郭小唐刚说着，左眼下的肌肉突然不由自主地抽动了几下，眼睛随之快速地眨着。

"咦，你还会抽动呀！难受吧？"

"难受……"他不好意思地笑了笑，"医生说，过些时候再去看看，叫我不要乱吃东西。"

"是呀，饮料少喝，油炸的东西也要少吃，可以常吃一些蔬菜水果。"

"嗯……"他认真地点着头，"杨老师，医生也这么说呢！"

"放松些，没什么问题的！你这样子是从什么时候开始呢？是这学期吗？"

"不是。"

"是一年级，还是在幼儿园时就会？"

"读一年级才这样的。"

"还记得眼睛第一次出现抽动是因为什么吗？"

"我……我忘记了，想不起来了。"

"是不是被老师或爸爸妈妈批评，或者遇到紧张的事，就会这样呢？"

他微微地动了动嘴唇，没说出什么来。

"杨老师问你这些，是想了解你眼睛抽动的原因在哪儿，这样才好改变它，不再抽动。你是不是被杨老师给问得紧张起来啦？"

他嘿嘿地笑着，又想了想，旋即皱起眉头说，"就记得一年级老师布置的作业很多，每天都要做，做也做不过来，还常常考试，做试卷。我妈妈总是打电话问我考试考得怎么样，考了多少分数。要我努力学习，考好些！考不好了，她就会骂我……"

"哦，杨老师有些明白了。起先杨老师刚跟你讲话，你就抽动了几下。聊着聊着，现在又好些了，看来心情放松了就比较好。接下来，你自己也注意它，看看它会在什么情况下开始抽动，什么时候抽动得比较多！"

"嗯……"他腼腆地挠了挠头。

四

二年级第二学期，期中考后的某天，在上班路上我遇见了郭小唐和他奶奶，我们互相打了招呼。

老人家问我："杨老师，小唐这次期中考考得不怎么好吧？只有八十几分呀，听说这次试卷比较难考是吗？"

"是的，挺难考的。小唐能考八十几分，也是很不错的。记得上学期的期中考，他可没考这么多，今年成绩有进步了。"

"他在一年级都有九十几分呢！"老人家留恋地说。

"要说分数呀，一年级大家基本上都是九十几分，有些一百分，九十几分算是正常，一般吧！"

老人家不觉笑了："那也是。"

我们边走边聊，郭小唐一旁听着，抿着嘴巴似乎在微笑，嘴里好像有什么东西含着，或者是心里有话到了口中被牙齿咬住似的，一副可爱的神情。我仔细看了看他的眼睛，问他奶奶："小唐眨眼睛，去看了医生后，近来有好些了吗？"

一说到这个话题，老人家有些激动了，声音顿时大起来："好有好点，去附近的宜山镇看了四次，还去温州看了一次，一直有吃药，又好像没有大好。再看看情况，要是没好，只好再去看医生了！"

"医生的说法一样吗？怎么回事呢？"

"都是说什么眼部神经抽动，大概就这么个意思。说别给孩子压力了，也不能训斥，不然，他就会紧张，一紧张就抽动了。我是没怎么给他压力的，都是他的爸爸妈妈，特别是他妈妈，经常问成绩啦考试分数啦，看他考低了就骂，孩子被她那么一骂，就抽动得更厉害了！自从听了医生的诊断后，他妈妈才有些害怕，但有时候还是会忘记了呢！"

"要是孩子因为这些个压力，老是紧张，老是抽动着眼皮，就算成绩好些，分数考高了些，你愿意吗？"

"那怎么行啊，宁可孩子的眼睛正常不抽动！这个总比分数重要嘛！"

"你说得对呀！现在小唐已经有这个症状了，来得快去得慢，要是平时又出现的话，也不必过于担心，一旦我们大人很紧张，老是注意着抽没抽动，反而让孩子更加焦虑，很可能又会加重症状了。我已经向朱老师建议，减轻小唐学习的负担，朱老师也同意不再要求小唐非要考得怎么样。你也同小唐爸妈说说，别总盯着孩子的成绩、分数之类的，多关心关心他的身心健康。如果不改变这些根本的原因，就算一直吃药也很难好啊！"

老人家赞成地点着头。

到了人民路，老人家去了另一个地方，郭小唐就跟我一起向学校走去。

"小唐，杨老师布置的作业，你感觉多吗？要是多了，就直接告诉杨老师。"

"不多，回家很快就做好了。"

"喜欢考试吗，每个单元的考试？"

"嗯……不喜欢，考差了会被妈妈骂，还会被老师批评，我考试就紧张……杨老师，你没有单元考试耶，我就不紧张……"

"喜欢看书吗？"

"喜欢！我还喜欢你在上课前读故事给我们听！"

"那好呀，杨老师也喜欢给你们读故事！"

……

我们一路聊到了学校，我注意到郭小唐的眼睛似乎没怎么抽动，或许这样的聊天让他放松、愉快吧！

五

其实，郭小唐蛮喜欢找我说话。接这个班级以来，课前课后，他经常会跑到我跟前问这问那，"杨老师，你看什么书呢，好看吗？""杨老师，你包里放什么东西呀？""杨老师，昨天晚上我在街上看到你了，你骑自行车去哪呀？"我就一一地回答，而他每次都眉开眼笑，一副无忧无虑的样子。

有一段时间，他连续几周向我推荐过好几首古诗，抄在黑板的左上角让大家背诵。每次他都会说："杨老师，这首我先背给你听……"他把书一合，昂起头，立刻熟练地背下来。

"厉害，小唐，你好像很喜欢背诵古诗呀？"

"嗯，喜欢！"一说这个，他眼神就闪动光芒，"杨老师，好多古诗我都会背！一年级老师叫我们背的那些我会背，没叫我背的，有的我也会背，因为我喜欢去背它们！"

这个学期的第十五周，学校要举行背古诗比赛，每个班级选派五个学生参赛。我把教务处发来的要求背诵的古诗目录拿给郭小唐看后问："这次背古诗比赛，杨老师推荐你去，你愿意参加吗？"

"……可以！"他低头稍一想就点了头，抿嘴微笑，然后说，"杨老师，这张纸上的古诗我差不多都会背了，只有三首还不会，这几天我就把它们背下来。"

"很好！还有半个月，你慢慢背，不急的。"

才过了两三天，他就跑来告诉我了："杨老师，那三首古诗我都已经背下来了。我背给你听……"

他不紧不慢地背诵，也看不出有什么紧张，眼眶周围风平浪静，并不见有病态的抽动，倒是几次自然状态下的眨眼，于兴奋中默默地呈现自信。我一边侧耳倾听，一边点头，"嗯，真不错，都背对了！"

比赛那天，进场前我悄悄问他："会不会紧张？"

他依然抿嘴微笑，停了停说："有一些紧张，只有一些……"

"那不要紧，有些紧张也很正常，杨老师为你加油！要是没获奖也没关系，杨老师同样欣赏你！"

最终，郭小唐和班长黄书文获得了一等奖，据负责比赛的老师说，郭小唐抽到的几首古诗都能顺利地背出来，而且还蛮沉稳熟练。我知道，当孩子去做自己乐意并拿手的事情时，即便紧张，其性质也是和应试教育压力下的"紧张"大不相同，前者是愉悦、积极的心理兴奋，能激发身心的力量，有利于当事人更好地完成任务；后者却是痛苦、消极的心理抑制，让当事人在自我抗拒、退缩中焦虑、忧郁，严重的还会出现躯体症状。郭小唐正是一个鲜活的例子，联系上下文来看他不同处境下的差异表现，便能一目了然。

一周后，我把学校发的奖状奖品拿给郭小唐，"祝贺你呀，小唐，这可是你自己努力得来的哦！比赛时，你感觉怎么样，现在还想得起来吗？"

他一边低头乐滋滋地前后翻看着奖状奖品，一边时不时地抬头对我说着话：

"谢谢杨老师！嗯……背第一首的时候，有些紧张，眼睛那儿忍不住动了几下……我又接着背，慢慢地就不怎么紧张了，眼睛那儿只轻轻地动了动……后来，后来我忘记有没有动了……等到都背好了，我就很高兴，感觉舒舒服服的！"

是的，看他此刻说话的神情，如同风过水面波光粼粼，眼睛明亮生动，映照一脸的光彩，快乐一览无遗。作为老师，我最愿意看到眼前的这种情景。而当郭小唐在看课外书时，那专注投入、怡然自得的姿态，同样让我赏心悦目。每每这些时候，孩子怎么可能会因为焦虑、害怕而眼睛抽动呢？我想，我能做主的，也就在我可控制的这一小块"地盘"里，为我的学生阻挡应试教育可能带来的一些伤害。

六

回想起来，在班主任朱老师和我接任这个班级的最初一个多月里，我们都没发现郭小唐眼睛有什么抽动。究其原因，一则是，开学没多久，教数学的朱老师忙于班主任事务和班级管理，暂时还没精力像后来那样专心于"抓教学"，使得郭小唐在这一小段时间里轻松自在，无忧无虑。二则是，在语文教学方面，我这个语文老师从不单元考试，从不以分数看待、评判孩子，而且作业布置得很少，有时甚至没有，由学生自己安排，尤其喜欢同孩子聊天谈心，陪他们玩耍活动，一起看课外书，为他们读童话故事，读我写他们的教育叙事等等，以上诸多做法与一年级时的情况迥然相异，一下子就让这群孩子从茫茫题海和反复考试中走了出来，郭小唐更是从中受益。

等到朱老师完成了新老班主任工作交接之后，立刻又回归到了校长常引领的"以提高教学质量为中心"的工作上来，而所谓的"教学质量"其实也就指每个学生考试成绩的优劣。如此一来，在数学方面，朱老师又让学生重新步入了做题、考试的轨道，驴拉磨般反复绕圈。加上家长在一旁的"监督吆喝"，没多久就把郭小唐眼睛原有的抽动隐患给"绕"了出来。于是，便出现了本文开头的那一幕。

好在之后朱老师和郭小唐妈妈都认识到了各自的问题，反思自身的言行，为郭小唐"解套"减压。特别是朱老师，在应试教育的"天地"里单独为郭小唐"网开一面"，才使得他的"眼疾"在其后的半个学期里有了逐渐减轻的趋势。我们不难想象，假如仍旧像一年级那样地"教育"郭小唐，他将会走向怎样的状态啊！

然而，郭小唐就好像一艘刚刚起航就"受伤"、经过修补的小船，战战兢兢地航行在"应试教育"充满暗礁的大海里，一不小心就又触礁了。临近期末，有一次上好了课文，让学生看课外书或做《课堂作业本》。当我路过郭小唐身边时，发现他一脸的木然，弓背僵坐，右手握笔如同握一把小刀，竟然在《课堂作业本上》大幅度地叉来叉去，乱涂乱画，一种莫名的焦虑笼罩着他。

"小唐，你怎么了？"我惊讶的同时，立刻想到他大概又受到什么刺激了。孩子的反常行为，肯定不会是无缘无故的。他缄默不语，过了片刻才微微抬头，面无表情地瞟了我一眼，"眼睛抽动"又一次浮现在他的脸上。

"有什么难受的事，可以跟杨老师说说，杨老师很愿意帮你的忙呀！你看，作业本被你画成大花脸了，它要是有嘴巴，肯定大哭大叫起来了哦！"同桌张燕听了禁不住笑了，可是郭小唐依然满脸的冰霜，表情早已被冻僵了。

"张燕，小唐怎么了？是不是被哪个同学欺负了？"

"没有呀，我没看到他和谁吵架。今天他好像没说过什么话，沉沉默默的。"看着此时的郭小唐泥塑一般不言不语，张燕也感到很奇怪，她伸出小手轻拍了一下郭小唐的肩膀，问道，"小唐，你怎么……怎么不说话啊？"

郭小唐看都没看她，手继续在机械地涂画着。我连忙轻轻握住他的手掌，他倒是顺从地停住了。我顺势从他手中抽出笔放进了铅笔盒里，又合上《课堂作业本》，然后靠近他的耳边轻声说："小唐，杨老师建议你现在什么都不要做，就靠在桌上闭上眼睛休息，可以不？"虽然他还是没应声，但他随即身子前倾，双手相叠趴在了桌上，低头靠着胳膊……那天晚上，我马上分别联系了朱老师和郭小唐妈妈，把郭小唐今天的"怪状"告诉了她们。不出我所料，正是她俩有意无意地又一次"刺激"了郭小唐。

"这样啊……我看他近来眼睛那儿似乎也没什么症状，想到这个学期就要结束，临近期末怕他考不好成绩，就对他抓紧了一下，这几天督促了几次作业，考了几张试卷，有些题目他做得粗心，不该错的做错了，忍不住顺口批他几句……当时就看他表情冷冷的，只是还真没想到会出现你说的这个情况呐！"朱老师有些后怕地说，"……那我还是忍忍好了，就为了让他多考个几分，万一真出了什么问题，家长还是要埋怨的，我可要吃不了兜着走了……"

郭小唐妈妈说："哎呀，我也是觉得小唐最近眼睛有好些，怕他学习跟不上，就又抓抓他的作业和考试嘛，想让他期末考个好分数，争取获个学习积极分子什么的……昨天朱老师说他做题做得很粗心，测试考得不好，我一急就生气地骂了他……哎，这孩子，这么不经骂的。看来呀也不是考试的命呐……杨老师啊，我们让你费心了，下次我会注意的……不过说心里话，孩子的健康当然更重要，看他把作业本乱涂乱画，我也怕怕的，谁不疼自己的孩子啊，现在也只能把那些学习的要求先放放了……"

过了几天，郭小唐渐渐地又恢复了常态，脸上也有了微笑，我和朱老师小心翼翼地关注着他，若即若离不紧不松。期末那段时间一直到放暑假，他没再出现相似的问题，而期末考也考得不坏。

七

三年级时，朱老师请孕假，班主任换成了周老师。周老师是一个近五十岁的男教师，对学生考试、分数之类的追求没有像年轻的朱老师那样严格与执着，他和我的搭班，反倒更适合郭小唐这艘小船相对安全地穿行在应试教育的风浪中。一个学年过去了，郭小唐行驶得顺风顺水，而且也很少见到他的眼睛有"抽动"。在这一年，虽然《教育随记》里有关郭小唐的记录比较少，但是有几个片段让我难忘。

有一次校对一道题，要求是写出"吸收"的反义词，没有学生会，只有郭小唐脱口而出："排泄！"

"很对呀！"我惊讶地问，"你怎么知道？"

他眯眼默笑，一副保密的模样……

"你是向谁问过来的吧，对不对？"

"不……不是，杨老师，其实是你帮助了我呢！"

"我？没有吧，我记得你没问过我呀！"

"是……"郭小唐嘿嘿直笑，一脸的自得，"是我用你送的那本《反义词词典》查到的。"

"哦，原来这样……"我恍然大悟，也笑了，"哈哈，好啊，杨老师没白送你这本书嘛！"

那是在一个多月前，我曾两次从家里的书架上挑了几十本适合小孩子看的书送给每一个学生，郭小唐得到的正是那本《反义词词典》，因为我发现他平时遇到不懂的字词蛮喜欢翻翻查查的。

我走近他，俯身摸摸他的脑袋，对大家说，"小唐能把那本词典利用起来，真是好样的！'吸收'和'排泄'的确是一对很恰当的反义词，我们可以摘录下来。对了，杨老师也想到了另一个词，不过比小唐查到的这个稍差一些，但可以参考，就是'释放'。"

郭小唐一边直乐着，一边连忙把我写在黑板上的这个词也记了过去。

还有一件事，是这个学年即将结束前，让学生写一写《我要告诉杨老师》，郭小唐这样写道：

　　杨老师，我先向你说说我自己。今年我 11 岁了，我特别喜欢吃草莓，草莓甜甜的，很好吃，颜色鲜艳，像一颗宝石。我还喜欢看电视，经常看的是少儿频道。每天放学回家，做完了作业，我都会去看电视。这些天都在看《水漫金山》和《大角牛梦工场》，挺好看的呢！在班级里，我还喜欢听杨老师和黄书文读外国流浪儿的故事。每当听的时候，我都听得津津有味，真好听啊，每一次我都很想听两篇。这也是我的爱好。

杨老师，我打算放暑假后，去灵溪五街我舅舅家玩，我要玩五天。从舅舅家回来，我也想去你家玩，我奶奶家就在你家的那条街上。杨老师，我想对你说，我喜欢跟你学习，可是快放假了，我就不能天天见到你了。暑假的时候，我会想你和周老师的。杨老师，我还想告诉你，你是我们见过的最温和的老师。

我的作文就快写好了，我最想说，我心中的好老师是杨老师，上课时，他很会弄笑话。

那天课间，我有意找他来问："小唐，你在作文里说，杨老师上课时很会弄笑话，这个'弄笑话'什么意思呀？"

"就是……就是讲笑话啊，你常常边讲边做动作，像表演一样，是'弄'出来的，'弄'得我们哈哈大笑！"他一说到"弄"字，就加重了语气。

"嘿，原来你是这个意思呀，这样用词虽然有些怪，但蛮有趣，杨老师还是第一次碰到，也算是你的独创啊！那杨老师就不把它改成'讲笑话'了，就'弄笑话'吧，杨老师喜欢！……还有，你说杨老师是最温和的老师，温和在哪里呢？杨老师要是批评起人来，也是很严厉的呢！"

他眯眼含笑，侧仰着头想，好一会儿也没说出什么理由来，见我一直等着，有些不好意思地抓抓脖子说："嘻嘻，杨老师，我……我说不来……"

"哦，杨老师知道了，你大概是随便说说的，是不是？"我故意激他，"是不是说的是假话，想讨杨老师高兴呀？"

"没……没呢！我就觉得你温和，是因为……因为你喜欢找我们聊天，就像现在这样……我也喜欢找你聊天！"

"哈哈，这个理由杨老师同意，杨老师的确喜欢找你们谈天说地，有机会就找每个同学自由自在地聊天！你说的是真话，杨老师谢谢你的表扬！"

我握了握他的小手，两人相视而笑……

八

暑假一转眼就过去了。

开学初的一天，在街上遇见郭小唐奶奶，我问她："小唐在家里最近眼睛怎么样？还会那样眨着吗？"

"不会，已经很久都不会了，"她高兴地说，"好像……应该没什么问题了！"

"这样就好啊，他在学校也不会。那他还有吃药吗？"

"早没吃了，杨老师啊，谢谢你对小唐一直的关心呐……对了，今年他妈妈已经回来家里自己带孩子了。她蛮相信你的话，你要是遇见她，多同她说说，不要对小唐的学习再管得像以前那样的严厉了，万一，万一眼睛又出了问题，那就麻烦啰，老是那样眨呀眨呀，小孩子难受，我们大人也烦心，多不好啊！……"

老人家说着说着，情不自禁又念叨起往事来，"唉，小唐妈妈以前也都不懂，当初小唐读一年级，刚出现'眨眼睛'的毛病，就不应该给他压力，更不要骂他才对嘛，可她还死盯着小唐的考试啊分数啊不放，一见孩子'眨眼'就叫他别眨别眨，要忍住。越说越没用就越骂，越骂眼睛就越眨得厉害了……幸好二年级给你教，孩子语文学习的压力少多了。特别是今年，你对她说了几次问题的原因，说了一些教育的道理后，才好了些哦。加上医生说的也和你差不多，她才慢慢改过来呢！"

"是啊，小唐毕竟还很小，在这个年龄段，身心都很稚嫩，假如遭受了某些特别的伤害，很可能就会影响他的成长和将来的生活。这两年小唐磕磕碰碰地走过来，能有这样的结果，还是值得我们大人庆幸呀！当然，也并不是说小唐从此以后半点压力和挫折都不能碰，而是要尽量避免对他'拔苗助长'。只有等他再大些，比如到了初中高中，他的阅历丰富了，心智成熟了，相对来讲，才容易承受住小时候不能承受的那些打击，才更有能力主动地去化解，就算自己无能为力，也能懂得去寻求他人的帮助。"

我的话说得"文绉绉"的，虽然老人家不一定都能明白它的意思，但是她听了直点着头，一脸的信任和感激。我常想，不管郭小唐将来如何，只要他还坐这个班级，我一定会在力所能及的视野里，尽己所能地守护他，让他和其他孩子一样，尽可能正常地走过小学的这一段路程。至于到了初中高中，小唐是否又会遭遇"应试教育"的险滩恶浪，我唯有默默地祝福了——祝福那时的他已有足够的承受力，穿越打击，到达彼岸。我能做的仅此而已。

就在同一天的中午，当我正在办公室用"上网本"记录上文时，郭小唐突然急急忙忙地跑进来，兴致勃勃地对我说："杨老师，杨老师，我们……我们中国也有航空母舰了耶！"

"你怎么知道的呢？"

"昨天晚上，我是从中央台的新闻里看到的！"郭小唐双手比划着，"航空母舰很大很大，上面挂了好多好多漂亮的旗子！"

"对呀，杨老师也有看到，非常壮观！你也会去看新闻呀，杨老师欣赏你！"

"是你上学期就叫我们看的，你说看电视的时候也可以看看新闻。"

"哦，杨老师想起来了，是有这样说过。"

"杨老师，你每天都会看新闻吗？

"有空会的。"

"我有时也会看，有些新闻挺好看。"

……

我边聊边悄悄地关了"上网本"，心里却在暗暗地说：小唐，你以前曾说过让杨老师写写你，此刻杨老师正在写你呢。只是这篇长文还不适合你现在看，等你长得足够大了，杨老师一定会把这份"礼物"送给你。不知道那时的你还能不能记得这些事，看了之后又会有怎样的想法呢……

"杨老师，你在想什么呀？"郭小唐看着我的眼睛问。

"啊，哦……"我回过神来，"杨老师是在想……想你快快长大！"

"不呃，我要长慢一些！嘻嘻……杨老师，如果我长太快了，就要去读初中，那只能提早离开你了耶！"

你写我读，欢喜"作文路"

我时常沉浸在学生们各种各样的作文里，无论写得长短或"好差"，批阅它们，就是我日常工作中的一件乐事，甚而乐此不疲。我的这种喜欢，是喜欢每个学生每一次用文字表达的本身，而无关乎他们的考试成绩与所谓的素质评定，更无关乎学校对我教学能力的考核与评价。我对学生作文的喜爱，如同对每个学生的喜爱，就是不带任何条件地喜爱每一个独一无二的个体，不因成绩，不因家境，不因"人"之外的其他种种，只因古启涛就是古启涛，梁信燕就是梁信燕……

一

刚到校，黄书文和陈静分别拿着一封信给我看。

"杨老师，这信……是干吗的呢？"

"起先是周老师拿给我们的，他说在传达室看到就带过来了。"

我拆开信封一瞧，是《温州都市报》寄来的《稿件录用稿酬领取通知单》。原来她俩的作文同时被刊登在了2012年5月6日"新苗"版的"头条"上，这让我高兴呀！之前我曾整理了一些作文，本是为这学期的校刊《新禾》准备的，把稿子交给主编谢老师的同时，也顺便投给了《温州都市报》"新苗"版，没想到就在我差不多忘了此事时，却有了这份惊喜。我把大概的意思说了一下，她俩就明白了，喜形于色，因为上学期在该报上黄舒文发表过《香蕉与相交》，陈静发表过《跳孔雀舞的小男生》，只是不知何故那两次都没收到这个《通知单》。

"来，我们上网络找找你俩的作文！"

我打开电脑，上百度搜索，果真在《温州都市报》电子版上找到了她俩的作文，差不多在"新苗"版上占了"半壁江山"，大标题《小女孩和小水珠的美丽邂逅》赫然醒目，编辑还在前面加了两百多字的按语：

打开《新苗》稿库，常常可以给我们惊喜。

比如这一次，苍南县灵溪镇灵江小学的两个小女孩相约去看荷花，看荷叶上的小水珠，又相互写了习作，投给了《新苗》，还取了大标题，叫做"我们和一颗小水珠的短暂相遇"。读着真让人欣喜……哈哈，背后是否有高人指点呢？嗯，我们非常欢迎这样的创意作文，欢迎小作者把自己的灵感佳作都砸向《新苗》吧！

下面我们就来欣赏一下这两位可爱的小姑娘写的文章，看看她们是怎样描写各自眼中的池塘、荷花和小水珠的，看看她们又从中收获了什么样的心灵感悟。

小女孩和小水珠的美丽邂逅
小水珠

□苍南县灵溪镇灵江小学三（3）班　陈静

学校池塘里的荷花已经开了不少了。我常常过去左看一下，右看一下，感觉有些荷花就像一个个小姑娘悄悄地把头从荷叶中露出来一样，很可爱。我自言自语，要是和好朋友一起看多好啊！

那天中午，好朋友黄书文找我一起做完了作业，我就对她说："书文，我们一起去池塘边看荷花，好吗？"

"可以呀！"书文满口答应。

我立刻拉起她的手朝池塘那边跑去，我们边看边说话，真开心。书文突然惊喜地说："陈静，你看你看，那面荷叶上有一颗水珠，形状就像爱心呀！"

我看了一下，又仔细地看了又看，那颗水珠真的像爱心的形状，我和书文就给它取了一个名字叫"爱心水珠"。书文说这可能是天上的仙女不小心从身上掉下来的一颗珍珠吧！一阵微风吹来，水珠动来动去，好像在跳芭蕾舞似的，我们看得津津有味。

后来，我看见另一朵荷花上也有一颗水珠，但不是爱心的形状，我对书文说："如果也是爱心的形状就好了，这样，两颗'爱心水珠'就不孤单了！"

书文说："不过，她们也可以是好朋友，像我和你一样，在一起聊天！"

突然，来了一位五年级的大哥哥，他去草坪上拿了一块小石头扔向了荷叶，"咚——"的一声响，"爱心水珠"顿时消失得无影无踪……

虽然再也看不到那颗"爱心水珠"了，但我把这件事记下来，心里挺高兴的！

小水珠

□苍南县灵溪镇灵江小学三（3）班　黄书文

那个中午，风和日丽，我一到学校就在校门口遇见陈静。

我们边走边聊，到了教室，一会儿就写完了作业。

"舒文，我们一起去看荷花，好吗？一边看风景，一边聊聊天。"陈静说着就拉起我的手跑出了教室。我们来到了学校的池塘边，荷花已经盛开了好多，有淡粉色的，有白色的，还有玫瑰色的。我发现，有几朵荷花开得早，竟然开始枯萎了，不过，那姿态还是挺好看的，好像我家书桌上的小台灯。

池塘里的荷叶更多，圆圆的，一片片铺在水面上，仿佛就是我吃饭时桌面上摆放着的大盘子。有的荷叶还包卷着，其中有一片形状看上去就像一只小鲤鱼在跳龙门。

忽然，我看见一面刚刚张开的荷叶上有一颗小水珠。你们可不要小看了它哦。它的形状很奇怪，不是圆形的，而是心形的，晶亮晶亮，就像天上的仙女掉了一颗她最喜欢的"爱心珍珠"，刚好落在荷叶上。

当微风轻轻吹来时，这颗珍珠就在荷叶上滚来滚去，跳着欢快的舞蹈，动作可优美了！我正看得入神呢，突然，"扑通"一声响，荷叶歪了一下，"珍珠"掉进水里，顿时没了踪影。

我回头一看，原来是一位读高年级的哥哥用一颗小石子往荷叶上一扔，呜呜……太可惜了，那么可爱的水珠没了，我有些伤心，如果能让我再看一看它，那该多好啊！

那位哥哥倒是很开心，不知道他想没想过我的心情呢？

黄书文和陈静仔细浏览着电子版，我在一旁轻声读着编辑的按语，她俩听后情不自禁地笑了，你一言我一语地同我聊开来。

"杨老师，报纸上说你是我们背后的'高手'呃！高手，嘻嘻……好像是武林高手一样！"

"哈哈，编辑在表扬我们呢。这次投稿，杨老师没有在你们的作文后面写上'指导老师'的名字，所以编辑就不知道是杨老师了哦！"

"'邂逅'这两个字怎么读，什么意思呀？报纸上的大题目和我们原来的有点不一样耶！"

"读 xiè hòu，就是偶然相遇，而且这个过程既美丽又愉快！编辑把原来的题目稍微改了一下，虽然意思差不多，但是更加有味道，有文采了，值得杨老师学习，这个编辑也是'高手'呀！"

"嗯嗯，看起来有些好看，读起来有些好听……杨老师，你看，大题目下面还有一张图画，里面也有荷叶和荷花哦！"

"还有一个小姑娘，在笑咧，眼睛大大的，躲在一棵树后面看荷花，画得真好看！……杨老师，为什么会有这张图画呢？"

"是呀，这是编辑给你俩的作文配的水彩插图，按照作文的意思画的，的确很好看。杨老师觉得是你们的作文引起了这位编辑画家的兴趣，所以才画得这么有滋有味。画画和作文是相通的，画家可以把文章画成图，作家可以把图写成文章，有意思吧！"

两个小女孩似懂非懂地点着头，"有意思，挺有意思！""我也喜欢画画，杨老师，我以后也要给自己的有些日记画上图！"

……

当初布置这学期的第一次作文时，我没按单元习作的要求，而是让学生自己选择写什么。批改时，我发现陈静和黄书文竟写了同一件事，而且都写到了同一片荷叶上的同一颗小水珠。那一瞬间我的心为之触动：真是可遇不可求呀，如果把这样的两篇作文整理在一起，应该是不乏新意和趣味的！我当即把她们叫来，指导她们在叙述上进行互补和彼此的印证，边修改，边互相读给对方听。她俩对这样的写作深感新奇，修改得津津有味，没多久就完成了任务。

那天，我在 QQ 上问编辑李跃老师，还有几篇作文有没有可能继续发表。她告诉我"新苗"版半年前就已经由另一位姓施的编辑负责了，具体情况让我咨询她。我用李老师提供的 QQ 号，很快就联系上了这位编辑。

当我作了自我介绍时，施编辑很惊喜："你就是《小女孩和小水珠的美丽邂逅》的指导老师呀？一直很喜欢您指导孩子写的文章，感觉杨老师很能花心思，孩子们也写得既很愉快，又很精彩啊！去年，我刚接手李跃老师的这个版面，从她转交的投稿邮箱里看到了你指导的学生作文，真的挺喜欢！"

"谢谢，您的肯定和激励让我高兴，我会告诉学生的，我们会继续努力！请问还会继续发表我班其他学生的作文吗？"

"会的，我会选择时机慢慢发。对了，后来，有一个小男生的一组日记也被发表了，题目叫《古启涛的生活笔记》，内含三小篇，在我看来，也很有意思，同样写得很出彩，我也把它放在头条上了！由于版面字数的限制，我去掉了中间那篇短的。另外，为了增添亲切感，把题目改成了《小古同学的生活笔记》，你应该不介意吧！"

"好啊，谢谢您又一次带给我们师生惊喜！题目这样改，我很赞同！"

"感谢杨老师的理解与支持，还望您以后多多寄稿子呀！"

当我向全班学生聊起以上的话题，并把发表的两组文章的电子报展示给他们看时，大家兴高采烈地鼓起掌来，古启涛更是愣住了，随即兴奋不已。他的那组日记发表在 5 月 20 日的《温州都市报》，摘录如下：

小古同学的生活笔记

□苍南县灵溪镇灵江小学三（3）班　古启涛

［之一］爬树

中午，我对林福童说："阿超，我们一起去摘桑叶吧。"

林福童却说："那还不如你教我爬树呢。"

"可以。想学爬树太简单了，走！"

只一会儿，我们就跑到了那棵桑树下。我仰起头，仔细地看了看桑树，发现树枝都断了，只好说："阿童，没树枝不好爬，还是去爬那边的樟树吧。"

樟树很粗壮，枝繁叶茂，像一把巨大的雨伞撑在大地上。我先把蔡福超推上树杈，等到我爬时，不管怎么变换动作，就是爬不上去。我想了想，从旁边搬来一块石头垫在脚下继续爬，还是爬不上去，我又把石头摆来摆去，竖着摆横着摆侧着摆，仍然没爬上树。我急了，连林福童也看急了……后来，还是林福童急中生智伸手把我拉了上去！

坐在树杈上，往下一看，我终于明白我为什么爬不上来，因为树太粗了。

想到起先我说爬树很简单，我有些不好意思起来，林福童反倒没在意，他真是一个值得交的好朋友！

［之二］小卷毛

你知道我的拿手绝活是什么吗？我的绝技是——从校门口口

气就能跑到教室，还有就是，带着我自己组织的探险小分队到处去玩。

有一次，我带着我的探险小分队到了一个地方。虽然我对那个地方不大熟悉，但是，我随便怎么带，也能把我的队伍带得很好。把多少人带出去，就能把多少人完整地带回来，不掉东西，也不伤身体。

有一天，我带着林福童、许方豪、何彬彬一起出去玩。我们在路上发现了一只棕色的小狗，它很可爱，我们就和它一起玩起来。小狗也不怕生，不一会儿我们就混熟了。我决定给它取个名字。我有些调皮，一时又想不出什么好名字来，就故意要叫这只小狗是"小王八蛋"，其他人也没什么想法，只有林福童说："这个名字太难听了，是骂人的话，我觉得还是叫它'小卷毛'吧，你看它身上的毛是卷起来的。"

"小卷毛！"我们连声说："好！好！"自然也包括我，我心里暗暗地想，林福童真是一个实话实说的朋友。

可是等我们取好了名字，回头找小狗时，它却不见了踪影。我们很想找到它，因为我们感觉它已经成了我们的好朋友，也是我们探险小分队的一员了。

这样的"探险"，让我们常常遇见一些难忘的事。

下文是那篇没被刊登的《生病》，古启涛也写出了自己真切的体验。联系上面两篇，我们可以更多地了解小孩子的生活与心思：

生　病

星期五我一回到家里，就有些想睡觉。我昏头昏脑地跟妈妈说："妈，我现在有些想睡，我先去睡了！"妈妈说："那等吃晚饭时，我再叫你吧！"

我睡了很久，到了吃晚饭的时候，妈妈让妹妹来叫我起床吃饭，我迷迷糊糊的，假装没听见，管自己又继续睡。没想到这么一睡，竟然一直睡到了天亮。可是，我连起床的力气都没有，四肢发软。这时，妈妈才发现我感冒了，连忙带我去诊所看了医生打了针。我向老师请了假，就在家里休息了一天。第二天，我又有精神了。

原来，感冒生病时，人会很想睡觉的。

二

暑假里的一天傍晚，我用手机打开 QQ，便有一个企鹅头在闪动。

是施编辑发来的："杨老师好，能告诉我您的手机号吗？"

"请问，干吗呢？"

"向您约稿，并请教几个问题。是这样的，前段时间我们采用了您学生的几篇稿子，我个人是非常推崇的，不管是内容还是形式！稿库里你班其他几个孩子写的作文也很不错，我曾说过会考虑慢慢地刊登出来。这次向您要手机号，是想同您详细地交流交流，期待杨老师能再辛苦一下，继续出点创意，与大家高兴分享。"

"谢谢！您的鼓励让我高兴！我的手机号是：13506535160。"

"现在打您电话方便吗？"

"可以的。"

过了一会儿，一个"0577-8809××××"的温州电话打了过来，听筒里传来陌生女子的声音："您好啊，杨老师，我是《温州都市报》'新苗'版的编辑，姓施，施展的施，名彬彬，文质彬彬的彬。"这是我们的第一次通话，施编辑甚为客气地自我介绍。紧接着她又一次滔滔不绝地谈起我学生的作文：

"杨老师呀，您之前投来的学生作文真的很出色，我一看到就惊喜不已呀！像《小女孩和小水珠的美丽邂逅》，竟然是两个小女生写同一件美好的事，又互相呼应，特别是小水珠最后被一个高年级男生破坏消失后，她俩的心情刻画很有味道。当时我就想，这背后肯定有什么高人指点。

只是作文后面没有留下指导老师的名字和通讯方式，一时没法联系上您。后来是您从李跃老师那儿加了我的 QQ，我才认识了您，才知道这些作文就是您指导的，现在终于和您通上话了，的确让我高兴！在刊发《小女孩和小水珠的美丽邂逅》时，我情不自禁地还给这组作文加了编辑按语，并把它发在了'新苗'版的头条上。这两篇作文的语句衔接自然流畅，充满了童心童趣，的确是孩子的言语和心思，感觉很好！后来，我又刊登了另外一组，是您学生古启涛的《小古同学的生活笔记》，真是纯朴，语言既富有童真，又不乏趣味，同样让我相当的喜欢啊！所以，我很想请您再做些这方面的策划与指导，继续投些有意思的作文来……稿库里还有您投来的那些单篇的作文也挺好的，像黄书文的《皮皮》、梁信燕的《后悔》等等，我会选择合适的时机继续刊发出来。对了，7 月 22日版又发了一篇，是李渝林的《淘气包小黑》……在这里也想问问杨老师，您对小学生的作文教学，有什么心得和方法呢？"

"施老师，谢谢您！谢谢您给予我们的肯定和激励！说心里话，我批改到学生的那些作文时，也像您一样，很开心！要说我对小学生作文教学的做法，其实也没什么特别之处，有些老师也在这样做，就是多让学生自由写，写他们想写的，少些要求和限制。而我这个老师的作用，在我看来，就是尽量让自己做个发现者和欣赏者吧，把学生写得比较出色的文章、段落、语句读给全班学生听，互相评说，有机会时就向校刊《新禾》和你们的报纸投稿，为孩子们提供展示的平台。久而久之，多数孩子渐渐地就有了写和听的兴趣，有时就能从中'挖'出一些比较有特色的作文来了。另外，我也挺喜欢同孩子们接触，一起看书、聊天，玩耍，融入他们的校园生活，这个虽然和学生写作文没有直接的联系，但是能让他们信任我喜欢我，乐意对我说出心里话，一到写作文，特别是当我向他们提供某个话题时，他们就能实话实说地把内心里的真情实意表达出来！另外，我自己也时常动笔写文章，很多的教育叙事写的就是学生的事，并且读给他们听。学生是我的第一读者，常常在我的潜移默化中切实地感受到写文章可以随时记录生活中的酸甜苦辣和喜怒哀乐。

我觉得，假如一个语文老师很少或者不愿意接触并悦纳学生，那学生就容易在心理上与这个老师产生距离，甚至隔阂，同样也就不愿意在作文里表达出真实情感来让这个老师批阅的。从上述角度看，作文教学有无功效，可以从语文老师和学生关系的亲疏反映出来。我的这些体会和想法，也是老生常谈了，说的也不一定都对，请施老师参考吧！"

"您客气了杨老师，您讲的都是实情，值得大家思索呀！我也认为，有些学生写不好作文，问题并不都在学生这头，而在于有些语文老师没有认真去做好自己该做的，没有让自己做学生读与写的表率，没能让学生亲近和信任自己，不在以上这些根本的地方下功夫，反倒老是在细枝末节上较劲，在嘴皮子上要能耐，那作文教学只能是隔靴搔痒、纸上谈兵了。我明白，您的学生喜欢写作文，有些还写得很出色，是因为您一直用心于同学生的接触，尤其是心灵的沟通，师生的关系好了，学生自然就喜欢写作文给您批阅，期盼您读给同学们听，和大家分享。我特别欣赏自己也写文章的老师，像您一样好多文章写的还是学生的事情，这可是没有多少老师能坚持去做的……谢谢您，杨老师，我很期待您继续指导出个性的作文，支持我们的'新苗'版，让温州市更多的读者分享哦！"

"施老师过奖了，您的有些想法和我不谋而合……我们会继续写的，等过了暑假，学生有了新文章，就向你们投稿！有件事儿，想请施老师帮个忙，就是能否寄份样报给那几个发了文章的学生做纪念？"

"你们学校没订《温州都市报》吗？"

"去年是有订的，今年被学校取消了，说开销大。"

"哦，这样啊，那好，等开学初，我把几个学生的样报合在一起寄给你们。"

"好哇，孩子们收到后肯定会很高兴的，我先替他们谢谢您！"

"不客气，我手机号发到您的 QQ 上，您也存一下，到时方便联系，我们要常联系哦！"

"好的。"

挂了电话，打开手机 QQ，立刻跳出一条信息："我的手机号：1373672××××，施彬彬。"

事后，我在《温州都市报》的电子版搜索到了李渝林的《淘气包小黑》。记得当初在课堂上朗读时，大家被李渝林风趣活泼的叙述逗得直笑，这篇作文就像李渝林的人一样，讨人欢喜：

淘气包小黑

□苍南县灵溪镇灵江小学三（3）班　李渝林

黄滋都是我哥哥的朋友，他有一只可爱的小狗名叫小黑。小黑的毛是黑色的，整个身体毛茸茸的，摸上去很舒服。它的牙齿很锋利。它像一头黑豹一样威武。它跑得很快，如同装了马达的"飞毛腿"。

我哥曾经问黄滋都："你的小黑是从哪里来的呢？"

"是一次春游时捡回来的！"

我哥总爱刨根问底："那它为什么那么听你的话呢？"

"大概是因为我给它吃饼干吧！"

没想到爱捣蛋的黄滋都也有这样的"爱心"啊！

不过，黄滋都把小黑给教坏了。上次，我不给小黑吃东西，它就咬破我的裤子，还乱踩我的鞋子，把它糟蹋得不成样子。我很生气，就偷偷地躲藏在一根石柱后面，等它过来时突然跳了出来，吓它一大跳，把它的尿都吓出来了，没想到的是，它竟然把尿尿在了我的鞋子上，刚好被黄滋都看到了，他哈哈大笑，说："好啊，小黑把你的鞋子当成它的马桶了吧！"

每当我们一起去玩时，小黑也紧紧地跟着，而且老是喜欢在我的身边绕来绕去，我用脚推开它，它又跑过来缠着我，我觉得它很烦人，也不知道它为什么会这样，幸好它不是我的狗，要不然天天这样被它"盯着"，我可怎么过日子呀？

可是，有一次我居然被黄滋都选中来照顾小黑。那天黄滋都要和他爸爸妈妈一起去买菜，他很认真地交代我看护一下小黑，看他那么信任我，我也不好拒绝，只好答应下来。心里却暗暗地想，黄滋都呀黄滋都，小黑那么淘气，你这不是连累我吗？你是我哥哥的同学，你应该找他才是啊！

于是，我就不怎么理小黑，只是远远地"监视"它，让它自己干事情。出乎我的意料，它把事情给办好了：它不需人陪也玩得很开心，找食物时，还偷偷地回黄滋都家把肉吃了。

小黑长大了，它越来越调皮，整天到处乱跑。终于有一天，小黑突然失踪了。我着急地问黄滋都："小黑怎么不见了？"

"我……我也不知道啊，它跟我晨跑时，跟着跟着就不见了，找也找不到……"

那天晚上我一想起来就睡不好。第二天，我早早起床和黄滋都四处去找小黑。太阳快下山了，我们也没有找到它，两个人都很难过。

正想回家时，黄滋都忽然大叫一声："啊——，渝林，你看！"我回头一看，也欢呼起来："小黑回来啦！我们的小黑自己回来啦！"

当晚，我终于睡安稳了。

说来也巧，那次易思青也写了一只小狗，名字竟然也叫小黑，却和李渝林的那只大不相同，倒是同样写得活灵活现，富有童趣，读来让我忍俊不禁：

小 黑

小艺家有一只狗，叫小黑。小黑的毛是黑色的，尾巴翘起来，它胆子很小。

有一天，我去小艺家看小黑了。小黑一看见我就躲到屋子里去。我和颜悦色地说："小黑，别怕！别怕！我是来看你，不会伤害你的！"小黑听了就敢走出屋子了，它慢慢地靠近我，伸着脑袋闻了闻我的鞋子，就开始跟着我了，而且还欢天喜地地一直跟着我不离开……

小艺看见了，也要试一试，他跑到小黑跟前，让小黑也闻一闻他的鞋子，开始小黑也跟着他走，可是只跟了一小会儿小黑就转身跑了。看来小黑对我感兴趣，更喜欢跟我玩。我想，小黑是不是也像人一样，也对陌生人充满好奇心呢？

小黑的叫声很搞笑，像小鸡叫起来一样，大概它还小吧，但是它很少叫。小黑是吃牛奶的，吃的时候也很有意思，时常把牛奶吃到鼻子上去了。小黑跑步很快，看它跑起来很轻松，过了几天，它居然跑到我家来。我很喜欢小黑，因为它很可爱，又懂我的意思。

后来，我听小艺说，小黑被他爸爸送给别人了。我听了有些难过，我很想小黑，真希望小黑能再回来。

开学后的某天课间，我忙里偷闲地在办公室整理这篇教育叙事。当我正把李渝林的《淘气包小黑》从文档里复制过来编辑时，梁信燕突然走了进来，朝我的"上网本"左瞧右瞧，好奇地问："杨老师，我看你一直在这个小电脑上敲啊敲，是写什么呀？"看样子她已经在办公室门口暗中注意着我了呢。

"来……你靠近看一看，看了就知道哦。"

她伸过头来，一字一顿地念道："淘——气——包——小——黑，苍——南——县——灵——溪……咦，是李渝林的作文耶，你读给我们听过，那只小狗很有趣！杨老师，你这篇文章都是写李渝林吗？"

"也不算专门写他，这里是用上了他的这篇作文。"

"哦……那……你这次有没有写到我呀？"

"有的，前面已经出现你的名字了，你看……"我把 word 拉到前头，将施编辑说的那句话读给她听，"稿库里还有您投来的那些单篇的作文也挺好的，像黄书文的《皮皮》、梁信燕的《后悔》等等……"

梁信燕笑了起来，"杨老师，你会不会也把我的作文放到你的文章里呀？"

"会的，杨老师正想着怎么把你的《后悔》放进来呢！现在杨老师有主意了，先记下我们刚才聊的话，再引出《后悔》的全文来！"

"啊，我刚才和你说的话，也要记到文章里呀？真有意思，谢谢杨老师，我很高兴！"

记得那时批阅梁信燕的《后悔》时，文章所叙述的矛盾冲突一下子就把我吸引住了，梁信燕对自己心理的描摹和自我反省很是触动了我，让我看到了一个小孩子真实敏感的内心世界以及在家庭教育中，父母应该反思的地方。尤其是文章的后半部分，母女俩的和解写得微妙细腻，而且表达出了难以言表的爱，我深受感动。然而，我最想说的是，这样的作文不是我"教"出来的，而是我乐意倾听孩子心声的心念感召来的，假如真的要探讨我作为一个小学老师在"作文教学"中起了什么作用的话，我觉得这是最为首要的了。梁信燕能够无所顾忌地把自己的"心事"和喜怒哀乐原原本本地呈现在我的眼前，这份信任让我欣慰。我时常沉浸在学生们各种各样的作文里，无论写得长短或"好差"，批阅它们，就是我日常工作中的一件乐事，甚而乐此不疲。我的这种喜欢，是喜欢每个学生每一次用文字表达的本身，而无关乎他们的考试成绩与所谓的素质评定，更无关乎学校对我教学能力的考核与评价。从教十几年据我对周边语文老师的观察和交流，我发现作文教学与批阅一旦牵连到后两者的那些附加因素，多数教师都会患得患失，久而久之没有不厌倦和疲乏的，即便能坚持，也是应付而已。

我对学生作文的喜爱，如同对每个学生的喜爱，就是不带任何条件地喜爱每一个独一无二的个体，不因成绩，不因家境，不因"人"之外的其他种种，只因古启涛就是古启涛，梁信燕就是梁信燕……回头再一次阅读梁信燕的《后悔》，我内心里依然还能泛起涟漪。在投给《温州都市报》的稿件中，除了这篇之外还有另外三个学生的作文，在我眼里同样各具特色，在此一并附上：

后 悔

三年级（3）班 梁信燕

我在洗头发，妈妈帮着把温水倒在我头上。妈妈不小心把我的半边脸都倒湿了，我就生气起来："妈，你干什么呀？"我在心里默默地哭了，其实是因为我心情很不好，起先弟弟跟我吵架，还打了我，我感觉很委屈，我又在心里暗暗地说："阿德，你这个坏人，为什么要打我，还打得这么重！"头发把我的整个脸遮住了，妈妈看不到我的表情，不知道我在哭。

洗好了头，妈妈终于发现了我在哭。

"信燕，你为什么要哭呀？"

"阿德打我……很疼！"我抽噎着说。

妈妈叫来阿德骂了几句，阿德也哭了。我们姐弟俩就这样哭着，一直哭到爸爸回来为止。

"你们怎么了呀？"爸爸问。

我又说："阿德打我，很疼……"

弟弟说："是姐姐先打我，我才会去打她！"

爸爸劝了我们一会儿，说："都是小事情呢，不用哭啦！"

可是我的脾气不好，很固执，仍然觉得很委屈，还生气地把妈妈刚买来的被子咬了一个洞，这一下妈妈就打我了，我更是大声地哭起来，爸爸也不知道如何安慰我了。哭着哭着，我就渐渐地后悔自己做错了，很想跟妈妈认个错，但我开不了口……

我和妈妈已经一个晚上没有说话了。第二天早上，妈妈还是没有跟我说一句话，我真的很后悔，我伤了妈妈的心，我都不敢主动跟妈妈说话了。

中午我回来时，爸爸也在家，我叫了一声爸爸。吃饭时，我的眼睛一亮，无意间看到了桌旁的椅子上有两个漂亮的盒子，我悄悄地问爸爸："这两个盒子里装的是什么东西呢？"

爸爸也是一脸的迷惑，轻声说："我起先刚回来，也不知道呀……"

我又偷偷地叫爸爸问一问妈妈。

"那两个盒子呀，是阿德和信燕的新鞋子！"妈妈声音响亮地说，好像也是在对我说。

我一听，在心里默默地笑了。

"谢谢妈妈！"我终于对妈妈说出了心里话。

爸爸妈妈笑了……

陈南日记选

三年级（3）班　陈南

表　哥

早上九点，我和表哥去姑姑家玩。表哥一看到电脑就兴奋不已，抢着玩个不停，早上、中午、晚上，一天下来都是表哥玩得最多。早上他玩 4399 小游戏一直玩到中午，这期间只给我玩了半个小时……

后来，表哥的爸爸——姨爹来了，他叫表哥别再玩了，给别人多玩一下。

"哦……不！我还要玩……"表哥坐在电脑前没动，眼睛盯着显示屏，玩得津津有味。

姨爹有些生气了，训斥了他几句。

表哥仍然说："不……我就不！"

姨爹说："这样一直盯着电脑看，对眼睛很不好，会近视的。"

表哥突然不说话了，他的注意力都在电脑上，很快就玩到了晚上。接着，堂哥又玩起新游戏来，而且连续玩了 1 小时 30 分钟。

其实我也喜欢玩电脑，但是，没有像表哥这么没完没了地玩个不停。同学们，你们千万不要和我的表哥一样啊！

改　变

我，矮矮的个子，头发乌黑，眼睛炯炯有神。我的爱好是看书。妈妈说我不喜欢看书，那是因为我喜欢看自己选的书。

我的性格有时温和，有时很凶。有一次，陈水井想要用口水吐我，我闪开了，然后，我生气地用双手抓住他的身体说："下次还要口水吐我吗？""不了……"他有些怕了。你们说我是不是有些凶呀？我的缺点就是读书的声音太小，有时候太粗心大意。不过，今年杨老师说我读书的声音有些大起来了。

再跟你们说件事：有一天，我在看电视，阿姨从我身边走过，我转过头向她打招呼："阿姨好！"阿姨有些惊讶，好像不认识我一样说："这……是陈南吗？"我轻轻地朝阿姨笑了笑。心里想，以前的我都不叫阿姨的，阿姨一定想以前的陈南都不叫阿姨的，今天的陈南变得有礼貌了呀！

是呀，杨老师说人是会改变的，我也在改变呢！

好 玩

今天，我和叶烨、陈山景、何彬彬玩"斗龙战士杀"。

首先，我们先拿"血卡"，再抽"人物牌"，每人抽三张。接着，在三张里面选一张，选"冰盾"，叶烨选"流星火球"，陈山景选"希哈光刀"，何彬彬选"土龙斗龙机"。然后，又拿四张牌，再抽一张角色牌。我抽到"神王龙"，叶烨抽到的和我一样，陈山景抽到"斗龙"，何彬彬抽到"黑亡龙"。

我和陈山景、叶烨要打"黑亡龙"，打死才可以赢，可是何彬彬要反击。

我说："自不量力的家伙！"

何彬彬说："我杀'斗龙'，'斗龙'死了你们也死了。"

我说："我们保护它！"

何彬彬说："那我就用四张杀！"

"你没有'笔记本电脑'，"我笑着说，"有三张杀没有用！"

何彬彬有些着急了，说："陈南，你也没有'笔记本电脑'！"

"我有！"我一边说，一边用四张杀把何彬彬的"黑亡龙"打死了，我和叶烨、陈山景赢了。

爸爸妈妈，你们能看懂我们玩什么吗？我们玩得真开心啊！

表妹的生日

三年级（3）班　叶良奇

"爸爸，今天好像是表妹的生日呀！"我对爸爸说。

"是吗？"爸爸看了看手机上日期，果然是表妹的生日，"今天来不及去舅舅家了，明天我们一起去。"

第二天，爸爸把昨晚买来的蛋糕提到表妹家里，舅舅惊讶地问："你干嘛呀？""昨天不是你女儿生日吗？"爸爸说，"我和良奇一起来庆祝她的生日！"舅舅连忙看了看手机，恍然大悟，感激地说："真的哦，你看我，都忘记了，谢谢你们啊！""哈哈，你呀，忙得连女儿的生日都记不得了，"爸爸微笑着说，"还是良奇心细，是她告诉我的！"

他们的说话声被表妹听到了，她兴高采烈地从楼上跑下来同我们打招呼，一看见蛋糕就又蹦又跳的。我拉起表妹的手对爸爸说："爸爸，我们把蛋糕拆了吧！""好，好！"爸爸立刻动起手来。

蛋糕很漂亮，上面用彩色奶油画着图案，中间是一只可爱的小羊羔，图案的颜色有蓝色、粉色、黄色、红色和白色。蛋糕的四周还点缀了好多水果，有苹果、火龙果、桃子等。爸爸把蛋糕切成块分给每个人，我们津津有味地吃着，边吃边玩，表妹把奶油抹在我的脸上，我也把奶油抹在她的脸上，两个人顿时变成了两只"小花猫"。我们笑啊跳啊，嘴里甜甜的，心里也甜甜的。吃完了蛋糕，我还陪表妹去街上逛了一大圈……

我回到家后，表妹就打来电话说："表姐，谢谢你记着我的生日，今天给我带来这么多的快乐！"

我说："你快乐，我也快乐呀！"

是啊，杨老师说过快乐是可以传递的。我一直记得。

放乌龟

三年级（3）班 张步舜

去年灵江集市的时候，我和好朋友陈果动一起逛街买了一只小乌龟，我们经常在一起玩乌龟，它很可爱！过了半年多，它渐渐地长大了。有一天，陈果动说："步舜，我们还是把乌龟放了吧？"我说："可以！可以！让它自由，它肯定会很高兴的！"

今天中午，我们商量好了地点，就开开心心地去放乌龟了。

到了一条小河边，我们却忘记了是来放乌龟，又情不自禁地和乌龟玩起来。玩了很长时间，我才突然想起来说："哎呀，我们俩是来放乌龟的，不是来玩乌龟的，怎么还玩啊？"陈果动不好意思地笑着说："对哦，我也忘记了，那现在马上放了它！"

这时，我们正好看到有一只拖鞋漂浮在河岸边，就朝它旁边丢了好几块石头，河水一圈一圈地荡漾着，慢慢地把那只拖鞋推了过来。我们就把乌龟轻轻地放到拖鞋里，想让拖鞋像小船一样载着乌龟随着河水流到远处去。我们高兴地看着乌龟静静地趴在拖鞋上，渐渐地漂离了岸边。过了一会儿，我担心地说："要是有人看到拖鞋上的乌龟，会拿走它的，那它又不自由了！"陈果动问："那怎么办呢？"

我想了想说："把拖鞋拿回来，重新放！"

我们又用石头丢出一圈圈的水波推回了那只拖鞋。这次，我把乌龟从那只"小船"里拿出来，直接放进了河里……

过了几天，我还去河边看了看，我想，那只乌龟会不会冒出水面来看我呢？

三

前几天在电脑文档中查找一些学生的作文，无意间发现了一篇好多年前写的有关作文教学的心得体会，题为《孩子，老师写好这篇文章后给你发"工资"》。时过境迁，虽然重新读来感觉有些陈旧且繁琐，但是文中的某些观点和做法却一直坚守至今。这篇文章就如同一面镜子，清晰地映照出过去的我在作文教学上的所思所为，值得现在的我前后对照和反思。同时，正是因为它的穿针引线，才让我有机会把过去的学生作文放进了这篇教育叙事里，使得我们师生的这些文字在我的心里有了更多的纪念意义。

孩子，老师写好这篇文章后给你发"工资"

半个月前，北京的《少年儿童研究》杂志社寄来了 271 元的稿费，让我和学生一阵兴奋。那篇由 11 位学生写的近五千字的话题讨论《我为什么不喜欢和爸妈说心里话》已被刊登在这家杂志 2005 年第 4 期。

这个话题讨论是我直接从学生的小作文里整理出来的。所谓"小作文"，也就是类似于周记。说实话，我最喜欢评改小作文了，它不像"大作文"那样死死板板地只能照着教材里每个单元的"习作训练"来操练，我一般是让学生自由发挥，写他们自己想写的，喜怒哀乐任他选，他的地盘他做主。我不大提倡命题作文，最多也只是给学生提供一个作文的范围，我特别喜欢通了解学生的心里想法或引导学生共同讨论来提炼出热门的话题，让学生根据自己的所作所为所思所感进行随心所欲的表达。由于这些话题贴近学生的思想和生活，他们都能有话可写，喜欢写，或长或短，都能写出真情实感，写出他们丰富多彩的个性文字来。

每次评改小作文，我就好像同 60 位学生面对面地对话，我也会情不自禁地写下有感而发的评语。我的评语长短不一，短则就几个或十几个字，如同 QQ 短信；长则一两百字，要是学生的作文触动了我的思想或情感的闸门，我也会写得像一篇文章，五六百字，甚至写成了一篇千字文。我的评语除了点评作文之外，还特别乐意联系学生日常生活和学习情况，比如近来在课堂上的进步表现、平时留给我印象深刻的言语举止等等，尤其是某些细节，我会去挖掘。这种"人"与"文"相结合的点评学生也很是喜欢。

我还时常在课前把刚评改的让我喜欢的学生作文念给大家听，并加以点评。我喜欢的可能是整篇作文，也可能是几个段落或几句话，既有成绩好的学生作品，也有成绩一般或差的学生作品。在我眼里，只要作文的内容言之有物，真情实意，哪怕在表达上有很多不足，比如有错别字、标点符号不对、句子不通等等，也都会被我看中，向大家推荐。我一直认为，培养和提高学生对作文的兴趣很重要，尤其是作文"差"的学生。怎样做到这点呢？除了采用广大教师一致认同的"培养学生课外阅读兴趣和增加课外阅读量"的观点之外，我还特别注意下面三点：

一是关注和欣赏学生写了什么内容，而不是像有些教师那样死死地盯着学生怎样写和写得怎么样（也就是所谓的作文技巧与表达方法）。我的作文教学与评改大都是从学生作文的内容入手，我鼓励他们写"自己"的生活、"自己"的想法。其实，每个人都是一个独特的世界，都有与众不同的酸甜苦辣与喜怒哀乐，这是一个丰富多彩、引人入胜而又取之不竭的心灵天地。抓住了这一点，就能使学生走上作文的坦途。小学生由于年龄特征和知识水平的限制，他们的表达或多或少难免会有不尽人意的地方，诸如词句、结构、字迹方面的问题，假使教师每次评改总想从改变这些方面入手并时时地纠缠于它（而实际上这些方面又不是一时半会儿所能改变的，往往一年半载甚至整个小学阶段也可能看不出多大的变化来），那么，学生看到的将总是自己作文的缺点，对作文也就越来越没信心和兴趣了。久而久之，教师也会因此失去耐心，觉得学生怎么屡教不改的，真是不可救药。这在一些教师对待所谓的"后进生"的态度上特别明显。照此发展下去，每次的作文教与学，师生都觉得乏味，只好机械式的应付，最终彼此厌烦，双方疲累。

二是让学生能真切地感受到自己写的东西有用。首先，我是在评语上下功夫，除了上面讲到的那些之外，当然关键的还是以肯定和欣赏学生的"闪光点"为主。虽然有时只是寥寥数语，但力求点评"有理有情有味"，把学生的作文作为一个鲜活的心灵来对待，而不是单单看作一篇文字的简单组合。这样的评语能让学生逐渐体会到我对他们作文的重视和兴趣。其次，我会把我喜欢的作文（片段、语句）作上特殊的记号，让学生利用课余时间摘录到我的"读书笔记卡"上。我告诉他们这样做有两个目的：其一，老师很喜欢他们这些作品，要收藏起来作纪念。其二，老师一有空就会把它一一整理出来，要么贴在老师的博客里，要么发在网络的一些教育论坛上，让更多的人阅读、欣赏、点评。从去年下半年开始，我已经在 K12 教育教学论坛、教育在线以及成长论坛上贴了学生近万字的三个话题讨论，分别为《孩子们说自己要这样过寒假》《我为什么不喜欢和爸妈说心里话》和《我对大人的这些做法不理解（不赞成）》。后两个还被论坛加为"精华帖子"。《我为什么不喜欢和爸妈说心里话》被《少年儿童研究》发表后，又被西安的《想象力》杂志 2005 年第六期采用，《我对大人的这些做法不理解（不赞成）》也成为《成长》杂志的"推荐稿"。另外，我还在教育在线开设了学生作文专帖《童年的三味书屋》，连载学生作文，已有三十几篇，也被加为"精华帖子"。这些做法让学生的参与面非常广，差不多有四分之三甚至更多的学生作文被我采用。现在，我手头又积累了好些作文和好几个话题的讨论，都储备在我的"读书笔记卡"里，课余时间我就会津津有味地去把它们整理出来。学生对我的这些做法也很感兴趣，因为他们知道只要自己的作品被存在网络上，将来无论到哪里随时都可以打开电脑看到自己小时候的点滴记录，品尝童年的记忆……

三是我喜欢和学生一起写作文。比如记一件难忘的事，我写了《那次，我向学生道歉》，这事就发生在班级里，当我念给学生听并让他们点评时，学生感觉特别亲切。有一次学了课文《浪花里的一滴水》，我想让学生也写写诗歌，自己就写了一首《有一种爱无处不在》，学生听后为我鼓掌。我的一些文章都是来之于学生，用之于学生，学生是我的第一读者。我觉得教师与其苦口婆心地讲解作文怎么写怎么写，不如亲自写一篇给学生看来得真实有效。如果教师也有写的兴趣和习惯，学生一般都会受到潜移默化，"桃李不言，下自成蹊"正是这个道理。多数教师也心知肚明，"讲"比"写"容易多了，真的拿起笔来的确还难以下手。然而，有些教师教了十几年的作文，每次都能把遣词造句谋篇布局讲得天花乱坠无懈可击，自己却没写过半篇文章甚至是只言片语，要求和指导起学生来，反倒理直气壮，脸不红心不跳。只是多数学生并不知道，还以为这些教师说得条条是道要是落笔的话定然也是妙笔生花。我就奇怪，怎么就没有学生问问："老师您能不能也写一写让我们看看评评呢？"有人说，这是因为在应试教育的天空下，学生要么不敢问，要么从小就没受过向师长和权威质疑的教育，要么早已领悟到"光打雷不下雨"才像个"老师"，在我们的"课堂"，老师纸上谈兵本是天经地义。

上述三点，也不过是老生常谈。我想，要是能脚踏实地地付之于行动，大概最平常的办法就是最有效的吧！假使世间真的有作文教学的"灵丹妙药"，如果我们只拿在手上一直地把玩、赞叹而不吞服，那就谈不上"药到病除"了。

写到这里，我还是打住为好，不管怎么样，我已经拿到学生的劳动报酬——稿费单了，大作文小作文，能赚到稿费就是好作文——还是先去邮局领钱早点分发给学生，免得他们等急了说我后勤搞得不好……

上文提到的《我对大人的这些做法不理解（不赞成）》后来也被《少年儿童研究》以《大人的奇怪事》为题全文刊发。特别值得一提的是，有一次，《中国教师报》的一位编辑在 K12 教育教学论坛上看到学生的另一个话题《孩子们眼中的"好"老师与"不好"老师》，竟主动给我发来消息，说喜欢孩子们的视角和实话实说，应该让更多的老师读到它，随即将此稿发表在了《中国教师报》"班级在线"版的头条上。如今，只要上百度一搜索，就能看到很多网站转载了这些话题，现将其中的三个收录于此，方便大家阅读：

孩子们眼中的"好"老师与"不好"老师

浙江省苍南县灵溪镇灵江小学六年级（1）班

前　言

每个老师都希望自己是个好老师，好老师不是自己说出来，而是用行动做出来的。老师的一举一动或多或少都会展示在学生的目光之下，对此，我们的学生是最有发言权的。童言无忌，童心可鉴，以下言论便是我班一些学生（小学六年级）的想法，或许我们从中能得到某些启发。

李丽珍：

人不可能十全十美的，但一般总会要求自己做得更好一些，老师也是一样，能否为学生付出，就能证明是怎样的老师。

我认为好老师应该这样的：

教学方法好，能让同学听懂、学懂。课堂上，他们既能做到让学生主动获取更多的知识，又能耐心地回答学生的问题。

走进学生生活，了解学生的家庭背景，关心他们的困难，及时给予适当的帮助。有些学生家庭情况不好，没能力买一些课外书或学习用品，老师应该鼓励班级同学伸出援助之手。

能主动真诚地和学生沟通，和学生"同甘共苦"，打成一片，一起欢乐，一起成长。如果学生做错了事情，老师要和学生心平气和地谈一谈，让自己的宽容敞开学生的心扉。

不会偏心，不会重"优"轻"劣"。平等对待每位学生，不因为某位学生是某某的子女，或是学习好就偏心于他（她），也不会因为某位学生家境困难或者学习差就看不起甚至不理他（她）。

但社会上仍然存在着一些不好老师，他们一般是这样的：

课堂上时常"有事"中途跑掉。

上课时总是开着手机，让它突然在课堂上响起来，打扰师生上课，影响学生学习。

常常暗示性地赞扬有些家长"走后门"的送礼行为。

教学犹如敲木鱼，死死板板，没活力，没创新，哪个学生都不喜欢。

不尊重学生，随意用自己的"权力"践踏学生的自尊心。

叶宗钏：

我觉得好老师有以下特点：

对我们和蔼可亲，喜欢说笑，上课时，会讲一些有趣的事。

喜欢和我们交流，下课时，时常到班级里跟同学们聊聊课外的东西。

会让我们多写自己喜欢的作文，他自己也会一起写，还鼓励我们多看课外书，碰到不懂的多问问，他也很乐意帮助。

很少批评同学，常鼓励学习不好的同学，想办法让他们喜欢学习。

不好老师也有以下几点：

一生气就会布置很多作业，要是有人没写完，就要留下来写，也不跟同学们交流沟通的。

只会死板地按每个单元的习作要求让我们写作文，哪怕很不适合我们写。

特别偏心，除了丽珍讲到的，还有就是他对男同学置之不理，对女同学又说又笑的。

叶小松：

好老师尊重他人。我曾遇见这样的老师，学生彬彬有礼地向他打招呼，老师也有礼貌地向学生示意。

好老师平等对待学生。部分老师对成绩优秀的学生做错事不批评，睁一只眼闭一只眼，这样的做法怎么能服众呢？被老师所偏心的学生容易变得骄傲，为所欲为，反而视老师不存在。

好老师幽默风趣。这样才能使学生学得愉快，他们的心才能随老师而动，这样的师生关系才容易心心相通。

好老师会严格要求的。老师要为人师表，想学生对自己严格要求，老师就必须起带头作用，先严格要求自己。

……

不好老师随意地放松学生，有些学生就容易变得懒惰散漫了；要不就过于严格，学生也会被累垮。我认为上五天课，要学习得充实，双休日两天，要给学生自由活动的空间。

不好老师都不大理会学生，也不懂体会学生的心声。有时学生向老师诉说自己的心里话，可老师一听到有什么不对的，就会不分青红皂白地训斥了。学生再也不敢讲了。

杨义横：

我认为好老师是慈祥和蔼的。比如上课时，不会太严肃，不会让我们感到害怕。要是谁被叫到回答不出问题，总是耐心地引导，不会生气得大发雷霆。不会乱布置作业，让我们有一个轻松快乐的童年！

而不好老师是一位很严厉的老师，常常布置很多作业让大家做个没完没了。要是学生把问题回答错了或回答不出来，就会暴跳如雷。要是谁总是问他问题，他就认为这个学生怎么这么啰唆。有时觉得自己讲了很多遍了，学生还不懂，就会说学生笨。

林国对：

好老师和不好老师是有分别的。好老师对学生是负责任的，是适当的严格。不好老师对学生是任意放松的，作业布置得很少，教学无所谓，特别是学生做错事也不怎么管，不像好老师那样及时给予引导，学生会以为经常这样做是没关系的，就会大胆地做错。好老师善于让学生反省。

叶宗秘：

我比较喜欢好老师的两点：一是幽默，比如在同学们上课有些累时，就会用幽默有趣的语言或故事激发我们的兴致。二是讲信用，说到做到，比如说要读课外文章给我们听，就及时读了，说让我们自学就让我们自学。不会像个别老师那样说得很起劲，却什么也没做到。

不好老师，我说一大点：那就是任由学生胡来，在课堂上不管或管不住学生，随便让他们讲话，甚至闹着玩着，没有纪律。这样的老师我觉得最不好了。

叶师师：

好老师上课时能抓住重点来讲，还能鼓励学生多动脑筋，多提问题，让我们对不懂的地方及时地进行讨论，多余的时间就让同学们自己看书，自己做有益的事。好老师喜欢并善于观察同学们的举动，有同学走神了，就会用暗示的办法把他的"魂魄"拉回来。

不好老师上课时常常迟到，讲课时只顾着自己讲，讲得津津有味，而不理同学们懂不懂，喜欢不喜欢……

叶希军：

好老师在学生面前也能知错就改，会和同学们交朋友，不为小事生气。

不好老师一旦不好起来就会对学生又骂又打，罚抄作业等什么的，说话很不好听，比如，对在课堂上做小动作的同学说："上课不认真，可以滚回家去！"总是挑学生的坏处说，很少说学生的好处，对我们的感受不闻不问。

易冰冰：

我最喜欢好老师上课能够幽默风趣，常常逗得我们开怀大笑。有时上到哪篇文章时，还能联系课外的东西，讲些我们以前不知道的事情。好老师说话算话，不耍赖皮，不会明明答应了，到最后还是不承认。好老师在我们犯了错时会委婉地提醒，要是有同学屡教不改，好老师不会当着很多人的面就发脾气，而是悄悄地把他叫到办公室或其他安静的地方教导他。

说到不好老师，我想起一件事：有一次，有个老师问我们问题，我们都回答不出来，全班鸦雀无声，时间慢慢地过去，可还是没有人举手，老师便生气起来，等老师无奈地自己说出答案后，就叫我们把这道题多抄了几次。这样的老师是不好的。另外，不好老师只重视优秀的学生，或者对有些女同学好些，对她们总是有问必答，要是成绩差的男同学问老师的话，老师就会爱理不理、不屑一顾的。

蒋倩倩：

我感觉，好老师能了解每个学生的性格和心理，用不同的方法进行教育。每天都能用开心的笑容面对学生，让学生觉得老师很亲切很乐观。总是抽时间和学生一起做游戏，把自己可爱阳光的一面展示给学生。

不好老师整天一副凶巴巴的表情，不尊重学生，不信任学生，课堂上只让成绩好的学生发言，当问题简单时，也不叫一些不敢举手的学生回答，锻炼他们的胆量。

陈小宝：

我比较喜欢这样的好老师：不会乱发脾气，拿学生当出气筒。不会厌倦学生问了又问，不会骂学生，体罚学生，不会看不起成绩差的学生，会用朋友的名义坚持不懈地帮助他们。

我不喜欢这样的老师：抽烟、喝酒、乱吐痰的，在私底下打牌打赌的，只顾自己利益很少考虑学生而又偷懒不认真上课的。

柳辉辉：

好老师在上课之前会把手机关掉。

好老师对我们一视同仁。

好老师总是想办法鼓励胆小的学生。

不好老师把自己看成了"皇上"，把我们看成了"平民百姓"，如果我们一不小心说错了话惹恼了他，我们就要被砍头似的，令我们提心吊胆，处处小心。

叶翔：

好老师不会随便请假，总是按时给学生上课。上课时会抓难点来讲，布置作业有重点有变化。很有耐心，比如一个笨拙的学生问老师问题，老师再三讲解学生还是不懂，老师也不会生气，还是心平气和地对待学生。好老师能提供给学生一个发展潜能的机会。

不好老师时不时地请假，以致很多课都没教，或简单胡乱地应付一下。课堂上，只让学生读一两遍书就让他们各做各的事了。有的呢常常什么都讲，使学生没有思考的机会。

叶宗康：

每个学生心目中都有好老师和不好老师的标准，我的标准是这样的：

1. 首先好老师要严格，我们喜欢老师幽默风趣，但并不等于不要严格。如果老师时常不严肃，有些调皮的学生就会自由散漫。

2. 好老师对我们好，但是不会太好，不会"溺爱"我们。如果老师太好了，有些学生也会"胆大包天"，就不把老师当一回事，还可能不尊重老师了。

好老师把我们当成好朋友，和我们同心协力一起学习，一起讨论问题。

好老师把我们看作小朋友一样，很有耐心地培养我们。

如果是这样，就是不好老师了：

说过的事有时就不算数，不了了之，好像在骗小孩子。

上课一看到有学生不认真，就只会训斥或者处罚他们，而不会想些好办法。

特别偏心，比如有些班干部做得不对时，老师却像没看见似的，要是批评起来也是轻轻的。

陈小秋：

我认为好老师至少是这样的：

上课幽默风趣。

因为这样能让同学们活跃起来，特别是下午上课，有些同学会想睡觉，老师语言生动有趣，就能吸引大家振作起精神来。

对人有礼貌。

如果有人不小心撞到了老师，向老师说对不起，老师会体谅他，向他说没关系。有些同学碰到老师主动向老师问好，而老师也应该停下来，跟他说"你好！"

对人平等。

对待人和处理事都要平等，老师不能因为学生成绩好就偏向他，成绩好的学生或班干部做错事也要批评教导，更不能对和自己有亲戚关系的学生偏心。

遵守纪律。

比如，老师要是光叫学生讲究卫生，而自己却乱丢纸屑、乱吐痰等等，那学生怎么会去做到呢？老师应该起带头表率作用，否则就不能让同学们"心服口服"了。

诚实守信。

老师要先做个好人，对人要信任，讲信用。别人有隐私的事，特别是学生的秘密，不能到处讲，以免伤害了别人的自尊心。另外，答应别人的事，说到做到。

做学生的朋友。

喜欢和学生交流沟通，时常一起活动玩游戏，不是用"我是老师"的身份而是用"我是大家的朋友"的身份接触学生，增强师生之间的友谊。

不好老师也有以下几点：

摆架子。

这样的老师常常爱摆架子，总以为自己是学生的"老大"，大家都能无条件地听他的。

没有责任心。

只管自己的利益，很少考虑学生，做错事也不改正，时常丢三落四。

态度不好。

在批评学生时，往往会翘起二郎腿，一边看看报纸，喝喝茶，吸吸烟，一边"审问"学生，对学生很不尊重。

看不起人。

喜欢家境富裕的学生，总给他们机会；讨厌家境贫穷的学生，总是疏远他们。

总是有坏习惯。

吸烟、喝酒、玩游戏等等。

不是太松，就是太严。

对学生太松或太严，都是害了学生。

我为什么不喜欢和爸妈说心里话

浙江省苍南县灵溪镇灵江小学六年级（3）班

前　言

父母和孩子是朋友，孩子的心里话能够告诉爸爸妈妈，这是许许多多孩子的梦想，也是一部分父母的期望。但在现实生活中，有相当多的孩子不愿意把心里话告诉父母。让我们看看我班这些孩子（小学六年级）是怎么说的。做父母的可以对号入座：

我一般不和爸妈说心里话，原因有二：

1. 他们和我有较大的年龄距离，总喜欢从大人的角度来看待我的言行，对我的心事总是不以为然，有时还会笑话我，好像只有他们的事才是重要的，小孩子的事都是不值一提的小事。为什么他们就不能想想自己小时候是怎么样呢？怎么一长大就忘了呢？

2.我怕他们。因为他们总会摆出一副"我是大人"的架子。比如，平时我只是开个玩笑，让大家轻松一下，他们就会"吹胡子瞪眼"，说小孩子不正经……

——陈丽丽

因为我妈妈不理解我。记得有一次，我的同学说我坏话，我知道了觉得很委屈。回到家闷闷不乐，妈妈问我怎么了，我把原因告诉了她，她却说，这么小的事没关系。说完就管自己做事去了。听了她无关痛痒的话，看着她无所谓的样子，我反而更难受，她为什么就不能站在我的角度安慰我几句呢？

所以，我很烦很委屈的时候，都不会跟妈妈说心里话的。反正她都不重视我们小孩子的感受。

——陈礼静

有一次，我和妈妈说心里话，后来却被她斥责了一顿。从那以后，我决定不跟妈妈说心里话了。事情是这样的：那天晚上，我在楼上看电视，妈妈轻轻地走到我的身边，我问妈妈有什么事吗？妈妈说："我过来想和你说说话……"我听了很高兴，因为妈妈有时候跟哥哥说话总是叫我别偷听，让我很是好奇和羡慕，现在我也有机会和妈妈说心里话，能不高兴吗？于是，连忙把电视给关了。当我和妈妈说着说着的时候，我提到了我生日那天爸爸不只给我十元，而是二十元，妈妈听了，突然间眼神就变得很严肃，大声地说："那时你为什么不跟我说真话，你拿钱去干什么了……"骂了半天，我连解释的机会都没有。

所以，我不会再跟妈妈说心里话了，她好像在套我的话，然后"批"我！

——陈小娜

每次，我想说心里话的时候，爸妈总是先呖里呖唆地说一通"大道理"。有时候，我根本就没有做错什么，可是他们总是说："别以为我不知道……"就是这样一句话让我懒得理他们。我觉得大人应该对孩子好一些，不要有事没事都怀疑他们，不是骂就是打。只要他们尊重、相信我们，不要吓唬我们，我们就会感受到大人对我们的好的！

——杨礼签

我妈妈常年在外工作，我就住在姑姑家。有一次，我无意间听到了姑姑在背后说我妈妈的"坏话"。暑假到了，我去妈妈工作的地方玩，我把姑姑说她的"坏话"全盘照搬地告诉了她。暑假过去了，我又回到姑姑家，有一天，我妈打来电话，真巧姑姑接了这个电话，没想到妈妈和她聊着聊着就把我"告密"的事给说了出来，当时我很生气。电话挂了，姑姑马上说了，让我很倒楣……

后来，我妈回来了。我就埋怨妈妈，不应该这样做，让我很难堪，妈妈却说："小孩子，没关系，这样说了，你姑姑下次就不会说我了！"

妈妈真是的，只要自己舒服，就不考虑我的感受了。从那以后，我就不把心里话告诉她，因为我担心告诉她什么，她就会向别人说什么。

——吴克伟

不说心里话，原因是：当爸爸的总是这样想：我是他（她）爸爸，我是一家的老大，我叫他（她）站在哪里，他（她）就得站在哪里，要是他（她）不站在那里，我就骂他（她），骂了没效果，就打，小孩子就怕打！有些妈妈还会配合爸爸，两人联合起来紧紧地看着孩子，好像除了打骂，他们就没有其他的招了。而孩子就会想：你们整天说我没出息，不是打就是骂，反正对我没信心，没把我当人看，那我干嘛还要听你们的话呢？我决定和你们对着干！

所以，这样的大人和孩子之间就有一种无形的墙隔着。

正如古代的一些皇帝，很霸道，总是欺压百姓，弄得民怨沸腾，老百姓就会想到起义。孩子们的"起义"就是和爸妈对着干。比如说，大人叫他（她）走东，他（她）偏要走西；大人要他

（她）看书做作业，他（她）一定不写……这些事非得要爸妈打了之后，小孩子才会哭着去写，此时大人和小孩之间那堵无形的墙只会越来越厚！

这就是为什么大部分孩子不想接近大人，不想和他们说心里话的重要原因之一。

——叶高转

家长们，你们知道孩子的心事吗？知道他们有什么委屈吗？知道他们为什么高兴为什么伤心吗？知道他们真正的梦想吗？我想，要是你们这些都不知道，都不去真心地了解，那孩子怎么会同你们讲心里话呢？

孩子为什么不同家长讲心里话，我是这样认为的，请家长们参考：

第一点、是因为家长平时都没有关注自己的儿女，久而久之，使自己和孩子的距离越来越远。如果家长用心多注意他们，多同他们平等沟通，真诚交流，我想，这样就会增加家长和儿女的感情的。

第二点、是因为家长的教育方法不对，使自己和儿女之间产生了矛盾。这一点最常见，家长们一定要注意。比如，孩子做错了事，家长就应该安慰他，循循善诱，引导他知错就改，而不是就会生气，一生气就动粗——打骂孩子。打骂孩子会让孩子失去信心，感觉大人在讨厌他，这样会越来越差的。要是孩子考了好成绩，家长应该及时鼓励，不要觉得考好了是应该的，无所谓，让孩子失落。当孩子的意见和自己不同时，家长应当先让孩子大胆说出自己的想法。如果意见不错，家长应该高兴地采纳，不要摆"大人"的架子。要是孩子的看法不对了，家长也要心平气和地告诉他错在哪。无论怎样，家长都要"就事论事"，不要又说孩子这个人怎么怎么了。

第三点、是因为家长不理解孩子。我觉得在孩子受到委屈时，家长真的应该多想想孩子的感受。不要总是用"大人"的想法来代替孩子的想法。平时应该多抽些时间陪孩子，让他感到家的温暖，感到大人的关心。在孩子遇到高兴事时，家长更要和他一起分享。再夸张一点，就是要和自己的儿女一起"玩"，像好朋友一样。

或许上面的三点不是孩子不和家长说心里话的真正原因，但我认为这些对增进家长同孩子的沟通也是很重要的！要是家长们不同意，可以同我辩论哦！

——梅建松

我的妈妈经常告戒我不要与成绩差的同学来往。我曾经请求过妈妈，让我和很要好的朋友晓东一起玩，虽然她的成绩不好，但她还是挺努力的，可是妈妈就是不同意，说我会被她"带"坏了的。有时晓东来我家，妈妈就会不声不响地放下脸来，让我们都很害怕。现在，晓东再也不会来我家了。要是我去她家被妈妈发现了，肯定又会被妈妈骂。平时，我们总是偷偷地在一起，但总是提心吊胆的，久而久之，俩人都很压抑……后来，我们的友谊也就渐渐地淡了。我很难受，我总感觉这是妈妈引起的。

世界上，爸妈是我们小孩子的"知己"很少见。从小到现在，我的爸妈从未做过我的知己，因为他们只会叫我好好学习，将来考大学，对我的心事都没过问，他们不知道我真正喜欢什么，为什么高兴，为什么烦恼，为什么流泪……就像交朋友一样，他们看到的只是对方的成绩，也不考虑我需要的是什么，我"讨厌"妈妈，她让我失去了好朋友，让我的童年不快乐！

爸妈在我的心目中应该是和蔼可亲的，这是我的心愿，但是，现在我能想起来的只有"凶神恶煞"，或是"无情"两个词。他们天天叫我学习学习，要是考不好了，就只会说我读不起，不用读算了。这样的话让我伤心……

我总觉得，如果你的爸爸对你好，你的妈妈对你不好，那是因为爸妈在演戏。说真的，妈妈从来没有真心对我好，她常常对我说考试考好了就有奖品，那是想我每次都考好，看到的都是我的分数。爸爸有时对我发脾气，让我在一旁哭。你说爸妈这样是否真的叫做"关心"呢？

——缪伟伟

我觉得大人不懂我们的心思。我们小孩子有很多自己喜欢的游戏，比如跳绳、捉迷藏、跳橡皮筋、"拣"石子等等，但是大人大都不会玩或不想玩这些游戏，还认为我们玩这些游戏很幼稚。要么说我们都这么大了还玩"小孩子"玩的东西，其实我们本来就是小孩子啊！要么说玩了这些东西会耽误了学习了什么的。我们觉得这些不但能给我们带来快乐，还能锻炼身体呢，人必须要运动的，特别是要参加有益的活动才能使身体健康。我的爸妈整天唠叨着让我看书、写字、做作业、复习，不要玩……所以，我一看见他们心里就有些害怕，又有些讨厌，心里话更不会对他们说的。

我想，大人只有经常和孩子一起看电视，看孩子喜欢的动画片，一起玩游戏或者做别的孩子乐意做的事情，才可以了解孩子的心思，而孩子才会和你谈谈自己对这些事的看法。这样相处的时间一久，大人也可以成为孩子的知心朋友。

大人别看我们小孩子平时很开心快乐，其实我们也有很多伤心事。说实话，我们也很想找你们说说心事，让你们安慰我们。考试考差了让你们鼓励我们，学习进步了，让你们表扬我们……可是，大人好像都没做到。我们从大人那里总是得不到自己想要的，反而是挨骂挨打的多，所以，还是离远些好。

大人们，我想你们可以试一下我说的方法和孩子沟通，这样，你们就会随着孩子的喜怒哀乐做出同样的表情，从而成为我们的知心朋友！

——曾婷婷

家长们，你们知道自己的儿女不喜欢和你们交流沟通的原因吗？我根据自己和爸妈的相处经验，说说自己的一些想法，请参考：

第一、爸妈和孩子说话总是不能"心平气和"，看孩子不乖就简单地打骂孩子。其实这是非常不对的！因为孩子看你打骂他，就会没了"面子"，不要以为只有大人有哦，他就会想反正被打骂，下次再犯最多也就是打骂，你不讲理，不让我解释，我也只能"不讲理"对你了。要是家长能"心平气和"地和孩子真诚地谈谈，那孩子也会慢慢明白的。

第二、当孩子知道自己错了，家长却还是不原谅他们，总想摆"大人"的威风，处罚孩子啦要孩子道歉啦什么什么的。这样就会使有些自尊心强的孩子"将错就错"，变得越来越差。有些家长一生气就根本听不进孩子的话，把孩子的话当"耳边风"，有些就不可能给孩子说话的机会。这样子，让孩子多为难啊！

第三、总是盯着孩子的"成绩"，这会让大多数"成绩"不是优秀的孩子失去信心，变得烦恼。这样的家长是很难听到孩子的心里话的。

好了，我先说到这里，有空再聊。

——李璐璐

我现在的梦想，就是希望能和爸妈坐在一起聊聊每一天家里和学校的事，再说说自己的心里话，但这是不可能的，因为他们好像都很忙。而我妈最多只是向我的哥哥姐姐诉说她自己的心事，却从不倾听我们在生活和学习上遇到的困难。就算我们主动地告诉她，她也总是说："小孩子有什么苦恼的，有的吃有的穿又能上学，还嫌这嫌那，我像你这么小的时候吃不饱，穿不暖呢，更别提上学了。真是的，你们现在的孩子啊还一点也不知足……"

妈妈的这些话把我们的嘴巴"堵"得一点也不敢吭声，我们也只能解散了。就因为妈妈对我们缺乏了解，我们与她的距离也慢慢地疏远了。所以，我们心中有许多事情都不愿跟爸妈分享，就算要分享，我们也只能与他们分享快乐的或无关紧要的事，极少（几乎不可能）跟他们诉说伤心的事。

而在我的梦想里，我还是渴望着，妈妈是个忠实的听众，我也是个忠实的听众，我们经常在一起谈心……

——吴莉莉

大人的奇怪事

浙江省苍南县灵溪镇灵江小学高年级学生

前 言

我们每天都可能对孩子说些话做些事，或许我们会想当然地认为自己的言行对孩子是有利有益的，或许我们就不曾想过它会对孩子造成什么影响，以为孩子只是孩子，没有什么可顾忌的。然而，事实上孩子和大人一样，都有一个需要别人理解关怀、宽容善待和支持帮助的心灵世界！当我们真诚地靠近孩子，俯下身子倾听他们的心思时，就会发现，对我们的所作所言，孩子也有自己的看法和评判，而且有些还颇有道理，让我们这些做大人的感到汗颜。我知道，孩子的这些心思、疑惑和某些"抗议"在有些大人的眼里可能是幼稚的、无效的，但是，作为一线教师，我有责任也很愿意把他们的这些"声音"整理成文，这既是一种理解和支持，也是对学生的一种想念吧！

大人说话办事为啥总兜圈？

蒋倩倩：有一次，爸爸带我去阿姨家玩。一进门，爸爸就把手中的"八宝粥"递给阿姨，阿姨不要，爸爸硬塞，俩人推来推去，推了老半天……我实在看不下去了，便跑过去乘机把"八宝粥"拿到了阿姨的厨房里这才了事，爸爸很高兴地夸奖我懂事。

回去时，阿姨要给我一箱"好吃点"饼干，这次是爸爸不要了，阿姨硬塞，俩人又开始重演推来推去。我很喜欢"好吃点"饼干，看爸爸这样，急得我不管三七二十一跑上去，顺手接过"好吃点"转身要走，爸爸一把抓住我的手，对阿姨说："这孩子真不懂事……"说着，不好意思地笑了笑。

在回来的路上，我不解地问爸爸为什么你们要推来推去啊？干吗不直接拿来？爸爸想了想说："等你长大了就知道了，但你下次千万不要这样子了知道吗？"我点点头。

其实，我到现在也不明白这是怎么回事。

蔡福定：大人真是"变化多端"，让我猜也猜不透。有一次，爸爸正在对我说了一件事，恰巧有一个熟人走过来跟爸爸说："你们俩在干吗啊？"我以为爸爸会把刚才告诉我的这件事的"真相"告诉他，没想到却大大相反，爸爸告诉别人的是谎言——我真不理解大人的做法到底是怎么回事。

李丽珍：我的叔叔是××市的副市长，因此常有人提着礼品来我家拜访。一次，我正和伙伴在门口玩耍，忽然听到屋内传来爸爸和客人的谈话声，"我最近有个事，想请您帮个忙，找您哥哥说一下……""不行的！……"爸爸用坚定的语气回绝了他。"如果您办成这事，我们全家会感谢你的……"和我玩的一个大姐姐偷偷地对我说："你家的客人'走后门'！"听了她的话，我感到奇怪，就急忙进屋指着客人问爸爸："爸爸，我们大门不是开着吗？亲戚来了都高高兴兴地从前门走进来，为什么这位叔叔悄悄地走后门呢？"我刚说完，突然间场面变得尴尬，客人脸红了起来。爸爸连忙一边严厉地批评我不懂事乱说话，一边向客人道歉。客人说："没事！没事！"说着就离开了。

当时我小，对这事很是迷惑，一直想着爸爸为什么要骂我呢？客人为什么会红着脸离开呢？现在我长大了些，有些明白了，人和人之间有些话是不好当面说的。

陈小秋：有一次，妈妈带我去吃排场，临走时千叮咛万嘱咐："小秋，你到了那儿，不要太嘴馋，等别人动筷子吃了你才能吃，对面太远的菜你就别夹了，吃东西要注意吃相，不然会倒楣的……"一大堆话，把我说得像小馋鬼似的，我也只好点点头。

到了那里，一见满桌好吃的，我早把妈妈的话给忘了。我最想吃的螃蟹在对面，我夹不到，就卷起了袖子，趴了过去，并使劲地往对面伸筷子……妈妈见此情景，顿时满脸通红，不好意思地拉了拉我的衣角，小声地说："小秋，你怎么这样的，给我坐好，起先我怎么跟你说的！"妈妈一边叽里咕噜地对我说着，一边尴尬地对大家笑着。后来，她又对大家说："真不好意思，这小孩就是这样不懂事！"大人们也笑笑说："没关系，没关系……"我听了，高兴地说："就是嘛，我就是想吃螃蟹啊！"妈妈生气地骂我："还嘴硬！"这时，对面的阿姨把螃蟹夹了一块给我，可我的心情却变得不好了。

过了一会儿，姥姥夹了一块肉要放在妈妈的碗里，妈妈拿起了碗，就是不接，两个人用筷子挤来挤去，一不小心，好好的一块肉就被挤得掉到了地上。大人真是的，难道直接接过来就不礼貌了吗？要是我，就大方地接过姥姥的肉，说声谢谢；要是不喜欢吃，就直接告诉她，也说声谢谢。

大人也像小孩子

杨义横：那天，爸爸下班回来，一看见我就高兴地摸着我的头，还买东西给我。我问爸爸今天为什么这么高兴啊，爸爸得意地说："今天你爸爸的老板给你爸爸加工钱了，难道不高兴吗？"说完，爸爸就走了……

过了一会儿，爸爸却板着脸回来了，还把我当作出气筒。我觉得好奇怪，怎么变得这么快。我问爸爸怎么了，爸爸还是没回答，满脸怒气，在喝闷酒。

妈妈悄悄地对我说："肯定是和别人吵架了，你别理他。"

咳，大人说乐就乐，说气就气，也像小孩子。

李洁：我隔壁的一对年轻夫妻整天吵架，今天又吵了，男的气起来把窗户玻璃也打碎了，女的哭哭啼啼的。妈妈过去劝解，女的说，我在外面做了很多事一进门想躺在床上休息一下，他就要我煮饭，骂我偷懒，自己却什么也不想做，我实在受不了了。男的说，你整天在外面游荡有什么屁事啊，还像个人吗……两个人又是吵来吵去。

我就不明白他们为什么这么会吵，常常听大人说我们小孩子很会吵架，不懂事，我总感觉有些大人比我们小孩子还要像小孩子！

大人也不一定都对呀！

陈隆：我对老师的做法有些不理解。比如：叶老师每次看着我都像猫看着老鼠一样，为什么他要这样看着我呢？语文老师，我也想对你说，在课堂上，我每次举手想回答问题，你为什么都不叫我，当我没举手时你偏偏又叫我，这是为什么呢？还有音乐老师，为什么别人打我时你就没看见，好像什么也没发生，我打别人时你就看得这么清楚呢？

周燕：前几天，我家不知哪里来了一只老鼠，天天窜来窜去。我最怕老鼠了，在我的要求下，爸爸买了一个老鼠贴，把它放在了老鼠经过的地方。我说："应该放在这儿，因为它一般走这儿过。"爸爸听了突然瞪了我一眼说："吵死吵死！"我想：这也不能说吗？我到现在也不明白这是为什么，我也不敢问。

我还有一点不明白，为什么大人说话小孩子不能插嘴呢（我在家里都是这样）？我觉得有时候小孩子说的话也很有道理的呀！我认为大人在商量家里的事情时，也应该让我们知道，让我们适当地参与，因为我们也是家里的一个成员啊！

王希希：每次过年我都会有压岁钱。有一次，我去看我的宝贝压岁钱，一看，目瞪口呆，压岁钱没了。我猜一定是爸爸拿去了。晚上爸爸回来了，我就问："爸，您有没有拿我的钱？""拿你钱又怎么样，我玩麻将急用。再说了，你一个小孩子那么多钱拿去干嘛？"听了爸爸的话，我真的很生气，可我不敢反驳。等他走了，我只会小声地喃喃自语："什么没关系，这么没文化，拿别人的'私房钱'还说没关系，下次我藏得隐蔽些，看你怎么拿！"

大人的世界，只是看上去很好

罗丽君：有一天早晨，我看见嫂嫂坐在镜子前化妆，拿着一支又长又细的"铅笔"在那剃了眉毛的地方描画着，画成了像一座"小桥"。接着又用一片小小的棉花在一个彩色盒里擦了几下，朝脸上轻轻地涂抹，脸变成白色的了。然后拿起口红在嘴唇上来回地"写着"，嘴唇也变得越来越红了。化妆完了，就从皮包里拿出了耳环和项链戴了起来……

我在门后看了半天，也搞不懂嫂嫂为什么每天都要这样地涂涂画画的，忍不住跑进去问她，但她只微笑着问我："看嫂子漂亮吗？"我点点头，可心里却想，天天打扮得这么漂亮，要是有一天不打扮了就比原来的不漂亮了。

叶宗创：我眼中的大人世界是那么美好，他们整天东游西荡，去商店逛逛，到公园玩玩，而我们小孩子只能呆在房间里看书写字做作业，只能看着大人进来出去。大人晚上睡觉前就会津津有味地看自己喜欢的电视节目，想看哪台就哪台，看到几点就几点。

有一次，爸爸出去了，我偷偷地看起了电视，不知什么时候爸爸回来了，揪起我的耳朵拉到了我的房间，说："好好的书不看，看什么电视……"我反驳着："你也看，我也想看！"爸爸很生气："那你别读书，以后让你苦死，让你累死！"我想，爸爸现在想看电视就看电视，是不是以前读书很认真现在才这么快乐呢？可是他又常常说自己后悔小时侯读书很不认真啊，我就觉得奇怪了！

《少年儿童研究》杂志编辑编后语：孩子们眼中的这些场景可能在每个家庭、学校中都出现过，这些在大人看来"天经地义"的事情，却成为孩子们心中的困惑。其实，每个困惑产生的时刻都可以成为您引导孩子的时刻，您发现并抓住这些机会了吗？

四

初为人师时，曾写过两篇短文，每每任教一个新班级，找都会在适当的时候读给学生听，不但学生都能听懂，听得眉开眼笑，展露一脸的纯真，而且十几年过去了依然能够抒发我内心深处最初最本真的那份情愫——对孩子们呈现一颗不泯的童心和表达一种纯粹的喜爱。对我来说,这就是教育快乐的真正源泉,来自孩子,给予孩子。

我很愿意用这两篇短文来做本文的结尾,虽然并不见得很恰当。把它们和这么多位学生的作文放在同一篇教育叙事里,是我一直不变的心愿,现在终于如愿以偿。

燕 子

我又看见燕子了,妈妈!

天空很蓝很蓝,是谁不小心打翻了蓝墨水,用画笔把它涂上,还有一个太阳,红着脸蛋,悠闲地踱着小步,怎么那么懒洋洋。我知道天上有一双看不见的手掌,在领着风儿,牵着燕儿,忽上忽下地尽情嬉戏玩耍。妈妈,那一定是春姐姐在放风筝。看,燕子比我手上的风筝飞得高,飞得远,飞得自由欢畅!我真想剪断手中的细线,让它飞去和燕子作伴,又怕它去了不想回家。春姐姐多像妈妈呀!也有一双会讲话的目光,每天逗着我上下蹦跳,左右飞翔!

我又看见燕子了,妈妈!

我已经等它好久好久了,前段时间它去哪儿了呢?同我捉迷藏吗?可是,我跑前跑后总也找不着它,妈妈,您说燕子偷偷搬家了,我好想去送送它。当秋风把大地染成金黄;当青蛙不在田里欢唱;当您拿着一件织得漂亮的外套给我穿上,妈妈,我已经好长时间没有同燕子讲话,心里有好多想法要告诉它——现在,它又突然不知从哪里钻了出来,翻卷着身子,竖着一把剪刀,想同我玩耍。妈妈,它还记得我呢!它一定就是从前的那一只,住在我们家堂前的那一只,同我叽叽喳喳吵过架的那一只!它还是那样的调皮,真像隔壁的小松,我不理它,它总缠着我不放,我真想告诉燕子妈妈,妈妈,您说它会被打屁股吗?

看呀!妈妈,燕子真多啊!一只只接踵而来,不知他们又在玩什么游戏,要不,怎么那么高兴!

　　我又看见燕子了，妈妈！为什么您看见我手舞足蹈，就笑得这样的开心？是不是我也像一只可爱的小燕子呢？

　　那么，我们到野外去玩，好吗？那里有绿毯铺成的草地，展着笑脸的野花，还有燕子呢喃的操场……

你　们

　　真的，和你们在一起，我感到非常高兴！

　　知道吗？你们可以把我带回了童年，在你们的身上，我看见了过去的自己。像你们一样，高兴时，手舞足蹈，活蹦乱跳，睡觉也在笑；伤心时，"金豆"直掉，转身却又眉开眼笑——你们哭得痛快，笑得开怀。是的，你们真的无忧无虑，真的让我羡慕。鼓着腮帮，涨红脸蛋，吹着肥皂泡的，那是你们；捡起瓦片在水上比赛打水漂的，那是你们；一路上欢歌笑语，蹦蹦跳跳的，那也是你们……你们呀，我看在眼里，喜在心上。

　　我喜欢并欣赏你们的天真活泼。生活，在你们眼前展开，如同展开七彩的画卷，也展开我心中的许多感叹。为什么，一只小蚂蚁可以让你们忘记一切，一句话儿可以让你们笑个不停，一个动作可以让你们学个没完，能告诉我吗？在你们的眼里，这个世界肯定和你们一个样儿，一切也是那么天真可爱吧？你们不说太阳下山，那是太阳公公要晚安；你们不说溪水在流，那是小溪在欢唱；你们不说风吹动小草，那是草儿在点头，你们有时说自己不愿长大，却又偷偷学着过家家。看着你们，就是读着美丽的童话，让我身临其境，流连忘返！

　　看！你们又高兴了，又笑了，是因为我夸奖你们了吗？你们都很信任我，都知道我说的是心里话，因为我是爱你们的，为你们的真诚感动，为你们的认真激动。你们大都很听话，一讲就懂。刚刚在操场上生龙活虎，打打闹闹，过会儿拿起课本又会聚精会神。你们既爱活动又爱学习，既活泼健康又聪明可爱。但也有任性的，粗心的，只爱玩耍不爱学习的，整天想跟游戏机交战的，这样，这样我会生气，我会批评的——可别掉眼泪，真的，我多么希望你们能擦干眼泪，勇敢地对我说："老师，我要改掉坏习惯！"然后用行动自豪地做给我看，哪怕，哪怕每天只进步一点点，我都十分的高兴，十分的赞赏。你们都玩过积木吧！假如下面摆歪了，那么上面就会叠不高了。现在，你们应该把基础打好，以后才能站得高看得远。你们说对吗？

这篇教育叙事到此结束，但是，你写我读，欢喜"作文路"的现实行走仍在继续……